박용옥 교수,
한국여성사의 새 장을 열다

역사여성미래 구술생애사 총서 1

박용옥 교수, 한국여성사의 새 장을 열다

2024년 8월 23일 1판 1쇄 인쇄
2024년 8월 27일 1판 1쇄 발행

구술채록·편집 정현주 강영경 강영심
기   획 (사)역사·여성·미래
펴 낸 곳 역사여성미래
　　　　　 서울특별시 은평구 통일로 713, 3층(대조동)
　　　　　 02-6949-2530
등   록 2020년 1월 6일(제2020-000068호)
홈페이지 http://www.historywomenfuture.modoo.at.kr
전자우편 nwhm2013@naver.com
ISBN 979-11-975862-4-8   03910
정 가 20,000원

박용옥 교수,
한국여성사의 새 장을 열다

역사여성미래

일러두기

한글쓰기를 원칙으로 하였으며, 필요한 경우 한자는 (   )에 넣었다.
책은 『   』 논문은 「   」 기사제목은 '   '로 표시했다.
많은 경우 존칭이나 직책을 생략하기도 하였다.
한자어는 (   )에 한자를 넣었고, 구술 중 뜻을 살리기 위해 해석되는
말도 (   )에 표기했다.
이 책의 기본자료인 구술을 살려 어미는 '~요'를 사용했고, 가능하면
본래의 말투와 내용을 살렸다.

이 책은 2020년도 국사편찬위원회 구술자료 수집사업 '원로 여
성사학자 박용옥'(2020.6.19.~2020.7.29., 총 6회, 구술면담시
간 총 735분, 강영경·정현주·강영심의 공동연구)의 결과를 활
용한 것이며, 일부 내용은 2024년도에 추가로 보완하였다.

발간사

박용옥 선생님의 구술생애사를 내며

1970년대 대학과 대학원을 다니면서 박용옥 선생님을 알게 되었다. 이 시절 대학가는 삼선개헌 반대 데모가 극심하여 매년 봄, 가을 휴교가 일상이었다. 우리는 역사를 좋아하여 사학과에 입학했다. 당시로써는 흔하지 않던 대학원에도 진학했다.

역사 공부에 입문하면서 이기백 선생님의 『한국사신론』에 감동하였고, 한문 공부하러 홍릉 세종대왕기념관에서 열렸던 대단위 강연에도 다녔다. 이 시절 박용옥 선생님의 『이조 여성사』를 보고 술술 읽히는 역사서, 그리고 여성의 관점에서 쓴 역사를 처음으로 접했던 기억이 생생하다.

이후 석사 학위를 취득하고 박사과정에도 입학하여 공부를 계속했다. 각자 시대와 전공분야를 선택하여 강의와 논문작성, 때로는 직장생활도 병행했다.

1980, 90년대를 거치면서 여성학을 개설하는 대학이 늘고, 여성할당제, 군(軍)가산점 철폐 등 여성권익 운동이 활성화되고 이에 기반한 여성정책이 활발하게 추진되었다. 한편 1998년 한국여성개발원(현재의 한국여성정책연구원)에서 기획한 『한국 역사 속의 여성인물』의 저자로서 10여명의 여성사 연구자들이 한자리에 모였다. 이때 선생님이 시대별 전공자들

을 추천해 주셨고, 역사적 여성인물을 선정하는데 주도적인 역할을 하셨다. 2000년대에 들어와 여성사학회가 출범하고, 국립여성사전시관이 설치되면서 여성의 경험을 수집하고 이 분야를 연구해야 한다는 인식이 높아졌다. 이에 여성사를 대중화하고 여성사박물관 설립을 목적으로 하는 (사)역사여성미래가 출범하였다.

여성사 연구자가 늘고, 여성사 논문이 발표되면서 연구의 기본 참고자료는 늘 박용옥 선생님의 연구였다. 한국의 고대부터 현대의 '부녀새마을운동'에 이르기까지 전문 학술지에 연구결과를 발표하시고, 사서삼경 등 고전도 섭렵하시면서 여성학회장으로 여성학회와도 교류하며 영향력을 발휘하시면서 동시에 여성단체 기관지와 신문 잡지 등의 매체에서 선생님의 여성사 글쓰기를 접하게 되었다.

여성사를 전공하는 우리는 각자의 일을 하면서 급하면 선생님께 짧게는 몇 분의 전화로 문의하기도 하고, 길게는 몇 날 며칠 선생님 댁에서 자문을 받았다. 자문이라기보다 불러주신 대로 원고를 받아 적어왔다. 모든 내용이 선생님의 머릿속에서 그냥 나오는 것이었다. 뵐 때마다 자료를 찾아보아야 하는 우리로서는 감탄에 감탄을 거듭하지 않을 수 없었다. 선생님은 늘 수많은 사료와 사건, 인물을 연결 지어 명쾌하게 설명해 주셨다.

우리는 모두 사단법인 역사여성미래의 발기인으로 여성사의 보급, 확산을 위해 노력해온 가운데 2017년부터 국사편찬위원회의 구술자료 수집사업에 참여하여 중앙과 지방의 여성단체 활동가들에 대한 구술인터뷰 과제를 수행했다. 2020년에는 우리 여성사에 큰 족적을 남긴 박용옥 선생님에 대한 구술자료 수집사업을 제안하였고, 이 과제가 선정되어 6차례의 구술인터뷰를 진행했다.

구술인터뷰 작업 이전에는 선생님과 연구주제에 한정하여 대화를 나누었지만, 구술인터뷰 과제를 수행하면서는 선생님의 생애와 학문연구를 연결해 볼 수 있는 좋은 기회가 되었다. 선생님이 어떤 삶을 살았는지, 부모 특히 어머니의 영향은 얼마나 컸는지, 공부를 얼마나 좋아했는지, 여성사에 관심을 갖게 된 계기와 동기는 무엇이었는지, 사회활동에 어떻게 참여했는지, 가정생활과 연구는 어떻게 균형을 유지했는지 등 궁금한 것이 너무나 많았다. 수많은 연구주제가 어떻게 나오게 되었고, 연구의 자료는 무엇이었는지, 어떻게 연구가 진행되었는지 선생님께 직접 묻고 싶었다. 더욱이 선생님의 많은 연구가 연구사상 '최초로' 시도된 연구였던 만큼 사회적으로 관심을 불러일으킨 경우가 적지 않았기 때문에 우리의 궁금증은 더 컸다.

시대적으로 여성운동이 활발하게 전개되면서 한국 역사는 여성억압으로 점철되었다는 고정관념이 널리 퍼져 있는데 반해 선생님의 연구는 우리 역사 속 여성의 주체성을 강조하고, 여성의 역동적인 모습을 근거를 가지고 주장했다. 그리하여 선생님의 논문은 여성계와 일반의 주목을 받았다.

오늘날 역사연구는 전공이 세분화되면서 시대와 주제가 다르면 유명한 학자라도 특정주제에 대해 언급할 수 없거나 언급하지 않는 경우가 많다. 앞으로 선생님과 같이 통시대적으로 연구하는 학자는 나오기 어려울 것이다. 선생님은 실로 '한국여성사의 르네상스인'이라고 할 수 있다.

이런 점에서 우리는 선생님의 구술생애사 자료수집을 위해 국사편찬위원회 사업에 참여하게 되었다. 그리고 이 자료를 위원회 사료관에 보존하는데 그치지 않고 다시 정리하여 후배 사학자, 나아가 일반에 널리 알리고자 이 책을 발간하게 되었다.

2024. 8.

구술생애사를 함께 진행한 정현주, 강영경, 강영심

박용옥 교수의
'한국여성사의 새 장을 열다' 발간을 축하하며

신채식
성신여대 명예교수

박용옥 교수의 이번 '한국여성사의 새 장을 열다'의 발간을 충심으로 축하합니다. 내가 박 교수를 만난 것은 성신여자대학교에 교수로 나가면서 시작되었다. 그 후 20년 동안 (1980년~2000년) 같은 사학과에서 교수 생활을 하면서 오랜 기간 우정을 나누었다. 나는 박 교수의 부군(차경수 교수)과는 서울대 사범대학 입학 동기로 대학 때부터 잘 아는 친구로 지냈기 때문에 박 선생을 대학교수로 만나기 전부터 인연이 있는 사이라 하겠다.

나는 박 교수를 처음 만났을 때 '매우 똑똑하다'라는 인상을 받았다. 그것은 박 교수가 졸업한 서울대 문리대 사학과가 서울대에서 입학하기 어려운 과로 꼽히고, 뜻이 있는 준재들이 모여드는 곳으로 장차 대학교수를 꿈꾸는 곳이기도 했기 때문이다. 박 선생은 문리대를 졸업하고 어려운 사학 전공으로 대학 강단에서 교수직을 수행하면서 훌륭한 논문을 발표한 분으로 그의 첫 인상이 정확했다는 생각이 들었다.

그 후 성신여대 사학과에서 같이 근무하면서 여러 가지로 우정을 나

눌 기회가 많았다. 학생지도를 함께 한다던가 회의에서 의견을 교환하고 학생들을 데리고 봄, 가을로 답사 가는 일 등 함께 이야기할 시간을 많이 가질 수 있었다.

이러한 시간을 통하여 박 선생의 성격에서 뚜렷한 몇 가지 특징을 알게 되었다. 그것은 몸에 벤 철저한 긍정적 성격이다. 그의 긍정적 성격은 흔히 말하는 '좋은 게 좋다' '만사 OK식'의 통속적 긍정이 아니다. 오랜 기간에 형성된 인생관에서 자리 잡은 신념과 같은 긍정이라고 생각한다. 나뿐만 아니라 성신여대의 많은 교수들이 박 선생과의 만남을 즐거워하고 학생들도 그를 좋아해서 그의 여성사 강의는 명강의로 소문나 있었다.

그리고 박 선생은 남이 미쳐 생각 못하는 아이디어(idea)를 많이 만들어 낸 창의성이 많은 분이다. 박 교수의 이와 같은 긍정적 성격과 창의력이 어울어져 이번 '한국여성사의 새 장을 열다'를 발간하게 된 동기가 된 것이 아닌가 생각한다.

박 교수도 나도 유년기를 어렵게 보냈다. 초등학교 시절에는 일제 식민지 교육을 받았고, 중·고등학교 시절에는 6·25동란의 민족적 비극을 경험하고, 4.19, 5.16의 격변기를 겪기도 했다.

사실 우리 민족처럼 수난의 역사를 많이 겪은 민족도 드물다고 생각한다. 한반도 주변의 강대국 출현은 바로 우리 민족의 민족적 수난에 직결되는 역사적 사실을 우리는 잘 안다. 고대로 올라가면 한무제의 고조선 멸망과 한사군 설치, 근세로 내려오면 일제의 강점과 민족의 수난 등은 모두가 주변에 강대국이 나타났을 때 생기는 민족적 비극이다.

그러나 우리 민족이 이러한 수난을 슬기롭게 극복하고 여기까지 온 것은 한국 여성들, 특히 어머니들이 가지고 있는 강인한 생명력과 긍정적인 사고가 있었기 때문이라고 본다. 나는 우리 민족의 강인한 민족 보존의 원동력의 절반은 여성의 몫이라고 생각한다.

그런 뜻에서 이번에 출간되는 『박용옥 교수, 한국여성사의 새 장을 열다』는 각별한 의미가 있다고 본다. 왜냐하면 지금까지 역사연구는 주로 '남성사'를 중심으로 이루어진 면이 적지 않기 때문에 역사에 등장하는 제왕, 영웅, 관료, 제후, 양반 등등 모두가 남성 중심의 역사이다. 이제부터는 '여성사'도 새로운 위치를 설정하고 여성사 연구자가 대거 나와야 할 때가 왔다고 생각한다.

이 책이 여성사를 공부하려는 많은 후학들에게 좋은 길잡이가 되어 한국 역사학계의 새로운 바람을 일으키는 여성사 연구의 계기가 되기를 바라는 마음 간절하다.

효자로 소문난 아드님 곁에서 박 선생님의 미국 생활이 즐겁고 건강하고 행복한 시간이 되시기를 기원합니다. 항상 하나님의 가호가 박 선생님과 함께 하시기를 간절히 기도드립니다.

2024. 8. 8.

목차

박용옥 교수, 한국여성사의 새 장을 열다

박용옥 교수 / 한국여성사의 새 장을 열다

1부
출생부터 대학을 졸업하기까지

01. 중국 심양에서 출생, 장춘에서 성장

●
심양에서 태어나

저는 1935년 9월 23일에 심양(瀋陽, 선양)에서 태어났습니다. 심양은 그 당시는 봉천(奉天, 펑텐)이라고 했어요. 상당히 큰 도시였어요. 봉천에서 태어나긴 했으나, 어릴 때 지금의 장춘(長春, 지린성의 수도)으로 옮겨갔어요. 그래서 장춘에서의 생활은 유치원 때나 초등학교 다녔던 생각, 이런 것들이 다 역력해요. 봉천에서 살던 기억은 없습니다. 장춘으로 온 뒤에 나는 교회유치원을 거쳐 영락(永樂) 초등학교라고 하는 한국인들만 다니는 학교에 입학했어요. 그런데 그 당시는 한국인 학교

1935년, 15개월의 박용옥
(만주 봉천)

를 졸업해서는 중학교를 가기가 어렵다고 했어요. 그래서 부모님이 "아, 안 되겠다"라고 생각하시고, 일본인 학교인 야시마(八島) 소학교로 전학시켰어요. 그 당시 꽤 옛날이야기지만, 아마 부모님은 저를 공부시켜야 한다는 생각이 강했던 것 같아요. 1년간 조선인 학교를 다니고, 2학년 때 일본인 학교로 옮겼어요.

어려서 저는 아주 평범했어요. 나는 조선인 학교에 다닐 때가 참 재밌었어요. 우리 집이 기독교 집안이고, 어머니가 굉장히 엄격했어요. 그래서 늘 절도 있게 생활해야 했어요. 조선인 학교 이름이 영락(광개토대왕의 연

호, 永樂) 소학교였어요. '영락', 그 학교는 상당히 자유 분위기였어요. 복도를 다닐 때도 아이들이 자유롭게 뛰기도 하고 걷기도 하고 그랬죠. 어머니께서 와서 보시더니, "아, 여기는 너무 교육환경이 산만하다." 이렇게 아버지께 말씀드렸나 봐요. 그리고 교과과정도 아무래도 일본인들 학교에서 진행하는 것보다는 조금 더 느슨하게 하는 것을 보고, 어머니께서 아마 "일본인 학교로 옮기자. 그래야 나중에 중학교를 들어가지. 여기서 중학교 들어가기 어렵다." 그러셨나 봐요. 그래서 저를 옮겼어요. 저는 영락 소학교를 떠나는 것이 너무도 아쉬웠어요. 친구들을 자유롭게 사귀고 그랬었는데 일본인 학교를 가면 서먹할 것 같고, 그랬어요. 그래도 아무튼 옮겨가서 거기에서 제가 4학년이 될 때 해방을 맞이하게 됐어요. 그래서 해방 뒤에는 학교가 잘 운영되지 못하니까, 거의 한 일 년은 학교를 못갔어요.

1939년 정월 초하루, 중국 장춘에서 촬영한 가족사진
(앞줄 왼쪽부터 어머니, 남동생, 아버지, 여동생, 큰아버지, 뒷줄
왼쪽 오빠, 박용옥, 집안일을 도와주는 이)

소화 12년 1937년 7월 만주에서 여름물놀이
(왼쪽부터 어머니, 남동생, 오빠, 박용옥,
집안일을 도와주는 이)

02. 해방과 귀국, 소학교 생활

●
해방 후 전재민(戰災民)으로 귀국

해방이 되니까, 만주 북쪽으로부터 일본인 피난민들이 떼를 지어서 내려왔어요. 왜냐면 그 사람들은 항구를 찾아서 일본으로 돌아가야 되거든요. 나는 일본 사람들이 참 깨끗하고 예의 바르다고 생각했는데, 거기 내려오는 일본 피난민들을 보니까 완전히 거지였어요. 그리고 체면치레도 다 없어지고. 그래서 "아니 어떻게 사람들이 저렇게 변할 수 있을까?" 그렇게 생각을 했어요.

그렇게 피난민 대열이 떼를 이루어서 오는 것을 봤어요. 일 년간 만주에서 계속 머물다가, 어머니께서 "안 되겠다. 너희들 교육을 위해서 조선으로 나가야 되겠다"라고 말씀하셨어요. 어머니께서는 항상 조선이 아름답고 좋은 곳이라고 우리에게 얘기를 했어요. 당신이 잘 아는 곳이니까. 그래서 나는 머릿속으로 "조선에 가면 길도 금으로 다 깔고, 아주 아름답고 멋진 곳일 거다"라고 생각하였죠.

조선으로 가고자 우리 가족은 해방 이듬해 1946년 11월 초에 장춘을 떠나, 봉천을 거쳐 대련까지 화물차를 타고 왔어요. 대련은 큰 항구거든요. 대련에 왔더니 거기에 미군정청에서 일본인의 군함을 압수한 것이 있었죠. 삼천 톤짜리였어요. 나는 그렇게 큰 배는 처음 봤어요. 지금 삼천 톤이라고 하면 너무나도 작은 배죠. 그러나 그때는 "오, 이렇게 큰 배가 있나"라고 생각할 정도로 큰 배였어요. 우리가 처음 배를 탔다고 함장이 멀

박용옥 교수, 한국여성사의 새 장을 열다

미한다고 아주 천천히 운행을 해서 한 일주일 걸려서 인천항에 당도했어요. 만주 쪽에서 전재민들이 온다는 소식을 듣고 인천에 와서 자기 가족을 찾아요. 그런데 마침 외삼촌께서 나오셨어요.

(외삼촌에게) 연락이 미리 된 것은 아니었는데, 신문같은 데서 '며칠 날 이렇게 전재민들이 당도한다'는 기사가 신문에 났던 것 같아요. 그래서 그걸 보고 당시 외할머니가 만주에 같이 계셨어요. 우리 외할머니는 평생 동안 전도부인1을 하셨어요. 우리가 장춘을 떠날 때 외할머니를 아주 존경하는, 조선인 의사가 있었어요. 그 의사 부부가 자기 부모가 너무 그리워서 "전도사님을 부모로 섬기겠다"고 모시고 갔어요. 그래서 우리가 떠나올 때, 외할머니는 같이 못 오셨어요. 그런데 외삼촌께서는 "우리 가족이 오면은 틀림없이 어머니가 오실 거다"라고 생각했는데 어머니는 안 오시고 우리만 왔어요. 그래도 어쨌든 서로 반가워하고 외삼촌이 그때 어떤 차를 가지고 왔는데, 그게 트럭인지 뭔지는 잘 기억이 안 나요. 그거를 타고 인천에서 서울로 들어오는데, 내가 보니까 서울 거리가 좁았어요. 장춘은 새로 만든 도시라서, 일본 사람들이 새로울 신(新)자, 서울 경(京)이라고 해서 신경이라고 했어요. 거리의 폭이 굉장히 넓었어요. 그리고 가로수도 많았고, 잘 계획된 도시였어요. 거기 살다가 인천에 오니까, 항구 자체가 초라하고, 서울로 오는 거리도 보니까 길이 넓지도 않고, 아스팔트 길도 별로 없었어요.

그래서 내가 "아, 이게 서울까지 가야만 그 아름다운 길이 있으려나 보다"라고 생각하면서 서울로 들어왔어요. 그런데 역시 서울도 전차가 다니고, 길이 좁아요. 그래서 "아, 어머니가 말씀하셨던 조선과 내가 상상했던

---

1 19세기말 한국 개신교 초기에 선교사들이 전도 활동에 종사하던 유급 여성 종교인. 여전도사, 부인전도사로도 불린다.

조선은 다르구나"라고 생각했어요. 그러나 신기했던 것은 만주는 끝없는 벌판이에요. 산이나 그런 것은 볼 수가 없고, 강도 없어요. 공원에 인공으로 만든 큰 호수는 있어도, 한 번도 강은 본 일도 없고, 산도 본 적도 없었어요. 서울에 오니까 전부 산으로 둘러있는 거예요. 그게 신기했어요. "아, 저 산까지 가는데 얼마나 걸릴까?" 그런데 조금만 가면 산이 있는 거예요. 그게 너무나 신기했어요. "아! 산이라는 게 이렇게 옆에서 느낄 수가 있구나!" 그리고 "가깝게 걸어갈 수 있구나!" 그래서 신천지를 보는 것 같은 그런 느낌이었어요. 다른 것은 다 어머니가 말씀하셨던 것과는 거리가 있었어요. 그 산이라고 하는 것이, 사방이 산이어서 어디서든지 산이 보이는 거예요. 그게 너무 신기했어요. 그게 좋았어요.

●

아버지는 못 나오신 채 귀국

어머니하고 만주를 떠날 때는 위로 오빠가 하나 있고, 그 다음이 나였어요. 내가 장녀예요. 그리고 내 밑으로 여자 동생 둘, 남자 동생 하나 이렇게 있었어요. 오 남매를 데리고 어머니가 나오신 거예요.

아버지는 만주의 유지였는데, 그때 경영하던 농장일이며 이런 것을 다 정리하고 그러느라고, 일하시는 과정에서 아버지가 어디를 가셨는지 모르게 됐어요.

그래서 우리가 일 년 동안 기다렸죠.

만주의 조선인 유지들이 심양에 세운 삼학사 기념비 제막식(1935년), 뒷줄 왼쪽 첫번째가 박용옥의 아버지 박준병 선생이다.

어머니께서 "더 기다리고 있을 수가 없다. 조선으로 나가자." 그래서 나오게 된 거예요. 조선으로 나오고 난 뒤에도, 나는 너무 학교가 다니고 싶었

박용옥 교수, 한국여성사의 새 장을 열다

는데, 해방 후 일 년 동안 학교를 못 다녔으니 얼마나 다니고 싶었겠어요. 우리 오빠는 장자니까, 바로 학교에 입학을 시켰어요. 나중에 보니까 오빠가 입학한 학교는 아주 유명한 학교더라고요. 경기 중학에 들어갔어요. 어머니께서 여러 가지 손을 썼겠죠. 경기 중학에 입학시키고, 우리는 거처할 데가 없어 나는 외삼촌네 집에다 맡기고, 동생은 막내 이모네 집에 맡겼어요. 나는 학교는 못 다녔지만, 하얼빈에서 조선으로 나온 지인이 있었어요. 그분은 하얼빈에서 여학교를 다니다 나왔어요. 그분이 나를 동생처럼 예뻐했어요. 그이가 책을 구해서 수학도 가르쳐주고, 국어책도 읽고 쓰는 것을 가르쳐주고, 매일 공부를 가르쳐 주었어요.

●
행복한 초등학교 시절,
'공부가 이렇게 좋은 것이구나'라고 느껴

학교는 못 갔지마는 그 덕택으로 공부는 했어요. 그러다가 일 년 지난 다음에 어머니께서 딸들도 다 학교를 보내야 하잖아요? 내가 해방 때 사학년이었으니까, 일 년 지나서 육학년이 돼요. 육학년에 넣어야 하는 건데, 내가 엄마한테 얘기했어요. "엄마, 나는 지금 육학년에 들어가면 도저히 따라갈 수 없을 것 같아요. 오학년에 넣어주세요"라고 부탁했어요. 오학년에 그때는, 구월이 새 학기였던 것 같아요. 해방 뒤에 아마 미국 방식을 따랐는지. 구월에 오학년으로 입학해서 학교를 다니게 되었는데, 학교를 다니니까 너무 행복하고 좋아요. 그래서 "아, 공부가 이렇게 좋은 거로구나"라고 느끼게 됐어요. 그때 느꼈던 것이 평생 내가 공부하는 기회를 갖게 된 것 아닌가 생각이 들어요. 오학년, 육학년 때 초등학교, 그땐 국민학교라고 했어요. 이 년간 다녔는데, 참 행복했어요. 너무너무 행복했어요. 내가 "아, 조선의 아이들은 굉장히 공부를 잘할 것이다"라고 생각했어요. 그래서 내가 엄마에게 육학년에 가면 못 따라간다고 했는데 막상 입학해서 보니까, 공부를 잘하는 아이도 있지만, 대부분은 뭐 공부는 별로더라고요. 그래서 내가 "아, 내가 육학년에 들어가도 될 걸 그랬네"라는 생각도 했죠.

오학년 때 우리 담임 선생님이 김인숙 선생님이었는데, 그 선생님이 나를 아주 예뻐하셨어요. 공부도 열심히 하고, 숙제도 안 하는 때가 없었고, 시험도 보면 잘 보고. 그때는 매일 아침에 주판 놓는 걸 했어요. 학습시간 전에 다 주판을 놓는데, 나는 학교 다니기 전에 주판을 이미 굉장히 열심히 연습했어요. 주판알을 하나, 둘, 셋 그래서 백까지 더해가는 거예요. 그러면 20까지 더하면 얼마가 된다고 하는 것은 이미 머릿속에 들어와 있고요. 선생님이 "주판을 일에서부터 백번까지 더하라. 그리고 다 끝난 사람은 손을 들어라"그래요. 근데 나는 최소한도 20번까지는 정확하게 알거든요. 이십 가면 얼마다 하는 것을. 그래서 나는 이십부터 시작을 해서 백까지 갔어요. 그래서 손을 들면 굉장히 빨리 손을 들었잖아요. 그래서 이제 이 선생님이 "얘는 주판도 이렇게 잘 놓는구나"라고 생각하셨어요.

그런데 그것보다도 (지금 생각해보니) 선생님이 내가 그렇게 행복해하면서, 공부하고 싶었던 것 이제 맘껏 할 수 있다는 행복감에 막 열심히 하는 게 얼마나 예쁘셨겠어요?

아, 너무 행복했어요. 학교를 다니니까. 그리고 배우는 교과 내용도, 춘향전이 교과목 안에 있었거든요. 내가 그거를 쭉 읽고, 그전에 읽으면 전체 대의를 쓰고 문단을 나눠요. 그래서 제1문단의 내용은 뭐고, 뭐고를 다쓰는 것이거든요. 그걸 쓰면서 "아, 이런 건 상당히 미신적이다"라는 생각이 들었어요. 그래서 내가 선생님께 손을 들고, "이거는 좀 미신적인 내용인데 왜 교과서에 들어있습니까?" 이렇게 물어봤어요. 그랬더니 선생님이 "아, 그게 우리나라 고전이다"라고 설명을 해주시더라고요. 전체적으로 내가 느낀 것은 허구성이 있는 것 같았어요. 그래서 "그런 것은 그냥 미신이다"라고 그렇게 생각한 거죠. 어린 생각에 그랬어요. 그래서 그런 질문을 했는데, 선생님이 야단치지 않고 웃으시면서 "아, 우리나라의 고전"이라고 말씀을 해주셨어요.

그리고 초등학교 2년을 다닐 때, 그때는 국어 시간에 국어 단문을 쓰게 해요. 명사를 내놓고, 그것으로 단문을 지어서 오는 거예요. 근데 나는 단문 짓기를 하면 다섯 개쯤 선생님이 주시잖아요? 명사를. 그러면 각 한 명사마다 네, 다섯 개 문장을 만들어가요. 많죠, 문장이. 그러면 그걸 안 해온 아이들이 "얘, 용옥아 너 있는 거 하나만 날 줘." "그래." 그러면 내가 모두에게 하나씩 줘요.

그런데 한 번은 국어 시간에 선생님이 단문 지은 것을 보고 잘 된 것을 뽑아서 읽어주고, 그 아이를 칭찬하잖아요. 근데 나는 내 것이 제일 잘 되었다고 생각하고 내 것은 빼놓고 다른 것을 주었는데, 내 것을 받은 아이의 문장을 쫙 읽어주시면서 아주 잘 썼다고 칭찬을 하는 거예요. 그때, 다음부터는 절대 주지 말아야겠다는 생각을 했어요.

●
한문 글씨도 잘 써

나는 일제강점기 때 학교를 다녔기 때문에 한문 공부, 한문 습자를 많이 했어요. 그래서 한문 글씨를 반듯하게 잘 쓰고, 그리고 한문을 많이 알고 있었는데, 여기 와서 봤더니 아이들이 거의 한문을 못하더라고요. 무단으로 결석하는 아이들이 있어요. 그러면 부모로부터 결석계를 받아 제출해야 되거든요. 그럼 나한테 와서 "얘, 용옥아, 네가 내 결석계 좀 써줘." 그러면, 내가 어른 글씨처럼 한문으로 써서 주면 통과되고 그랬어요. 그래서 아이들이 나를 굉장히 좋아했어요.

시험 볼 때, 선생님이 그룹을 지어주어요. 1분단, 2분단 이렇게. 그러면 분단장이 그 분단의 공부 못하는 아이를 데리고 가르쳐야 해요. 그래서 못하는 아이는 '노꼬리벤꾜', '노꼬리'라는 건 남는다는 뜻이거든요. 즉, '남아서 공부하기'였어요.

그래서 방과 후에 남아서 그 애를 가르쳐야 해요. 그 애를 가르치면 저절로 나는 다 습득이 되잖아요. 그리고 시험 때가 되면 아이들이 "애, 용옥아, 이것 좀 해줘" 하고 부탁을 해. 그러면 다 해줘요. 그거 다 해주면 내가 따로 공부를 안 해도 전부 시험공부가 되거든요. 그래서 아이들이 나한테 부탁하면 다 잘해주는 아이로 여겨 친구 관계가 굉장히 좋았어요. 그렇게 해서 2년간 초등학교를 다니고, 6학년을 졸업하고, 중학교에 입학했어요.

03. 진명여중 입학, 6.25전쟁 그리고 피난

●
6.25전쟁으로
김포 시골에서 피난살이

저는 그때(1949년) 진명여
중에 입학했는데. 우리 담임
선생님이, "너는 여러 가지 환
경이나 모든 것을 볼 때, 진명
을 가면 가장 어울리겠다"고
했어요. 그래서 나에게 진명으로 가라 해서, 담임이 말씀하시는 거니까,

1950년 6.25전쟁 당시 피난민의 모습

거기에 따라서 진명으로 입학을 한 거예요. 진명에 들어갈 때도 아주 좋은
성적으로 들어갔어요.

입학시험을 보고 들어갔는데, 입학시험 문제를 딱 받았는데, 보니까 너
무 다 쉬운 거예요. 다 쓰고 낮잠 자도 될 만큼 시간이 남았어요. 입학 성
적이 아주 좋았었어요. 그래서 또 중학교도 재밌게 다녔어요. 2학년 올라
가고 조금 있으니까 6.25 전란이 일어난 거예요. 전란이 일어나니까, 어머
니께서 학교에 못 가게 하더라고요. 이미 공산주의자들이 다 학교를 점령
하고 있어서, 학교 가면 의용대에 끌려간다고 해서 (학교에) 안 갔죠. 정말
내 친한 친구가 여자의용대에 지원했는지 끌려갔는지 모르지만, 나가서
여자 간호원으로 활동을 하더라고요. 나중에 길에서 만난 적이 있었어요.

그리고 6.25전란이 일어나게 되니까 가정생활이 어렵게 됐어요. 있는

쌀도 다 먹고 밀가루도 다 먹고, 먹을 것은 다 먹어서 더 이상 버티기가 힘들게 됐어요. 김포 하성면이 우리 아버지의 고향이에요. 본적지죠. 거기에 큰아버지가 사시고, 박 씨네 일가친척이 아래, 윗동네에 가득 살아요. 박 씨 촌이거든요. 그래서 어머니가 우리를 다 데리고 걸어서, 걸어서 김포 큰 집으로 갔어요. 큰 집은 상당한 부농이에요. 부농이라 잘 사시고, 농사를 많이 짓기 때문에 쌀도 많고 먹을게 풍성한 집이에요.

거기서 한 이 년쯤 생활했어요. 이 년쯤 있었는데, 내가 피난하고 있는 동안에 농촌 생활을 직접 경험하게 됐어요. 그게 나한테는 나중에 역사를 공부하는 데도 굉장히 큰 보탬이 됐어요. 농촌 생활이라는 게, 봄이 되면 모판을 만들고, 5월이 되면 모를 내거든요. 모를 낼 때는 온 동네가 다 와서 함께 일해요. 온 동네 여자들이 다 함께 밥하고, 남자들은 전부 소 끌고 가서 모판을 챙기고, 그리고 모판에 실을 쫙 매놓고는 간격을 정해놓고 거기에 모를 끼우는 거예요. 그래서 내가 그때 중학교 2학년이었는데도, 모를 심는 거 하고 싶어서 전부 다 했어요. 내가 심은 모는 다음 날 가보면 대개 논물 위에 떠 있어요. 그러면 다시 또 꽂아놓고 그랬는데. 그리고 가을이 되면 타작을 하잖아요. 곡식 타작기가 둥글게 되어있는 게 있어요. 그것을 막 밟고 돌리고 벼를 딱 맞게 대면벼 나락이 전부 아래로 떨어져요. 그런 것도 해보고, 그다음에 콩 이런 것을 추수하면 큰 멍석에다가 놓고는, 도리깨라는 것 아세요? 도리깨질해서 콩을 다 껍질하고 분리를 시키거든요. 그런 도리깨질도 하고, 밭에 김매는 것도 하고, 그런 일들을 다 해봤어요. 농촌의 여러 가지 생활, 여름에는 우리 조카들이 많으니까 조카들을 따라 다니면서, 개구리를 잡아서, 뒷다리를 쫙 뽑으면 하얗게 살이 빠져요. 그거를 쫙 엮어서 집에 가져와서 화롯불에 구워 먹고 그래요. 그런 거 따라다니고. 가을 되면 논에 나가면, 우리 손 위 올케가 가서 참새 쫓으라고 그래요. 가을이 되면 참새가 그냥 많이 와서 벼 나락을 먹으니까, 그걸 쫓아야 해요. 그 논에 메뚜기가 얼마나 많은지 몰라요. 그러면 큰 소주병을 가져와서 메뚜기를 잡아가지고 병에다 가득 담아 와요. 큰 솥에다가 기름 조금 붓고 볶아서 소금 좀 뿌려서 먹으면 그렇게 고소하고 맛있어요. 영양 많고, 그런 것도 쫓아다니면서 잡고 먹고, 뒤에는 뒷동산이 있었는데, 그 뒷동산에 가면 산딸기가 있어요. 그 산딸기도 따서 먹고, 그렇게 즐겁게 지냈어요.

거기서 1~2년 지내니까 학교가 가고 싶어진 거예요. 학교를 가려면, 우리 큰 집에서 30리를 나가야 김포읍이에요. 읍에 김포 중학이 하나 있거든요. 거길 가야되는데, 우리 어머니께 중학교를 보내 달라고 해도 안 보내주시는 거예요. 뭐 여러 가지 힘들어서 그러셨겠죠. 길도 멀고. 그래서 내가 사흘 동안 아무것도 안 먹고 드러누워서 그야말로 시위를 했어요. 그랬더니 어머니가 달래서 "그래 중학교를 가라." 다음날 아침 걸어서 뙤약볕에 삼십 리 길을 걸어서 등록하고, 그때는 전쟁 중이었기 때문에 서울서 온 학생이나 이런 사람들은 어디든지 학교에 가서 "나 여기 어느 학교 다녔던 학생인데, 이 학교에 와서 공부하겠다"라고 하면 무조건 입학시켜 주었어요. 그래서 거기 삼학년으로 들어가서 공부했죠. 그렇게 하고 싶은 공부를 못하다가도 또 하면, 즐거운 거예요. 그래서 열심히 공부했어요. 그때도 공부 이외에는 아무것도 할 일이 없었어요.

여동생이 학질과 이질에 걸려 학교에 장기간 결석한 적이 있는데 내가 동생이 다니는 학교에 가서 시험지를 받아와서 가르쳤어요. 동생이 기운이 없어서 쓰러지면 일으켜 세워서 가르쳤어요. 계속해서 가르쳐 동생이 1등을 했어요. 그러니까 학교에서는 나를 '꼬마 학부형'이라고 했어요.

어머니께서 학교 가까운 데에다가 방을 하나 구해주셨어요. 내 밑 동생하고 나하고, 그리고 동생의 친구가 같은 1학년짜리가 있었어요. 셋이서 방 하나를 얻어 자취를 하고 그렇게 학교를 다녔죠. 그래도 아무튼 시골 생활이었는데도, 주인아주머니가 아주 친절하고 얼마나 따뜻하게 해주셨는지, 무슨 개떡을 찌면 꼭 먹으라고 갖다 주시고, 그랬던 생각이 지금도 연연해요. 그때 생활하는 것 자체는 참 힘들었지만, 힘든 줄 모르고 지냈어요. 거기에서 중3을 졸업했어요.

●

수원으로 이사, 피난학교에서 합창단원으로 활동

우리 집은 아버지가 안 계셔서 어머니가 주체가 되어서 가정 경제를 이끌어갔어요. 어머니께서 수원 쪽으로 이동을 하셔서 장사를 하셨어요. 자연히 우리 식구들은 김포를 떠나서 수원으로 갔어요. 수원은 도시이기 때문에 학교도 여러 개가 있었고, 김포하고는 완연

6.25 전쟁 중 수원시립합창단 활동 시절의 사진, 뒷줄 중앙의 남자가 지휘자인 이흥렬 선생이다. 뒷줄 이흥렬 선생 다음이 박용옥이다.

히 달라요. 그리고 수원에는 농과대학이 있었거든요. 그 농과대학에 양잠하는 교실이 여러 개 있어요. 수원으로 피난 온 학생들이 얼마나 많은지, 그때는 수원종합고등학교라고 이름을 붙였어요. 그 수원종합고등학교의 학생이 한 천오백 명은 됐어요.

그러니까 수원에 있는 원래의 다른 학교 학생들보다 피난 온 학생들이 몇 배나 많은 수예요. 수가 많으니까 당당하게들 다녔죠. 거기에서 잠실, 양잠 기르는 교실을 빌려서 의자도 아무것도 없이 땅바닥에 앉아서, 무릎을 책상 삼아 공부했어요. 피난 온 학생들이지만, 수원에서 사는 토박이 아이들보다 더 당당한 거예요. 수가 많으니까.

박용옥 교수, 한국여성사의 새 장을 열다

수원미군비행장교회 성가대, 맨 앞줄 가운데 분이 이흥렬 선생이고,
둘째줄 왼쪽에서 두 번째가 박용옥이다.

그리고 선생도 각지에서 흩어져있던 학교 선생님들이 수원으로 모인
분들이세요. 또 그런 분들이 종합학교에 선생으로 와요. 그 선생들이 옛날
내가 진명여학교에서 배웠을 때 선생보다 다양하잖아요. 그러니까 아주
좋더라고요. 수원에서 고등학교 다닐 때 모기에 물려 1달간 결석하게 되
었는데 아픈 중에도 오빠에게 영어를 배워서 학교에 가도 영어가 뒤처지
지 않았어요.

그때 고등학교 1학년 때 수원 종합학교의 음악 선생님이 이흥렬[2] 선생
이었어요. 나중에 숙대 음대 교수로 가셨는데, 작곡하시는 이흥렬 선생이
우리 음악선생이었어요. 대개 음악선생은 노래만 가르치셨는데, 그렇게
안 하고 작곡을 가르쳐 줬어요. 그런 것을 배우니까 새롭잖아요. 너무 재
밌더라고요. 그 선생님은 활동적인 분이에요. 수원시립합창단을 만들었어
요. 우리 여학생들을 데리고, 행사 있을 때 노래도 불렀어요. 수원에는 커

---

2 이흥렬(1909년~1980년)은 함경남도 원산 출생으로 한국의 작곡가이자 지휘자이자 피아노
   연주자이다. 기독교인인 어머니의 영향으로 어려서부터 서양음악을 접했고, 일본에 유학하여
   피아노를 전공했다. 동요를 작곡하고 음악교육에 힘썼다. '봄이 오면', '섬집 아기', '바위고개'
   등의 작품이 유명하며 숙명여자대학교 음악대학학장을 지냈다.

다란 미공군 기지가 있었어요. 그 공군 기지에 교회가 있어요. 이흥렬 선생님이 공군 기지 교회의 목사와 교섭해서 찬양대 지휘자가 되어 찬양대를 이끄시는 거예요. 따님 이름이 이영희인데 그 뒤로는 못 만났어요. 그분이 피아노를 전공해서 피아노를 잘 쳐요. 반주를 따님이 하고, 합창단원 중에서 이흥렬 선생님과 가깝게 지내는 사람들이 성가대에 합류했어요.

주일마다 가서 성가대를 했어요. 나는 그 교회에서 처음으로 서양 사람들을 접하게 됐는데, 서로 대하는 게 우리 한국인들하고는 굉장히 다르더라고요. 우선 첫째, 한국인 목사들은 목사로서의 지체가 있기 때문에 교인하고 친구처럼 지내지 않거든요. 그런데 거기 목사는 성가대 할 때도 자기가 성가대 옆에 와서 성가대원으로 성가를 부르고, 다시 교단에 가서 설교를 하시고, 너무나도 친근감이 있는 거예요. 그래서 "아, 이 사람들은 참 격의가 없구나." 그리고 우리는 성가대원이라고 거기 미 공군의 식당, 식당의 음식이 가서 보면 우리는 참 그때 다 힘들게 사는 때 아니에요? 피난민들이 얼마나 어려워요. 근데 거기는 음식이 너무 풍성한 거예요. 그래서 내가 스크램블이라고 하는 것을 거기서 처음 먹어봤어요. 뭐 계란이라는데, 확 이렇게 풀어 놓은 것을 식판을 가져가면 막 퍼주고, 베이컨 구운 것도 또 놔주고, 그리고 과일도 주고 그래요. 커피는 우리가 못 먹으니까, 초콜릿, 초콜릿 티를 해서 줘요. 우유도 주고. 그러면 가져와서 맛있게 배불리 잘 먹고 그랬어요. 그랬던 기억들이 지금도 생생해요.

피난 중이었지만 궁색하지 않고, 문화적으로도 참 다양한 경험을 하면서 생활했어요. 저는 노래를 못하는데, 우리 집안 사람들은 다 노래를 잘해요. 우리 친정어머니도 아주 노래를 잘 하시고, 피아노도 잘 치고 그랬어요. 또 우리 동생, 우리 오빠 전부 노래를 잘해요. 막내 동생은 성악을 했어요. 나는 노래를 너무 못하는 거예요. 그러니까 내가 노래를 하면 우리 동생들이 "언니 왜 노래를 그렇게 해?" 그런다고요. 그 정도로 제가 못하는데, "그래도 내가 방송국에도 가고 다 했다?"라고 자랑하면, "공부를 잘 했으니까 그냥 선생님이 데리고 다닌 거지." 애들이 그러죠. 국민학교 다닐 때도 방송국에 가서 어린이 시간에 노래하고 그랬었어요.

6.25전쟁 당시 인민군에 대한 그 인상이 험했고, 그 피해가 너무 많았어요. 그때 우리가 아현동에 살았어요. 조금 언덕진 곳에 살았는데, 애기 능이라는 곳이 있었어요. 나무숲이 우거졌어요. 어느 날 지나가다 보니까 사람들이 쫙 둘러서 있는데, 가운데 웬 사람 하나를 놓고 공격을 했어요. 그게 인민재판이었어요. 조금 보다가 무서워서 집에 갔어요. 엄마한테 얘기하니까 그런 거 구경하면 안 된다고 야단치셨어요. 인민군에 대한 인상이 굉장히 나빴어요. 당시 서울은 완전히 초토화됐었죠.

그때 우리가 앞서 말한대로 김포의 큰 집으로 피난 가 있었는데, 9.28 수복 때, 인천 상륙작전을 했잖아요. 김포에서 멀리 수색쪽을 통해서 서울 쪽을 보면 무엇인가 타는지 연기가 올라갔어요. 총소리도 들리고, 9.28 환도 때 미군과 국군이 쫙 올라왔어요. 김포까지도 다 왔다고요. 당시 오빠는 대학 3학년 때인가 그랬기 때문에 영어를 참 잘했어요. 영어 하기를 너무 좋아해서 영어가 굉장히 능통했어요. 아무튼 미군이 그 동네까지 왔어요. 우리 오빠가 따라다니면서 통역해주고 설명해주고 그러더니, 그다음날, 다 또 물러가더라고요. 그러니까 들어가고 나가고 하면서 좌파와 우파 쪽에서 서로 죽이고, 굉장히 많은 사람이 죽었어요.

난 죽이는 것은 못 봤지만, 우리 집안 사람들이 여러 명이 희생됐어요. 그런 경험들을 다 겪었죠. 피난 내려갈 때 어머니가 리어카를 하나 구해서 거기에다 짐을 싣고, 걸어서 내려가는 거예요. 평택까지 내려갔다고요. 그런데 우리 바로 뒤에서 미군들이 같이 와요. 미군하고 같이 후퇴해가는 거예요. 걸어가는데, 첫날 밤 안양에서 잠을 자게 됐어요. 안양에서 자는데 내가 너무 마음이 두렵고, 그래서 엄마보고 "엄마 우리 여기 밤인데 떠나자.” 그래서 또 걸어서 갔어요. 그런데 보니까, 나중에 봤더니 우리가 머무르려고 했던 그 집이 폭격을 맞아서 다 없어졌어요. 거기서 잤으면 우리도 죽었겠죠. 그리고 또 쭉 내려가다 발안이라는 데가 있어요. 수원 아래, 발안이 있는데, 발안이 옛날에는 봇둑이 쫙 있어요. 봇둑 끝에 주막이 있어요. 사람들이 그 주막 안에 들어가서 잠을 자려고 했는데, 내 생각에 괜히 무섭고 여기를 떠났으면 좋겠다라고 생각했어요. 엄마한테 또 졸라서 그 때는 밤에도 걸어가요. 피난민들도 다 그랬어요. 걸어서 또 갔어요. 그런데 거기 그 봇둑이 쫙 있잖아요? 또 개울 다리가 있어요. 산속으로 어디로 해서 가는데, 폭음이 또 들렸어요. 나중에 피난 갔다 올라올 때 봤더니, 그 다리를 폭격해서 거기에 시체가 가득했어요. 그 주막도 다 없어지고. 그날 밤 내가 가자고 그러길 잘했다고 생각했어요.

그리고 그해 겨울이 꽤 추운데, 신발이 부실했어요. 운동화를 신었는데, 운동화가 조금만 걸으면 닳아서 바닥이 없어져요. 그래서 벼로 만든 새끼줄을 구해서 신발을 칭칭 감아요. 그러면 이게 닳으니까 신발은 괜찮잖아요. 그렇게 하면서 걸었다고요. 산속에 가서 모닥불을 피워놓고, 쭉 둘러앉아서 불 쬐고 이야기도 하고, 또 걸어가고 그랬던 경험들이 있어요.

평택에 가서 국민학교에 사람들이 다 들어가서 교실 안에 자리를 잡고 있었어요. 우리도 자리를 잡고 있었어요. 김장이 끝난 다음에 피난을 간 것이었어요. 어머니가 마늘, 고춧가루, 이런 것을 많이 만들어서 겨울 내내 간장을 부어 담아놔요. 그것을 양념으로 썼어요. 어머니가 간장하고 그거를 가지고 피난을 갔어요. 우리는 쌀도 잔뜩 싣고 가고, 가면서 밤이 되면 밥도 해 먹고, 양념간장에다 밥 먹었어요. 그런데 우리 바로 뒤에서 환자를 끌고 오는 가족이 있었어요. 그 가족 중 한 사람이 와서 엄마에게 양념간장을 샀으면 좋겠다고 했어요. 환자가 너무 먹고 싶어 한다고, 그릇을 가지고 왔어요. 엄마가 따라서 줬어요. 돈을 받지 않고 주었어요. 피난 가는 동안, 그 식구들과 친해졌어요. 간장 양념장도 주고, 국민학교에 들어가서도 친척같이 친해졌어요.

평택 국민학교에 들어가서 어머니는 전쟁 경험이 많아서 밀가루도 가져갔어요. 밀가루 한 포가 있었어요. 피난민들이 죽 걸어오는데, 어머니가 어디에 가서 고기를 사려고 했는데 어머니는 차례가 안 되어서 사지 못했어요. 소 염통은 기름으로 뭉쳐져 있었어요. 그거 하나를 겨우 구해왔어요. 그래서 어머니가 냄비 뚜껑을 놓고 불을 붙여서, 소기름을 녹여가면서 밀가루를 물에다 풀어서 부쳐요. 그러면 나하고 내 동생하고 둘이서 그것을 접시에 가득 담아서 팔러 나가요. 피난민들이 달려들어서 사서 금방 없어져요. 이렇게 해서 밀가루 한 포대를 다 부쳐서 팔았어요. 나는 "어머니는 항상 호주머니에 돈이 가득 있다"고 생각했어요.

04. 환도, 서울대 문리대 사학과 입학

    그러다가 고2가 되니까, 부산으로 피난 갔던 우리 정부가 서울로 환도했어요. 서울로 와야 대학을 갈 수 있을 것 같았어요. 그래서 고등학교 2학년 2학기에 서울로 와서 진명고등학교를 다니기 시작했죠. 고2 때, 그러니까 중학교 1학년을 다니고는 고2에 처음으로 진명여학교를 다닌 거예요. 진명여학교에 가서 보니까 폭격을 맞아서 강당이 완전히 주저앉았어요. 친구들 만나서 붙잡고 울기도 했어요. 북한 인민군들이 이렇게 우리 강당을 전부 다 부숴버렸다고 했죠. 그리고 그 뒤로는 고2, 고3 동안 우리 학교는 강당을 지었고, 반공정신이 굉장히 강한 학교가 됐어요.

    학교에서 6.25전쟁 기념일에 무엇을 했나 하면, 전체 학생들이 가두행진을 해요. 북한과 인민군을 타도하는 구호를 외치면서, 한, 두 시간 동안 쭉 걸어요. 그래서 효자동부터 종로를 거쳐서 서울 운동장까지 가요. 지금 서울 운동장이 없어졌지만, 그때는 서울 운동장이 큰 모임 장소였거든요. 거기까지 걸어가요. 그러면 길가에 사람들이 쭉 서서 박수도 치고, 구경도 하고 그랬어요. 나는 그게 너무 싫은 거야. 행진하기 위해서 매일 방과 후에는 훈련을 받아야 해요. 걷는 훈련. 운동장 뺑뺑 돌면서. "아유, 이것 좀 안 했으면 좋겠다"라고 생각했어요.

    그리고 또 수원에 있을 때도 휴전 바로 직전이었거든요. 휴전한다고 그러니까 우리 정부에서는 이승만 대통령이 끝까지 "우리는 전투를 해서 통일을 하겠다"는 주장이었기 때문에, 수원에 있을 때도 방과 후에는 매일 데모를 했어요. 행진을 하면서 구호를 외치면서 행진하는 거예요. 아,

그거 하기 싫었지만 해야죠. 거기 학교 운동장에 모여서 남학생이 단상에 올라가 구호를 외쳐요. 그러고는 손가락을 잘랐는지, 피를 내서 혈서를 써 들고, 그러면 또 학생들이 외치고. 난 그게 너무 싫은 거에요. "아 이것 좀 안 했으면 좋겠다!" 그래도 뭐 사회 상황이 그러니까 해야죠. 근데 또 진명 학교는 반공 학교라고 해서 그걸 하는 거예요. 너무 하기 싫은데 할 수 없이 했어요.

고등학교 3학년이 되어 대학에 들어갔어요. 내가 대학 들어갈 때 우리 반 학생이 50명인데, 두 클라스 밖에 없어요. 1반, 2반 합해서 백 명이죠. 그중에서 대학가는 학생이 절반 밖에 안 되었어요. 나머지는 다 안 가요. 그런데 나는 고등학교 2학년 때, '한국기독학생회' 서클 운동을 했어요. 거기에 지도자들이 전부 서울대 문리대와 법대 학생들이에요. 그 사람들이 너무나 잘 지도를 하는 거예요. 내가 그 사람들을 보고, "아, 너무 멋지다. 내가 꼭 서울대 문리대를 들어가야 되겠다"라는 결심이랄까 아무튼 그런 게 생겼어요.

그리고 그 당시 문리대라고 하면, 제일 들어가기 어려운, 좋은 학교로 그렇게 평판이 나 있을 때거든요. 그래서 "꼭 난 문리대를 들어가야 해! 그 래야 내가 나중에 저 사람들하고 같이 논의도 하고 그럴 수 있지." 그렇게 생각을 하고 정말 열심히 공부했어요. 우리 반 학생들은 절반은 대학을 안 가니까 공부를 할 필요가 없었고, 나머지 절반도 대부분이 이화 대학을 갔 어요. 그리고 서울대학 가겠다고 지원한 사람이 다해서 열 명 정도밖에 안 돼요. 그 열 명 정도 중에서 한 명은 약대를 지원하고, 나는 문리대를 지원 하고, 또 한 친구도 문리대를 같이 지원했어요. 나머지 사람들은 사범대학 을 지원했어요.

그런데 진명여학교는 현모양처를 기르는 학교라고 해서, 고3인데도 가사 시간이 두 번 있고, 재봉 시간이 두 번 있고, 자수시간이 두 번 있어요. 그냥 속상했어요. 자수를 놓아 '에프런(apron)', 앞치마 같은 것을 만들었어요. 그런 게 너무 싫었어요. 그런데 학교 규칙이니까 하는데, 한 번은 내가 수를 놓는데, 그때 십자수가 유행이었어요. 십자수는 수를 놓는데, 이 뒤 판, 즉 수 놓은 뒤 판이 다 일자로 되어야 해요. 아무렇게나 놓으면 안 돼요. 뒤 판이 중요해요. 그게 수놓는 방법이에요. 그런데 우리 자수 선생님이 나를 참 이뻐했어요. 그러나 자수를 놓으려면 시간이 많이 걸려요. 그 시간에 공부해야 하는데, 자수할 수가 없잖아요. 자수를 해도 내가 결정했는데, 나는 베갯모를 하기로 하는 등 자기 형편대로 하는 거예요. 그런데 방석을 하기로 했어요. 동생이 나보다 2년 아래인데, 그 아이가 학교에서 방석 수를 놓은 게 있더라고요. 내가 뒤를 보니까 뒤가 엉망으로 돼 있어요. 그런데 "뭐, 방석을 만들어서 제출하면 뜯어서 보랴!"고 생각하고 동생이 자수 놓은 것을 가져다 냈어요. 우리 수예 선생이 까다로왔거든요. 탁 열어 보더니 나한테 "애, 용옥아 이게 뭐냐!"하면서 야단을 치는 거예요. 그 선생이 너무 실망한 거죠. "너 공부만 하면 되니?" 야단을 치는 거야. 그래서 아무 소리 못 하고 고개 숙인 채 야단맞고, 수예 점수 70점인가 75점밖에 안 주셨어요. 그랬던 일도 있었고. 나중에 그 선생님이 나를 보기만 하면 "야 너 무슨 수를 그렇게 놨냐?"그러시긴 했어도 이뻐하긴 하셨어요.

수원에서 고등학교 2학년 2학기까지 다니고, 2학년 2학기 때 환도해서 서울로 와서 진명여고에 다녔어요. 어머니가 돈이 없어 서울대가 아니면 못 가르친다고 하셔서 진명여고 졸업 때까지 열심히 공부했어요. 요를 펴놓고 자면 깊이 푹 자니까 늘 책상에 엎드려 잤어요. 그렇게 1년 반 지낸 후 서울대에 갔어요. 서울대를 선택한 또 하나의 이유는 당시에 이대 시험과목에는 내가 좋아하는 물리학 기하학 수학의 미적분 같은 과목의 시험이 없었어요.

나는 기회만 있으면 서울대학을 가야 하니까 공부만 해야 되는 거예요. 그래서 국어 시간이나 이런 시간에 별로 중요하지 않다고 생각하면, 국어책을 딱 책상에다 펴놓고, 여기에다가 입학시험과 관련된 자료를 놓고 공부하는 거예요. 그러다 들켰어요. 들킨 선생이 영어 선생, 김동길[3] 선생이야. 그 선생은 원래 신사고 그래서 야단치거나 그러는 법은 없지만, 불러다 나보고 "네가 아무리 열심히 공부해도, 문리대 들어간다 해도, 너는 거기 가서 아무 존재도 없다." 그러시면서, "이화 대학을 가라. 이대 영문과를 가라. 여자는 이대를 가야 그래도 출세도 할 수 있고 그렇다." 그렇게 말씀을 하시더라고요. 나는 그냥 죄지은 사람이니까 네, 네, 그러고 나왔죠.

나와서 내가 목표한 바가 있으니까, 문리대 사학과를 지원했어요. 사학과를 택한 이유는 당시 내가 공부할 때 여자들의 공부 환경은 참 나빴어요. 시집가면 취업했던 사람도 그만두어야 했거든요. 그리고 주부가 되어 집에 있으면 공부할 수 있는 기회가 거의 없잖아요. 내가 혼자 생각을 해보니까, 나는 원래 학교 다닐 때 수학과 물리를 잘했어요. 그래서 아이들이 수학박사라고 말할 정도로 수학과 물리를 굉장히 잘했어요. 그런데 수학과 물리를 하려면 이과를 가야 하고, 나는 이과 중에서도 공대를 가고 싶어 했거든요. 그런데 공과대학이 너무 먼 데 있었기 때문에 가기도 어렵고. 우리 오라버니가 나보고 공대 간다고 했더니, "야, 하수도 공사 반장이 될래?" 막 이러고 놀리고 그랬어요. 그래서 내가 "아, 내가 결혼한 뒤에도 끝까지 혼자서 공부할 수 있는 학문은 뭐가 있을까?"하고 생각했는데, 역사를 공부하면 그렇게 될 것 같았어요. 사료도 마음대로 볼 수 있고, 집에서 얼마든지 공부를 할 수 있을 것 같아서 내가 사학과를 택한 거예요. 우

---

3 김동길(1928년~2022년), 평안남도 맹산출신으로 역사학자이자, 정치인으로 제14대 국회의원을 지냈다. 연희대 영어영문학과, 미국 보스턴 대학교 대학원에서 철학학위를 받았다. 누나가 이화여대 총장을 지낸 김옥길로 남매가 대중적으로 유명했다.

리 오빠가 그 당시 서울대 사범대학 역사과를 다녔거든요. 거기에 서양사를 전공 했어요.

우리 오빠는 "너 정신 나갔니? 사학과 들어가면 밥도 못 벌어먹어." 이러더라고요. 그런 데 가지 말라고 했어요. 나 혼자서 사학을 공부해야겠다고 생각하고, 오빠(박용만)는 적극적으로 반대했어요. 어머니께서도 "애, 여자가 제일 좋은 직업은 선생이다. 영어 선생을 하면 제일 좋으니까 사대 영문과를 가라"고 굉장히 권유했어요. 그런데 내가 다 뿌리치고, 원서도 서울대학 가서 내가 사다 써서 직접 냈어요.

이런 면에서 고집이 세다는 말을 들었어요. 고집 세다고 어머니도 말씀하시고, 오빠도 나보고 "계집애가 고집이 세다"고 그러기도 했어요. 그래서 내가 원서를 사다가 딱 그냥 사학과라고 써서 제출했어요. 문리대 사학과 합격자를 발표하는 날, 방이 붙는 날, 오빠가 "야, 네가 들어갔다 떨어진 것을 보면 얼마나 낙망이 되겠니?"라고 말했어요. 내가 붙는다고 생각을 안 했는지, 같이 가주겠다고 그랬어요. 그래서 같이 갔어요. 문리대 정문을 들어가서 나는 바깥에 거기 개울이 흐르거든요? 거기 난간이 있는데 서서 오빠가 "너 합격했다" 그렇게 말해주기를 기다리고 있었는데, 안 나와요. 그런데 보니까 나하고 같이 문리대 화학과에 원서를 넣었던 아이가 울면서 자기 엄마하고 나오더라고요. 그래서 내가 그 애를 아는 척 안 하고, "아, 떨어졌나 보다. 그러니까 울지." 그런데 우리 오빠가 안 나와 당최. "아 나도 떨어졌구나"라고 생각했어요. 합격했으면 얼른 뛰어나와서 "애, 너 합격이야!" 할 텐데 왜 이렇게 안 나와? 다른 사람들이 거의 다 나갈 때쯤 오빠가 어슬렁어슬렁 오더니 "야, 너 됐더라!" 이러는 거야. 그래서 좋아서 집으로 왔

1955년 서울대학교학생증

박용옥 교수, 한국여성사의 새 장을 열다

1955년 서울대 사학과 입학기념사진. 뒷줄 왼쪽끝이 이인호,
그 다음이 박용옥이다.

서울대학교 시절 고적답사 (해인사) 사진. 앞줄 맨 왼쪽이 한우근 선생,
뒷줄 왼쪽부터 여섯번째가 박용옥, 여덟 번째가 민석홍 선생,
아홉 번째가 김철준 선생이다.

죠. 그랬더니 어머니께서도 그날 합격했다는 소리를 듣고 집에 일찍 오셨
어요. 과자도 사고 과일도 사서 축하해준다고 일찍 오셔서 다들 같이 먹고
떠들고 좋아했죠. 늘 어머니가 그랬어요. "야 나는 힘들어서 등록금이 너
무 비싸기 때문에 이대나 연대 같은 사립학교는 못 보낸다"라고 늘 그러셨
어요. "서울대 같으면 보낼까"라고 그러셨는데 합격하고 나니까 어머니가
굉장히 기뻤던 것 같아요. 그래서 일찍 오셔서 기쁨을 서로 나누긴 했죠.

그리고 그 다음부터 등교하게 됐는데, 희망에 부풀어서 학교(문리대)
에 갔는데, 내가 들어간 13회기가 여학생이 제일 적게 합격한 때였어요.

전체 여학생이 각 과 다 합해서 한 스물 두서너 명밖에 안 돼요. 우리 사학과에는 여학생이 4명이 합격했어요. 그중 한 사람이 러시아 대사도 했던 이인호[4] 씨예요. 동기예요. 그 이인호 씨는 들어올 때 여학생 중에서는 1등으로 들어왔어요. 그는 부고(서울사대부속고등학교) 졸업생인데, 부고에서부터 공부 잘하는 똑똑한 학생으로 널리 알려져 있었어요. 나는 진명에 갔으니까 촌사람이나 마찬가

서울대 문리대 시절 동기 친구들과.
왼쪽부터 김종희, 박용옥, 김정화.

지였어요. 대학 다니는 동안 즐겁기는 했어요. 그런데 가니까 전부 남학생이라서, 여학생은 벤치가 몇 개 있는데 전부 남자가 앉아있지 우리는 앉을 수가 없는 거예요. 그리고 여학생 화장실이 없는 거예요. 그러니까 얼마나 힘들어요. 그래서 우리는 학교에 가서 식당에 들어가면 식당 가득 남학생이고, 여학생은 없어요. 그러면 여학생은 어딜 가서 밥을 먹냐. 문리대가 있고, 문리대에서 구름다리를 넘어가면 법대예요. 법대에 큰 식당이 있는데, 그 식당 뒤 편에 식당 주인아주머니가 사는 온돌방이 큰 게 있어요. 여학생들은 다 거기 가서 밥을 먹는 거예요. 그러면 문리대 여학생, 법대도 여학생이 적으니까 법대, 그리고 음대, 문리대 안에 음대가 있었고, 법대 안에 미대가 있었어요. 그래서 세 대학의 여학생들이 거기 가서 밥을 먹고, 밥 싸오는 사람도 있고 사 먹는 사람도 있고. 거기서 다른 과 학생들과 친하게 되고 그랬죠. 그래서 지금까지도 우리는 여학생 수가 너무 적었기

---

4 이인호(1936년 출생), 서울출신으로 서울대학교 문리대학 사학과를 거쳐 하버드대학에서 러시아 역사로 박사학위를 받았다. 귀국후 고대 서울대학교에서 교수로 재직하다가 대한민국 최초의 여성대사로서 주핀란드 대사와 주 러시아 대사를 역임했고, KBS이사장도 지냈다.

박용옥 교수, 한국여성사의 새 장을 열다

때문에 과를 초월해서 늘 만나요. 과를 초월해서 여학생이 조금 있는 과가 사학과였고, 화학과에 조금 있었고, 독문과, 불문과, 영문과, 국문과에도 한 명이 있었구요. 생물학과에 한 명 있고, 뭐 그 정도예요. 그러니까 한 이십몇 명 정도 있었어요.

우리는 도시락을 잘 싸 가지고 갔어요. 도시락을 싸 가지고 가면, 운동장 위 계단을 올라가면 수영장이 있었어요. 일제시대 때는 공립학교의 경우에는 전부 수영장이 있어요. 경성제국대학이니까 수영장이 있는데, 그때는 수영장으로 쓰질 않았죠. 그러면 거기가 우리가 앉아있을 수 있는 제일 안전한 곳이에요. 얘기도 하고 숙제도 하고 밥도 먹고, 이러는 데예요.

그곳이 동숭동 캠퍼스인데, 지금은 공연의 거리가 되어있죠. 교실 동이 있고, 교실 동에서 나가면 바로 운동장이 나오는데, 그 운동장 오른쪽에 조그만 화장실이 있었어요. 화장실 수가 두 개로 되어있었어요. 우리가 학생과에 찾아가 교섭했어요. 그 화장실을 여학생 화장실로 쓰게 해달라고요. 금새 승낙을 해주었어요. 여학생용이라고 써 붙여주었어요. 여학생 전용 화장실이 생겼어요. 운동장을 가로질러 가면, 한 네 평쯤 되는 방, 교실이라고 할까 그런 빈집이 하나 있어요. 거기에 탁구대를 하나 놨어요. 탁구를 하는 그런 방이에요. 그래서 여학생 휴게실이 없으니까, 또 우리가 의논해서 학생과에 가서 그곳을 여학생 휴게실로 쓰게 해달라고 부탁하자고 의견을 모아 얘기를 했더니 여학생 휴게실로 해줬어요. 그래서 여학생 휴게실을 또 하나 장만하게 됐죠. 그렇게 학교 다녔어요.

우리(여학생) 공간이 생기니까 얼마나 안온하고 평온한지 모르겠어요. 내가 원했던 대학에 들어갔다는 기쁨도 있지만, 더 좋은 것은 (고등학교 때와 같은) 동원 문화, 이런 거 안 하잖아요. 문리대의 풍조가 굉장히 자유주의적이에요. 그래서 그런 것들이 너무나 맘에 들었어요. 자유롭고, 공부하는 분위기도 너무 좋았고, 우리 사학과는 사학과 연구실이 세 개나 있었어요. 국사 연구실, 서양사 연구실, 동양사 연구실. 여학생이 적으니까, 사학과의 조교들이, 나중에는 다 유명한 교수들이 된 분들인데, 그 조교들이 여학생들한테는 얼마나 친절하게 안내를 잘 해주는지 몰라요. 그중에서도 특히 동양사 조교로 후에 서울대 동양사학과 교수가 되는 '민두기[5]'라고 있었어요. 남학생들은 그분을 무서워하고 절절매는 그런 선생이었어요. 그럼에도 불구하고 거기 가서 레포트를 쓰고, 그러려면 자료를 안내받아야 되잖아요? 가서 부탁하면 그분이 다 안내를 해줘요. "야, 당신들은 여학생이라서 그렇게 친절하게 해준다고! 우리한테는 딱딱거리고 야단치면서!"라고 남학생들이 말하는 것을 많이 들었어요.

　그때는 조교가 굉장히 높은 사람인 줄 알았어요. 국사 연구실의 조교로 허선도[6] 씨라고 나중에 국민대학의 교수를 하셨는데, 그분은 한문이 너무 능한 거예요. 박사예요, 박사! 그분은 어렸을 때부터 한문을 공부해서 답사가면 설명하는 자료를 만들어서 좍좍 읽으면서 설명하는 것을 그분이 도맡아 했어요. "저분도 교수로구나!"라고 생각했어요. 조교라는 게 조교인 줄 몰랐고, 교수라고 생각했어요. 가서 물어보면 전부 너무 잘 알려주는 거예요. 허선도 선생님은 인품도 훌륭하죠. 그래서 학교생활이 참 재밌었어요. 그리고 이제 일학년 다니면서 내가 전공을 선택해야 하는데, 국사냐, 동양사냐, 서양사를 택하냐? 내가 사학과를 처음 들어갈 때는 서양사를 하겠다고 들어갔는데, 1년 동안 공부하면서 국사를 공부해야겠다는 생각이 절실했어요.

5　민두기(1932년~2000년), 전라남도 해남 출생으로 서울대학교에서 문학박사 학위를 받았으며, 서울대 동양사학과 교수, 동양사학회 회장도 지냈다.

6　허선도(1927년~1993년), 경남 합천 출생으로 서울대학교 사학과를 졸업한뒤, 영남유학의 거목 김황 문하에서 수학했고, 육군사관학교와 국민대학교 교수를 역임했다.

05. 서울대 사학과 학창 시절

당시 국사는 연구의 불모지더라고요. 공부할 것이 너무 많은 거예요. 그리고 사료를 직접 볼 수가 있잖아요. 서양사의 경우에는 간접 사료밖에 볼 수가 없어요. 그래서 역사 공부하는 사람이 사료를 직접 보지 않는다면 그게 무슨 재미예요. 그리고 그 당시 서울대 도서관에는 그 귀중한 조선왕조실록이며 이런 게 다 있었어요. 그걸 다 빌려볼 수가 있는 거예요. 우리 대학생이 가서 빌려보겠다고 하면 다 보게 해주고 그럴 때예요. 그래서 사료가 우선 풍부하고, 또 식민지 시대를 지냈기 때문에 사람들이 연구해놓은 연구물들은 한계가 있잖아요. 우리가 그걸 뛰어넘어야 될 그런 부분도 많고. 그래서 '국사를 공부해야겠다'라고 결정했어요. 오라버니도 "그래 잘 생각했다. 국사를 하는 게 더 낫다"라고 했죠.

국사를 공부하려고 하니까 첫 번째 벽이 한문을 공부하는 것이었어요. 내가 아는 거는 글자를 아는 것이지, 한문을 읽을 수가 없잖아요. 그래서 2학년 때부터 한문 강독을 들었어요. 한문 강독, 한국사 연습, 그리고 중국 문학과에 가서 선택할 수가 있거든요. 중국 문학과에 가서, 중국문학 강의는 내가 처음 택했을 때 장기근7 교수가 강의했는데 장한가를 강의하시더라고요. 장한가(長恨歌)가 양귀비를 칭송하는 노래 아니에요? 그걸 그때 처음 봤죠. 중국문학과니까 처음에는 중국말로 읽으시고, 다시 우리 음으

7　장기근(1922년~2011년), 서울 출생으로 서울대학교 중문과를 졸업하고 서울대 중문과, 성심여대 교수를 역임했다. 많은 중국 고전을 번역했다.

로 읽어주시고, 중국문학과생이 아닌 타과 여학생 둘이 등록하고 강의를 들으니까 인기가 높았어요. 선생도 아주 좋아하시고, 와서 강의 듣는다고. 또 중국문학과 학생들도 여학생이 한 명도 없었는데, 와서 강의를 들으니까 다 친절하게 해주고, 자료 찾는 거 이런 거 잘해주었어요. 거기서 한문을 2학년 1학기 때 세 과목을 들었는데, 처음에는 그 한문을 도대체가 읽을 수가 없더라고요. 배우지를 않았으니까. 글자만 아는 거지 나는. 그래도 글자를 아니까 나는 그걸 하나하나 뜯어가면서 한문 공부를 했어요. 한 학기 지나니까 조금 문리(文理)가 트이더라고요. 겨우 "아, 한문의 구성이 이렇구나!"라는 것을 알고, 한문책도 쉬운 것을 사서 또 한문 강의를 여러 개를 들었어요.

2학기에도 한문으로 강의하는 것들을 두서너 과목을 또 들었어요. 그때 내가 들은 강의 중에서 '퇴율(退栗) 사상'이라는 과목을 들었다고요. 그거는 동덕여대의 학장이셨던 분이 와서 강의하는데, 그분이 한문에 정말 능한 분이에요. 그때는 책이 없으니까 선생이 와서 칠판에 좍 써요. 그러면 우리가 그걸 보고 베끼지. 그러고 나서 공부를 하는 거예요. 혼자 공부하는 것은 사서(四書) 좀 하고. 그랬어요.

그렇게 한문을 공부하게 되었고, 2학기 때 박종홍[8] 교수가 '퇴율사상과 실존사상', 이런 강의를 하셨어요. 퇴계와 율곡의 사상과 실존주의 사상가를 연계해서, 근데 그분도 한문을 중심으로 해서 강의했어요. 칠판에 글씨를 쓰시면 박종홍 선생은 칠판 끝에서 끝까지 이어서 쓰세요. 글씨가 하나도 삐뚤어지는 게 없어요. 정말 감동할 정도로 똑바르게 글씨를 쓰시

---

8 박종홍(1903년~1976년), 평양 출생으로 평양고등보통학교 졸업후 보성보통학교에서 교사 생활을 시작하였다. 경성제국대학 법문학부 철학과를 졸업하여 이화여자전문학교 경성제국대학 서울대학교 문리과대학 교수, 대학원장 등을 역임했다. 성균관대학교 유학대학학장, 도선 서원장, 한양대학교 문과대학 학장, 대통령 교육문화담당 특별보좌관 등을 지냈다.

박용옥 교수, 한국여성사의 새 장을 열다

는 거예요. 너무 잘 쓰시는 거예요. 그분의 강의는 장안에서 유명하기 때문에, 외부인도 와서 강의를 듣고 그래요. 아주머니 같은 분들이 한 네댓 명 와서 강의를 듣고, 어른 남자도 와서 듣고. 제일 큰 강의실에서 강의하세요. 정말 강의도 너무 잘하시는 거예요. 그리고 퇴율 사상에 대한 것 만이 아니라 실존주의 사상. 우리가 학교 다닐 때 전쟁 뒤였거든요. 실존주의가 풍미하던 때였어요. 나도 거기에 아주 거의 미친 듯이 빠져있을 때예요. 그러니까 그 강의를 퇴계, 율곡의 사상과 비교하며 말씀하시니까 너무 너무 그냥 신선하고 재밌고, 정말 여태까지 들어보지 못한 강의인 거예요. 이렇게 강의도 재밌고 한문도 배우고, 한 일 년쯤 배우고 나니까 술술은 못 봐도 억지로는 뜯어볼 수가 있더라고요.

그렇게 해서 2학년을 지내고 삼학년이 됐죠. 3학년은 조금 더 전문적이죠. 3학년이면 상급학년에 들어가는 거고. 4학년 때는 거의 강의도 없고 그렇거든요. 2학년 2학기 때서부터 논문 제목, 논문 지도교수를 정해야 돼요. 문리대에서는 학과목 성적은 60점이 나오든, 70점이 나오든, 90점이 나오든 별로 중요시하지 않아요. 여학생들만 상관하지 남학생들은 상관도 안 해요. 그리고 중요시하는 게 졸업논문이에요. 졸업논문을 어떻게 썼는가, 어떤 제목으로 썼는가. 그걸 가지고 평가를 해요. 졸업논문이 잘 되면 이 학생은 우수한 학생이고, 아무리 학과 성적이 좋아도 논문이 별로면 별로인 학생이 되고 그러는 거예요. 그래서 선배들이 논문을 잘 써야 한다고 하도 많이 얘기했기 때문에, 선생을 찾아가서 자기가 무엇에 관심이 있다, 나는 이런 논문을 쓰고 싶다, 이런 것을 상담하거든요.

그래서 내가 처음으로 한우근[9] 선생을 찾아가 뵈었어요. 그때 우리 사

---

9   한우근(1915년~1999년), 평양출생으로 광복후 경성대학 사학과를 졸업했다. 1952년 부산 피난시절에 역사학회를 창립하였고, 1959년부터 서울대학교 교수를 지냈다.

학과에 정규 교수는 이병도[10] 박사, 김상기[11] 박사 이 두 분밖에 없었어요. 그리고 연대에 조의설 박사, 그분이 계속 서양사 강의를 나왔어요. 그리고 또 나중에 연대에 계시다 고려대학에 가셨는데, 이홍직[12] 교수라고 계셨어요. 그 이홍직 교수도 강의를 하셨고. 그리고 그 다음에 그분들한테 배운 젊은 교수, 그 젊은 교수들이 누구냐면, 국사에는 김철준[13] 교수, 한우근 교수. 동양사에는 정병학[14] 교수, 그리고 서양사에는 민석홍[15] 교수, 길현모[16] 교수 이분들이 와서 강의를 해요. 그래서 나는 그 당시에는 전임과 강사의 구분을 못 했어요. 다 교수지. 그리고 그 젊은 교수들이, 김철준 선생은 이병도 박사 연구실을 전용으로 쓰세요. 한우근 선생은 또 누구 연구실을 쓰시더라고 생각하면 교수들은 연구실을 다 쓰시거든요. 그래서 다 교수로구나 그랬지. 강사구나, 이런 것은 생각해 본 일도 없어요.

그래서 내가 한우근 선생한테 가서 내 논문 제목을 '무속에 대해서'로 정하고 의논했어요. 내 생각에는 그때, 상고시대, 원시시대에는 남녀의 사

10 이병도(1896년~1989년), 경기도 용인 출생. 중동학교 졸업 후 보성전문학교, 와세다대학교 사학 및 사회학교를 졸업했다. 서울대학교 교수, 문교부장관, 서울대학교 대학원장, 국민대학 학장, 성균관대학교 교수를 역임했다. 민족문화추진회 이사장으로 고전국역사업을 전개했다.

11 김상기(1901년~1977년), 전라북도 김제출신으로 보성고등보통학교 일본 와세다대학 사학과(동양사 전공)을 졸업. 경성대학 법문학부와 서울대학교 문리과대학 교수로 재직했다. 동양사 연구에 주력했다.

12 이홍직(1909년~1970년), 경기도 이천 출생으로 도쿄제국대학 국사학과를 졸업하였다. 국립박물관 박물감, 해군본부 전사편찬실 편수관을 거쳐 연세대학과 고려대 교수를 지냈다. 한국 고대사를 전공했으며 고고학, 민속학, 미술사 등에 관심을 가지고 학문적 업적을 남겼다.

13 김철준(1923년~1989년), 평안남도 평원 출생으로 서울대학교를 졸업하고, 단국대, 연세대 교수를 거쳐 서울대 사학과 교정을 지냈다.

14 정병학(1920년~2006년), 경기도 시흥 출신으로 서울대 사학과를 졸업하고 숙명여대 사학과 교수를 지냈다.

15 민석홍(1925년~2001년), 서울출신으로 경기고등학교를 졸업후 일본 교토대학 사학과와 서울대 사학과를 졸업했다. 대학원에서 서양사를 전공했다.

16 길현모(1923년~2007년), 평북 희천에서 태어나 서울대 사학과를 졸업하고 서강대 사학과 교수를 역임한 대표적인 서양사학자이다.

박용옥 교수, 한국여성사의 새 장을 열다

회적 차별이 없다고 생각했어요. 역사를 그래도 일 년 이상 공부하고 그랬으니까 주워들은 게 있으니까 그런 개념은 있잖아요. 그래서 아, 그 평등, 남녀의 사회적 지위가 평등했던 시대, 이거를 연구하고 싶다고 생각했어요. 그래서 무속과 여속에 대한 것을 연구하고 싶다고 그랬어요. 설명을 했더니 한 선생님이 속으로 그러셨겠죠. "아유 한심한 이야기를 하고 있다." 그런데 "아 좋은 생각인데, 그거는 사료를 보기가 힘들다. 그리고 상당한 공부를 한 사람 아니고는 해석하기도 어렵다"라고 했어요. 사료라는 것은 해석력이 있어야 하잖아요? 읽고 아는 것만이 아니거든요. 이른바 퇴짜를 당한 거죠. 다른 것을 더 생각해보라고 했어요.

그래서 내가 김철준 교수님의 강의를 들었는데, 그분이 고대 사회의 dual organism에 대한 것, 논문도 써서 『역사학보』에 발표하신 것이 거든요. 그걸 가지고 그분이 강의를 했었어요. 내 생각에 한우근 선생도 그렇고 김철준 선생도 그렇고 직접 당신들이 공부하면서, 공부할 때 본 사료를 가지고 강의를 하시는 거예요. 그래서 굉장히 신선하고, 너무 풍부하게 느껴지는 거죠. 그래서 내가 김철준 선생님이 중세사를, 고려시대사죠. 중세사로 이름을 붙였어요. 중세사를 강의하시는데 그거를 들었어요. 그분이 『삼국사기』 이야기며, 이런 것도 하고 『삼국유사』, 『삼국사기』에 관계되는 것, 고려 시대의 성격에 대한 것, 이런 것을 『고려사』에서 당신이 뽑은 자료를 갖고 강의를 하는 거예요. 그래서 그게 굉장히 재밌었어. 그래서 내가 김철준 선생의 강의가 너무 좋았기 때문에, 내가 고려사, 그때 내가 대학교 2학년 때 처음으로 사료의 영인본이 출간된 때예요. 처음으로 출간된 게 『고려사』예요. 엄마를 졸라서 그 『고려사 영인본』을 사달라고 했어요. 엄마가 어디서 구해서 사 왔어요. 그래서 그거를 살 때 산 사람이 뒤에다가 이름을 쓰게 되어있어요. 도장도 다 찍고. 그렇게 샀다고요. 그래서 『고려사』를 내가 입수를 하게 됐죠. 그러니까 처음 사는 사람이 등록을 해서 사거든요. 그때는 어떻게 영인본이 제작되는지 그 과정은 잘 모르지만 그랬어요. 영인본을 그냥 사는 게 아니라, 샀던 사람이 고서점에다가 갖다 파는 경우가 있나 봐요. 어머니가 고서점에 부탁해서 사다 준 거예요. 어머니가 그렇게 사면 더 싸기 때문에 그랬는지 난 그건 잘 모르겠어요. 어쨌든 어머니가 그 세 권을 갖다 줬어요. 나는 천금을 얻은 것처럼 좋았죠. 본기(本紀)가 한 권, 열전(列傳)이 한 권, 또 지(志)가 한 권 이렇잖아요. 본기를 쭉 처음부터 봤어요.

06. 사학과 졸업 논문 통과

그리고 내가 김철준 선생님 강의도 듣는데, 내가 보는 중에서, 그 사료에서 눈에 자꾸 띄는 데가 있어요. 공부를 해보면 알아요. 그리고 꽂히는 데가, 아무튼 꽂히는 데가 있어요. 그 꽂히는 게 나는 그 당시 무신정권 시대예요. 무신정권에 대해서 굉장히 관심이 가는 거에요. 최씨 무신정권이죠. 자료를 읽어가는데 무단정치인데도 불구하고 최충 때인 2대에 가면 상당히 능력이 있는 사람이 돼서, 그의 서체를 "아침에 햇살이 떠오를 때 강한 빛이 비치는 힘이 있고, 제비가 물을 찰 때, 붓을 이렇게 했을 때 이게 제비 물 찬 것 같이 그렇다." 이렇게 표현을 했더라고요. 이 사람이 문식(文識)이 높은 사람이에요. 그냥 힘으로 통치를 하는 게 아니라. 그래서 그 사람이 시도 많이 짓고, 문신들을 우대하기 시작하더라고요. 당시 고려시대 무인이라는 것은 문인에 비하면 지적 수준이 굉장히 낮아요. 그래서 의종 때 실록이나 이런 거 읽어보면 문인들이 막 무인들을 뺨도 때리고 업신여기고 그러더라고요. 그러니까 그런 사람들만 데리고 어떻게 정치를 하겠어요? 최충은 굉장히 영리하고 똑똑하고, 배운 게 꽤 많았더라고요. 그래서 이 사람이 문신들을 우대하기 시작해요. 사실 기록에 보면 문신을 다 죽여서 개성에 문신 시체가 산처럼 쌓였다 이렇게 나와요. 다 죽은 줄 알았는데 보니깐, 역시나 많은 사람이 있어서 그걸 불러내 가지고 시회(詩會)도 하고, 그 사람들한테 과거 시험 같은 것, 이런 것을 하게 해서 등용을 하고 그러더라고요. 그렇게 해서 의외로 무신이 집권한 상태이지만, 문신들이 서서히 중앙정계로 진출하더라고요. 그런 게 눈에 보이더라고요. 그래서 내가 '무신집권 시대의 문신 우대'라고 그랬나? 그것을 중심으로 제목을 잡아가지고 논문을 열심히 썼어요.

　그때는 잘 몰랐어요. 그냥 보니까 그게 눈에 띄었고, 그게 계속해서 눈에 띄는 거예요. 공부하는 과정에서 조금 그렇게 된 것 같긴 해요. 한쪽으로 치우치지 않고, 그래서 그 논문을 참 재밌게 잘 썼어요. 그래서 선생님한테 칭찬받고 그랬어요. 사학과를 졸업할 때 학사 논문을 쓰는데, 굉장히 높은 수준을 요구하는 거예요.

　그런데 우리 졸업생 중에서 학사 논문을 'A'받은 사람이 하나래요. 우리 선배들이 얘기하더라고요. 천관우 선생님이라고 해요. 그분이 실학에 대해서, 실학을 처음 보고 연구한 사람이 그분이거든요. 『반계수록』을 통해서 반계의 실학사상, 그리고 실학자들의 사상을 많이 연구하셨죠. 그분이 논문을 너무 잘 써서 'A'를 줬다고 해요. 유일한 사람이래요. 정말 그 논문들이 옛날에 피난 시절에 쓴 것 같은데, 『역사학보』에 두 번에 걸쳐 연재됐는데, 정말 잘 쓰셨더라고요. 내 느낌에도 너무 잘 쓰셨더라고요. 일본 사람들이 쓴 논문을 수없이 우리가 많이 봤는데, 그때 그것밖에 없으니까. 그 선생 논문은 일본인들의 안목을 뛰어넘는 것 같더라고요. 그분은 정말 수재예요. 내가 생각하기에. 그리고 우리 선배들도 다 그렇게 말을 해요. 그분이 동아일보사 편집국장도 하셨죠. 삼한 시대의 논문도 너무 잘 쓰셨어요. 그분은 비상한 머리가 아니면 그렇게 보고 쓰기가 어려워요. 역사가 그냥 사료만 읽고 사료를 옮겨놓듯이 하는 게 역사가 아니거든요. 역사서술이라는 것, 그게 찌르는 듯한 안목이 있어야지 돼요. 분별력이 있어야 하고. 사료 너머의, 왜 이런 말이 있는가, 그 너머를 보려면 사회상 전체를 파악해야 하고, 문화도 파악해야 하는 것이거든요.

　선배들이 논문 얘기를 많이 해서 나도 열심히 논문을 썼죠. 그 논문을 김철준 교수님의 지도를 받아서 논문을 쓸 때 옛날 분들이 쓰는 투로 내가 많이 썼어요. 그랬더니 김철준 선생님이 웃으면서 그래요. "아, 논문은 좋은데, 투를 좀 현대적으로 바꿔라"고 그러시더라고. 김철준 선생님만 까다로운 것이 아니라, 한우근 선생님도 무척 까다롭고 그래요.

제 학사논문은 'B'학점을 받았어요. 그랬더니 선배들이 너 정말 잘 받은 거라고, 아주 잘 받은 거라고 했어요. 'B' 받았으면 최고라고 그러더라고요. 우리 다 똑똑한, 나보다 한문도 잘하고 그런 똑똑한 사람들인데도, 논문 점수 보니까 다 'C'학점 받고 그랬더라고. 우리 정말 한문 잘하는 동료가 있었거든요. 박경석 씨라고. 나중에 동아일보 편집국장도 하고, 공화당 시절인가 국회의원도 하고 그랬어요. 그 사람은 정말 한문에 능해요. 그렇게 한문 잘하는 사람도 나중에 봤더니 논문 점수는 'C'를 받았더라고요. 자기가 그냥 열심히 안 썼다고 그러더라고. 그 사람도 동아일보에 입사해서 나중에 편집국장이 되고, 일본 특파원으로도 가고 그랬었어요. 아주 정말 머리가 우수하고 그런 사람이죠, 이분이 요 몇 년 전에 작고하셨어요. 그렇게 우수한 사람, 나는 한문을 그냥 문자만 알지, 한문이라는 것을 전혀 몰랐던 사람인데 그렇게 능란한 사람이 있는 거예요. 놀랐어요.

서울대 문리대 사학과 졸업사진.
오빠 박용만과 박용옥

고려대 대학원 졸업사진.
왼쪽부터 박용옥, 조카(오빠의 아들), 어머니.

내 논문을 두고 '『고려사』를 읽으면서 무신정권과 문인을 균형 잡힌 시각으로 보았다'는 평가를 받은 것 같아요. 무신정권 시대에 무신집권자가 문신을 우대함으로써 자신의 정권을 강화시키는 거죠. 공고하게 하는 거죠. 나는 무신의 장수가 아니라, 이 국가의 문무의 최고 지도자다. 그거를 (인정)받기 위해서 그렇게 한 거죠. 그러다 보니까 문신에 대한 우대정책 때문에 문신들이 중앙정부에 많이 들어왔다. 그게 강화도 때거든요. 강화도에 피난 가 있던 시대였죠. 학사논문 심사에서 조금 기특하게 봤구나, 역사를 얘기할 줄 아는구나, 조금 사료에 대한 분석력이 있구나, 등의 정도로 보셨겠죠. 심사하는 선생님들이 열심히는 썼구나, 역사 안목도 약간은 있구나, 이렇게 생각하셨죠.

2부
첫 직장부터 대학교수가 되기까지

01. 한국교과서주식회사 입사

자유당 말기에 서울대 문리대 사학과를 졸업했어요. 1959년에 졸업했으니까. 자유당 말기는 정말 취직하기 어려운 때였어요. 서울대 출신들이 다 취직을 못하고 있어요. 어디 여학교의 강사 자리도 하나 구하기 어려운 시절이었어요. 그래서 굉장히 낙담을 했죠. 그리고 내가 학교 다닐 때 우리는 남학생과 여학생이 정말 동등한 자격으로 공부를 했고, 연대, 고대를 빼고는 나머지 다른 대학에서는 여학생 우대정책이 있었어요. 입학할 때도 점수를 몇십 점씩 더 주고, 등록금도 여학생은 몇십 프로 더 싸게 해주고, 여자들에게 혜택을 주었어요. 그런데 서울대학은 그런 혜택이 없잖아요. 남자하고 정말 동등하고 평등하게, 그때는 평등하다고 생각하고, 공부도 같이하니까, 뭐 차별받는 게 아무것도 없었죠. 학교 다니는 동안은. 그런데 막상 졸업하고 취업하려니까, 우리나라 환경이, 젊은이들의 취업이 정실(情實)이 아니면 취업하기가 어려운 때였어요.

그래서 내가 고민을 하고 있을 때 신문에 보니까 광고가 났는데, 한국교과서주식회사에서 편집사원을 모집한대요. 약간명. "그러면 나는 국사, 역사책 편집사원으로 신청을 하면 되겠다"라고 생각하고 원서를 냈어요. 중동중학교에 모여서 안내를 받는데, 약간 명 뽑는데, 한 사오백 명이 왔어요. 그런데 봤더니 작년에 졸업한 우리 선배들도 있고, 같이 졸업한 동료들도 있고, 내가 너무 놀란 거예요. 다들 취직을 못 했구나. 그래서 다 여기 취직을 하겠다고 왔구나. 그리고 창피한 생각도 들고 그랬어요. 그래도 어쨌든 갔으니까 안내를 받고, 번호표도 받고, 어느 교실에 가서 시험을

박용옥 교수, 한국여성사의 새 장을 열다

본다는 안내서를 받아가지고 왔어요.

그런데 집에 와서 생각하니까, 저렇게 수백 명이 왔는데, 내가 뭐 잘났다고 거기 붙을 일도 없고, 떨어지면 망신만 당하는데, 시험 보지 말까? 이렇게 생각했어요. 집에 왔더니 오라버니가 나보고, "그래 잘 다녀왔어?"라고 물어요. 내가 "나 내일 시험 보러 안 갈 거야"라고 했더니 왜 안 가느냐고 그래요. "이러저러해서 봐도 떨어질 텐데, 창피하게 어떻게 떨어지느냐?"고, "안 가는 게 낫지." 그랬더니 우리 오빠가 웃긴다고 그러면서, "아니 그 애들이 박용옥이가 시험 안 봐서 안 됐구나라고, 이렇게 기억하는 사람이 그중에 한 명이나 있을 줄 아냐?" 이러더라고요. 나보고 "병신 같은 소리 말고, 시험이나 보러 가!" 그러더라고요. 가만히 생각해보니까 그 것도 맞는 얘기인 것 같아요.

그래서 "떨어지면 떨어지고!"라고 생각하고, 그 다음 날 갔어요. 시험을 봤어요. 시험을 봤는데 정말 운이 좋으려고, 영어 그리고 역사, 상식 이렇게 시험을 보는 거예요. 역사 같은 것은 사학과니까 주워들은 게 있잖아요. 그런데 시험문제를 보니까, 실학에 대한 것도 나오고, 사실 당시 실학에 대해 아는 사람 별로 없던 때였어요. 나는 실학사상을 4학점 강의를 들었어요. 졸업생으로서는 잘 아는 사람에 속하죠. 그리고 국사와 관계되는 문제들이 꽤 많은 거에요. 그래서 내가 아는 게 있구나라고 생각해서 적당히 썼어요. 그리고 상식도 보는데 상식 문제의 1/3이 역사와 관련이 있는 거예요. 제출하고 나오면서 '뭐 그래도 아는 거가 좀 있었으니까'이러고 나왔지, 되리라고 생각도 안 했어요. 그리고 집에 왔는데 '됐다'고 통지가 온 거예요. 여섯 명을 뽑았더라고요. 여섯 명 중에서 여자는 나 혼자이고, 1차에서 열 명쯤 뽑았다가 면접을 해서 여섯 명쯤을 뽑은 거예요. 그래서 편수실에 배정이 되었어요. 이때 내가 3등 했고, 후에 남편이 되는 차경수가 1등이었어요.

그런데 내가 대학교 4학년 때 아르바이트로, 4학년은 시간 여유가 많아요. 그래서 아르바이트로 그분들 이름도 잊어버렸네. 신기철 형제가 을유문화사에서 간행하는 국어사전을 만들었어요. 국어사전 만드는 데 가서 아르바이트를 했어요. 거기는 맞춤법 띄어쓰기 이런 거 잘해야 하잖아요. 저는 거기서 맞춤법 띄어쓰기를 굉장히 철저하게 배워온 사람이었어요. 교과서 회사에 들어갔으니까, 중요한 게 교과서에 '오케이(OK)'교정을 놔야 하는데, 맞춤법 띄어쓰기 잘 되어있어야 하거든요. 내가 그걸 잘하니까 사람들이 다 나보고 '오케이'교정을 놓으래요. 그러면 나는 여러 출판사를 다니면서 '오케이'교정을 다 놔요. 쫙 보고. 국어사전 아르바이트 덕택으로 '오케이' 잘 놓는 여자로 인정받으며, 그렇게 열심히 일했어요. 첫 달 월급날이 됐어요. 얼마나 기다렸겠어요. 가슴이 두근두근하고. 내가 그 월급 받으면 어떻게 하고, 엄마한테는 어떻게 해 드리고. 월급날 아침에 출근했어요. 그랬더니 편집과장이, '박군'이라고 잘 불렀어요. "박군, 나랑 차 마시러 갑시다." 그래서 다방에 갔어요. 그랬더니 그분이 "우리 사회는 아직도 여성들의 차별이 있고," 그래요. 나는 왜 그런 얘기를 하는지를 몰랐어요. 그냥 묵묵히 들었어요. 그런 얘기를 쫙 하고서 박군이 참 실력도 있고, 암튼 교과서에서 '오케이'교정 다 놨으면 내가 다 한 거나 마찬가지거든요. 칭찬하셨어요.

마지막에 "우리나라는 아직 여자는 월급이 남자보다 훨씬 적다. 그거를 미리 알아라. 억울하겠지만, 우리 사회가 그렇다"고 해요. 그걸 듣는 순간, 속에서 뭐가 치밀어 오르는데, 어떻게 할 수가 없어요. 그래서 얼른 그 때, "네, 알겠습니다. 나중에 제가 출판사 차려서 사장이 되어서 남자한테 월급을 조금 주고 여자한테 많이 주겠어요." 그러고 나왔어요. 그렇게라도 얘기해야지, 안 그러면, 분이 안 풀리는 거에요. 내가 여태까지 한 번도 차별 안 받고 생활했고, 실력이나 모든 면에서 동등하게 살아왔는데, 첫 번

박용옥 교수, 한국여성사의 새 장을 열다

째 취업처에서 차별을 받는다는 것, 그게 너무 억울한 거예요. 그렇다고 그 직장을 그만둘 수는 없잖아요.

남녀차별의 임금을 받자 집에 와서 월급봉투를 힘껏 내던졌어요. 이를 보고 오빠가 '월급 받고 던지고 우는 사람은 처음 본다'고 했어요. 울분이 터져버렸어요. 그래서 나는 공부를 더 해야겠다고 생각했어요. 그래서 남자와 똑같이 되겠다고 생각해서 대학원에 들어갔어요.

국사편찬위원회에 들어가서 월급을 받으니 공무원이라 액수는 적었지만 똑같이 적게 받으니 신이 났어요. 원고도 쓰고 시간강의도 많이 해서 경제적 어려움을 극복했어요.

그런데 채용 면접 때 탐구당 사장이 면접위원이었어요. 면접할 때 여자가 둘 있었어요. 하나는 사대를 졸업한 분인데, 나보다 한 두어 살 위인데, 그분과 나하고 면접을 보았는데, 그분은 안되고 내가 되었어요. 탐구당 사장이 "아, 미스 박 결혼하면 그만둬야 하는 거 알죠?" 그러더라고요. 그때 "어떻게 하겠냐?"고 해요. 내가 그냥 그때 생각에, "아, 저는요, 직장을 좋아하기에 결혼 안 하겠어요." 안 하고 직장 다니겠다고 그랬어요. 거기 면접 보는 사람들이 다 출판사 사장인데 다 웃더라고요. 웃거나 말거나. 나는 어쨌든 시집보다는, 취업해서 내 인생을 살겠다는 생각이 있었으니까요.

내가 회사에 다니게 되니까, 그 회사 직원 중에 여학교 친구가 하나 있어요. 그 애는 여학교 졸업하고 바로 취업했었어요. "얘, 네가 이런저런 말 했다며, 그래서 회사 안에서 그 소문이 쫙 돌았어." 그러더라고. "어 그래?" 그랬지. 그래서 내가 남녀차별의 첫 번째 쓴맛을 본 게 그때예요. 그게 평생 안 잊혀서서 내가 수필로 글을 한 번 썼어요. 그렇게 해서 남녀차별이 싫어서 거기를 나오게 됐어요.

02. 4.19혁명과 고려대 사학과 대학원 입학

한국교과서주식회사를 1년 정도 더 다녔어요. 거기서 4.19를 만났으니까. 4.19가 일어났어요. 『사학 개론』에서 "역사학자는 역사의 현장을 봐야 한다"는 내용이 있어요. 4.19혁명이 일어난 뒤에 5시에 통금을 했어요. 그 정도로 엄중했어요. 안국동에 우리 사무실이 있으니까, 종로까지 조금만 걸어가면 되거든요. 종로까지 걸어갔어요. 그 현장을 봐야 한다는 생각으로 그렇게 했어요. 소방차 차 위에 학생들이 새까맣게 올라타서 태극기를 흔들기도 하고, 구호를 외치고, 차가 쌩쌩 달리고, 길거리에 사람들이 가득히 있었어요. 뛰고 그러더라고, 그 일대에 중학교가 많잖아요. 박진감도 있지마는 조금 무서운 생각도 들고 그러더라고요. 그리고 우리 회사가 안국동 골목인데, 거기에는 남학생이 웃통을 벗고 그리고서는 하얀 데다 뭘 썼던 것 같아. 그걸 들고 구호를 외치면서 사람들이 소리를 지르고 난리가 났다고요. 그래서 4.19 현장을 봤어요.

중앙청에 있는 공무원들이 우리 사무실로 많이 피난 오고 그랬어요. 그리고 공무원들이 말하기를 "데모대가 와서 책상을 둘러 엎고 그랬다"고. 서류가 하나 가득 흩어져있었어요. 그러더니 그다음 날부터 서울신문사가 불타고, 서울신문사는 어용 신문사라고 불태워버리고, 이기붕씨 집이 습격을 당하고, 이기붕씨 가족이 전부 청와대로 피신갔는데, 결국 온 가족이 죽었잖아요. 그리고 '이승만 대통령 하야(下野)'라고 모두 외치고 그러니까. 국민이 하야하라고 하면 하야하겠다고 해서 하야를 한 거죠. 그리고 하야한 뒤에 바로 그분이 미국에 근거지가 있으니까, 그분을 곧 비행기를 태워서 하와이로 보냈어요. 이런 소식을 접하고, 이어서 군사정부가 들어섰어요.

군사정부가 들어서며 여러 가지 큰 변화가 일어났어요. 사실 그 당시 청년들이 군사정부를 크게 환영을 했다고요. 지금은 군사정부를 굉장히 매도하지마는, 그 당시로서는 청년들이 환영했어요. 왜냐면, 군사정부가 들어서더니 여러 가지 '프로세싱(processing)'하면서 근로보급대인가 이런 거를 만들어서 청년들을, 대학 졸업하고 취직 못 하던 사람들을 전부 공무원으로 보직했어요. 그래서 새로운 부서를 만들고, 거기에 배치를 했어요. 그러니까 이 사람들이 취업도 못 하고 있다가, 혁명정부가 들어서면서 취업을 하게 되니까 얼마나 기분이 좋았겠어요. 그리고 모든 거를, 정실제도를 싹 없애고 시험을 봐서 들어가는 거에요.

그래서 내가 교과서주식회사를 그만두고 나와서 내가 '대학원을 가야겠다. 공부를 계속해야 되겠다'고 생각했어요. 그런데 서울대학의 경우에는 3월에 시험이 딱 한 번이에요. 그걸 놓치면 1년을 기다려야 해요. 그런데 고려대학의 경우에는 1년에 두 번 시험을 봐요. 봄, 가을로. 그런데 내가 이홍직 교수님 강의를 들었잖아요. 그분이 고대사를 강의했는데, 고대사와 한일교섭사를 강의했어요. 선생님이 아버지같이 자상하고 좋은 분이에요. 그래서 그 댁에 우리가 많이 놀러 갔어요. 명륜동이었거든요. 이홍직 선생님이 동양사 하는 서울대에 있었던 이성규 교수의 아버님이죠. 부인은 덕성여고의 교감이었어요. 우리가 그 집에 많이 놀러 갔었거든요. 그래서 이홍직 선생님께 "제가 대학원을 가서 공부를 더하고 싶은데, 서울대학은 봄밖에 시험을 안 보는데, 가을학기에 고려대학에 제가 시험 보면 어떨까요." 그랬더니 "아, 오라고." 그때 이홍직 선생님이 고려대학 교수로 가 계실 때에요. 그래서 고려대에 시험을 본 거예요.

내가 한국교과서주식회사를 나와서 공부를 더 해야겠다고 생각하면서 조금 시간의 여유도 있었어요. 그때 한문을 집중적으로 공부했어요. 그냥 공부가 좋아서, 고대 대학원을 가게 된 거예요. 고대는 서울대 문리대하고 분위기가 참 달라요. 대신 고려대학에는 내가 가보니까 사람들이 굉장히 인정이 많고 친근감이 있어요. 그리고 여자가 드문 때였으니까요. 대학원에 들어가니까 대학원 직원들도 다 친절하게 잘해 주었어요. 그리고 학교에서도 그 당시 남자들도 대학원 다니는 사람이 많지 않았거든요. 아무튼 대학원 다닐 때도 그 사람들이 옛날부터 친한 사람같이 잘해주고 그랬어요. 그래서 그런 점이 참 좋았어요. 그리고 페이퍼를 써서 가져가면, 김학엽 선생님이라고 서양사 선생님이 계시는데, 너무 칭찬을 많이 하시는 거예요. 그때 무슨 랑케사에 대해 과제를 줬어요. 그래서 난 또 서양사 연구실에 가서, 그때 차하순 선생님이 조교였는데, 랑케에 대한 책들을 빌려다가 열심히 보고 내용도 잘 모르지만 아무튼 썼어요. 제출했더니 내가 페이퍼를 너무 잘 썼다고 칭찬해주셨어요. 칭찬받으면 괜히 좋잖아요.

거기를 재밌게 다니고, 그리고 국사는 한문이 많으니까. 같이 다녔던 대학원 동료 중에 한문을 기가 막히게 잘하시는 분이 있어요. 유승주 교수라고, 그 유승주 교수하고 같이 다녔어요. 그이는 너무 한문을 잘 하는 거예요. 그 집안이 한학자 집안이거든요. 영남에 대유학자 집안이에요. 대학원생이 몇이 안 되니까, 강독 같은 것을 하면 거의 한 주 건너서 발표차례가 오잖아요. 내 차례에 하다가 막히는 것 있으면 그 사람보고 삼십 분만 일찍 오라고 그래요. 오면 내가 물어보면 다 알려줘요. 친절하게 다 알려주었어요. 굉장히 친해졌어요. 그리고 또 영어를 기가 막히게 잘하는 서양사 하는 학생이 있어요. 그쪽이 막히는 곳이 있으면 그 사람한테 물어보면, 너무나 잘 해주었어요. 그래서 대학원을 편안하고 재밌게 잘 다녔어요.

03. 「병자란피로인속환고」로 석사학위 취득

　　고려대 대학원에서 내가 석사논문을 『병자란피로인속환고(丙子亂被
擄人贖還考)』[17]라고 제목을 정해서 논문을 썼어요. 그 논문을 쓰다 보니
까 논문이 굉장히 방대해졌어요. 한 350매는 썼던 것 같아. 그리고 신석호
교수님이 지도교수였어요. 신석호 교수님이 국사편찬위원회의 사무국장,
요즘으로는 위원장이나 마찬가지예요. 그게 제일 높은 직책이었으니까.
그분에게 강의도 듣고, 또 직장의 최고 상사이기도 하고 그랬어요. 그래서
내가 '피로인쇄속환고'로 논문을 쓰겠다고 했더니, "아 그걸로 논문이 되
겠어?" 이러시더라고요. 그래서 "제가 자료를 다 뽑았는데 보니까 이렇게
되겠더라고요. 이런 이런 내용으로 쓰겠다"고 얘기했어요. 그때는 카드에
다가 사료 내용을 전부 썼거든요. 그거를 가져갔어요. 그거를 다 분류해서
가서 쫙 설명했더니, "아, 되겠구만. 써봐." 이러시더라고요. 그래서 썼어
요. 이것을 쓸 때, 우리 큰 아이를 임신하고 있을 때에요.

　　임신하고 있을 때 마지막 학기 강의를 수강 신청했어요. 내가 굉장히
몸이 굵어졌죠. 그때는 그렇게 하고 가서 학교에 등록한다는 게 너무 창
피한 생각이 들더라고요. 직장에서는 뭐 서로 아니깐. 그때 겨울에 등록을
하는데, 내가 두꺼운 오버코트가 있었어요. 두꺼운 오버코트를 입고, 누
런 봉투 제일 큰 거를 하나 구해서, 거기에다 서류를 넣고 앞을 가리고 가

---

17 쇄환(刷還)은 외국에서 떠도는 내국인을 귀국시켜 데려오는 것, 속환(贖還)은 외국에서 고용되
　 어 있는 내국인을 돈주고 데려오는 것을 말한다.

서 등록했어요. 그때는 너무 창피한 거에요. 임신을 해서 등록하고 학교를 다니겠다고 그러느냐고 다른 사람들이 생각할 것 같아서 그랬어요. 첫째 아들을 3월 31일 날 낳았어요. 그 애를 낳고도 계속 논문을 썼어요. 가을학기에 졸업했어요. 6월인가 7월까지 그걸 써야 했어요. 그리고 국사편찬위원회에 취직해 있으면서 거의 1년은 논문을 썼어요. 그리고 국편에서는 석사 논문이나 이런 것을 쓸 때는 옆 사람들이 다 내가 해야 할 편집일을 많이 도와줘요. 그리고 열심히 앉아서 논문 쓰게 해요. 그러니까 논문을 썼죠. 그리고 집에 오면 아이를 바구니 같은 데다 뉘여 놓고, 줄을 매달은 것, 그걸 요람이라고 그러지요. 요람에 뉘여 놓고 애를 흔들면서 논문을 썼어요. 흔들어야 애가 자니까요.

그리고 또 우리 사료들의 크기가 얼마나 커요. 『승정원일기』가 이만하죠. 펴놓으면 이만하고, 또 실록도 크잖아요. 우리가 그때 조그마한 한옥에 살았어요. 처음으로 집을 샀는데, 19평 대지에 12평 기와집을 사게 됐어요. 그러면 앞집하고 우리 집하고 앞집의 뒷문을 열면 우리 집 마당이 돼요. 마당이 손바닥만 하죠. 앞집의 아주머니가 연세가 꽤 들었는데 아기가 없어요. 출산을 못 해요. 그런데 우리 집을 보니까 아이가 있잖아. "아니 색시는 언제 아이를 낳았어. 아이 울음소리를 내가 못 들었는데." 그러더라고. 그이가 수시로 우리 아이를 데리고 가요. 얘가 순하고 착해서 보채지도 않고 그 집 가서 잘 노는 거에요. 그이가 예뻐서 매일 데리고 가. 데리고 가면 나야 좋지. 해방되니까. 그래서 그렇게 하면서 논문을 써서 제출했어요.

석사 논문 제출 직전 같은 해에 「정묘란피로인쇄·속환고」라는 논문을 썼어요. 정묘란 때에도 많은 특히 서북쪽 사람들을 피로인으로 끌려갔거든요. 그래서 그 사람들을 속환해왔어요. 그때는 그렇게 수가 많은 것은 아니었지만, 그 논문을 석사 논문 쓰기 전에 썼어요. 정묘호란에 대해 쓰다 보니까 문제의식이 생겨 병자호란을 또 택한 것이었어요. 병자호란은 전쟁 자체가 굉장히 규모도 크고, 피해도 많았어요. 원래 인조가 강화도로 피난을 가려다가, 결국은 못 가고 길도 막히고 그래서 남한산성으로 들어간 것이었거든요. 남한산성은 그래도 군량미도 꽤 있었어요. 그해 겨울이 엄청 추웠어요. 말도 못 하게 추웠어요. 내가 그래서 큰 전란이 일어나면 그렇게 추운건가라는 생각도 했어요.

　6.25전쟁 시 1.4후퇴 때도 그렇게 추웠어요. 한강 물이 얼어서 한강 얼음 위로 트럭도 지나가고, 모든 피난민들이 전부 다 거기를 거쳐 피난 갔어요. 그게 안 얼었으면 우리는 다, 인민군들한테 다 맞아 죽었어요. 그래서 전부 피난 갔죠. "아, 이렇게 전란이 나면은 추운 건가?" 그런 생각을 하면서 병자호란에 대한 논문을 썼어요.

「정묘란 조선피로인쇄·속환고」, 『사학연구』 18권,
한국사학회, 1964

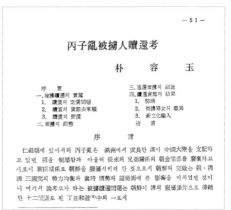

「병자란피로인속환고」, 『사총』 9권,
고려대학사연구소, 1964.

04. 국사편찬위원회 입사와 연구 생활

●

첫 공채에 응시, 유일한 여자직원으로 입사

1961년 혁명정부가 들어선 다음, 모든 직장에서 직원을 뽑을 때 무조건 시험을 봐야 했어요. 남녀가 같이 동등하게 시험을 봐요. 한일은행에서 은행원을 뽑는 거야. 나는 당시 대학원에 적이 있을 뿐이지 놀고 있는 사람이었어요. 그래서 거기에 원서를 넣었어요. 남녀 같이 뽑으니까. 시험을 봤어요. 그랬더니 남자들만 오고 여자는 나 하나였어요. 저는 운이 좋아서 시험에 상식이 나왔어요. 상식의 절반은 역사에 대한 거예요. 논술은 논문을 쓰는 것인데, 군사 혁명에 대해서 쓰라는 것이었어요. 군사 혁명의 어록 같은 것이 각 직장마다 붙어있었어요. 그것을 암기해서 쓰는 것이 있었어요. 저는 그냥 썼어요. 군사 쿠데타 최 씨 정권에 대한 논문을 쓴 적이 있어 이럭저럭 꾸며서 쓸 수가 있었어요. 영어시험과 경제가 있었고, 논문이 있었어요, 경제는 진짜 형편없이 못 썼어요. 그런데 영어시험은 잘 봤어요. 내가 석사 때, 노는 동안에 사범대학의 학장이었던 고광만[18] 교수가 있는데, 그분이 영어 교과서를 쓰시고, 영어 교과서 참고서를 만들었어요. 그분의 일을 전부 다 해드렸거든요. 그래서 자연히 영작문을 많이 배웠어

---

18 고광만(1904년~1994년), 전라북도 익산군 출신으로 전주고등보통학교와 히로시마 고등사범학교 영문과를 졸업했다. 일제강점기 동안 해주고등보통학교 등에서 교사로 근무하고 충주고등학교 교장을 지내기도 했다. 해방후 서울대학교 사범대학 학장을 거쳐 제1공화국 문교부 차관과 문교부장관을 지냈다.

요. 문장이 아무리 길어도, 문장을 딱딱 잘라서 쉬운 문장으로 하면 되거든요. 그 시험에서 영작이 두 개나 나왔어요. 나는 그걸 내가 했던 가락이 있으니까. 그것을 잘라 가지고 하니까, 문맥만 통하면 돼요. 나 사실 영어를 잘 못하는데도 내가 시험을 제일 잘 봤어요.

그래서 은행의 '플래닝(planning)'하는 부서, 기획부에 들어가게 되었어요. 여기서 주로 하는 일이 외국 연수 가는 사람들에게 연수를 안내하는 편지를 쓰는 일만 했어요. 은행은 월급을 많이 주죠. 많이 주는데 여자 직원에게는 남자보다 1/3 쯤은 덜 줘요. 그 차별 때문에, 다른 직업보다는 월급을 많이 받았지만, 여성차별이 너무 싫었어요. 나는 매일 불만이 많아 힘들었어요. 그러나 마침 난 그때 대학원생이어서 은행에 다니면서 강의 들으러 학교에 가곤 했어요.

그렇게 지내던 어느 날 신문에 국사편찬위원회 직원 채용 광고가 났어요. 나는 당시 국사편찬위원회가 있는 줄도 몰랐어요. 4급하고 3급을 뽑는 광고였는데, 4급이 당시에는 주사였어요. 주사로 원서를 냈어요. 윤병석[19]씨 같은 분이 3급 시험을 보았어요. 국사편찬위원회 공무원을 처음으로 시험을 봐서 뽑았어요. 즉, 첫 공채였어요. 시험 보러 갔는데, 여자는 나 혼자였어요.

고광만 교수와 박용옥, 박용옥은 고광만 교수가 영어교과서의 참고서 제작 과정을 도와드렸다.

---

19 윤병석(1930년~2020년), 서울대학교 사학과를 졸업하고, 인하대학교, 한국정신문화연구원 교수 등을 역임했다.

1962년에 국사편찬위원회에 들어갔어요. 당시 주사는 7명을 뽑았어요. 주사 7명이 다 남자니까 장난기도 많았어요. 20대 말에서부터 30대 초의 사람들이었어요. 나이 차가 2살 정도 왔다 갔다 하거나 동갑이거나 그랬어요. 그래서 아주 친하게 지냈어요.

편찬사업에 참여

나는 국사편찬위원회가 뭐 하는 곳인지 구체적으로 처음에는 몰랐어요. 갔더니 편찬사업을 하는 거예요. 그래서 첫 번째 편찬사업으로 시대사별로 분단을 나누었어요. 그래서 나는 처음에 고종 시대사에 배정이 되었습니다. 고종 시대사를 쭉 편찬하는데, 편찬 기본자료로는『고종실록』, 고종 순종실록을 활용했어요. 고종, 순종실록은 전대 실록과 비교하면 내용이 좀 부실해요. 토막토막 기록을 해놓은 것 같아요.

그게 기본자료가 됐고, 그다음에 고종 시대는 이미 신문이 발행되는 때였거든요. 그래서 각종 신문을, 그때 나도 개화기 이후의 그런 신문을 처음 접하게 됐어요. 그 신문들이 국립도서관, 연대도서관, 고려대 도서관 이런 곳에 부분적으로 존재하는 거예요. 거기에 가서 그거를 다 빌려다가, 필경(筆耕)사가 있었어요. 글씨 잘 쓰시는 분이 그거를 보고 다 베껴요. 우리가 베낄 곳을 정해 드리거든요. 그분이 다 베끼면, 그걸 가지고 편찬사업을 하는 거예요. 고종실록의 부족한 부분은 신문으로 보완해가면서 편찬했어요. 신문이 훨씬 풍부해요. 어떤 사건이 있으면 그거를 그때만 해도 꽤 자세하게 육하원칙에 입각하여 보도하는 거예요. 신문을 굉장히 많이 활용했어요.

신문으로는 일본 신문도 많이 활용을 해야 되거든요. 『명치편년사』라는 게 있었어요. 명치년간의 신문, 편년체로 모든 신문을 전부 수록을 한 거예요. 예를 들어 1889년 1월 1일 그러면, 1월 1일의 여러 신문이 발행되잖아요. 그러면 그 신문들을 다 내용을 전부 쫙 해줘요. 그러니까 그 명치 편년사를 보면 너무나 자료 보기가 쉽고, 아주 믿을 만한 책이었어요. 그『명치편년사』, 그다음에 일본 공사관 기록, 공사관 기록도 그때 처음 보았는데, 우리 선배, 계셨던 분들 말씀으로는 신석호[20] 선생님이 조선사편수회에 계셨거든요. 그래서 그분이 전쟁이 일어나니까, 그것들을 김건태 씨라고 하는 분이 있습니다. 신(석호)선생 밑에서 쭉 일제강점기 때부터 일하셨던 그분하고 둘이서 륙사쿠(베낭의 일본식 표현)에 그 자료들을 가득 넣어 전부 피난을 시켰대요. 그게 없어질 수가 있으니까. '그렇게 해서 이게 존재하게 된 거다'라는 말씀들을 하시더라고요. 즉, 일본 공사관 기록을 비롯한 조선사편수회가 가지고 있던 각종 자료가 그렇다는 것이지요. 특히, 공사관 기록을 아주 중요시했던 것 같아요. 공사관 기록 속에는 일본이 우리를 침략하는 각종 기록이 전부 다 있거든요. 그러니까 특히 그걸 중시하셔서, 하나도 빠짐없이 피난을 시켰어요. 그래서 우리가 그거를 지금 볼 수가 있게 된 거고. 외국에서도 그거를 안 뒤에 스탠퍼드 대학인가? 여기에서도 그거를 전부 영인을 했던 걸로 알아요. 그래서 그 중요한 사료가 보존되는 데는 신석호 선생님의 공로가 정말 지대해요. 고종시대사 편찬위원으로 몇 년이었는지 정확하게 모르겠지만, 그 책이 끝날 때까지 했고, 그다음에는『일제침략하 일제36년사』(8책, 1971)를 편찬했어요. 그 36년사는 정말 방대해요. 한 10권쯤은 나온 것 같아요. 방대한 작업을 했죠.

그 이외에도 국사편찬위원회에 소장돼 있던 각종 독립운동 관계자료. 독립운동사 편찬도 했습니다. 이런 편찬사업에 종사하면서 다양한 원자

---

20 신석호(1904년~1981년), 경상북도 봉화군 출생. 경성제국대학 사학과 졸업후 조선사편수회에서 일했다. 해방후 고려대학교 교수, 성균관대학교 문리대학장, 영남대학교 대학원장, 국사관장, 국사편찬위원회 문교부 장관 겸직 위원장 등을 역임했다.

료, 사료를 접하게 됐어요. 그게 감동이었어요. 나 혼자서 연구를 해서 어떻게 개화기의 모든 신문들을 볼 수 있겠습니까? 내가 거기 편찬원으로 종사하니까 그것을 볼 수가 있는 거예요. 그래서 필요하면 저녁에 퇴근 뒤에도 남아서 연구하는 사람들도 많았어요. 그렇게 해서 자기 필요한 것을 그때는 전부 베껴야 했거든요. 자료를 손으로 카드에다가 다 적고, 그런 작업을 했죠. 집에서 아이들이 기다리는 거 이런 거 생각을 했지만, 이 작업도 너무 중요했어요.

●

연구와 사료수집

그래서 여성사에 대한 관심도, 조선시대, 일제시대, 독립운동 다 그렇게 연결이 되어서 가능했어요. 그 편찬사업을 할 때 재밌게 했고, 그리고 같이 공부하는 사람들끼리 모인다는 것은 쉬운 일이 아니었어요. 그때 분위기가 아주 자유로웠거든요. 그러면 이런 거를 말해도 되는지는 모르겠지만, 편찬사업 하는 데만 만족하기는 힘들거든요. 내가 공부를 해야되니까, 자료가 많은데 그걸 가지고 내 연구를 해야 돼잖아요. 그래서 내가 가능하면 오전 중에 열심히 그 편찬사업을 해요. 내가 오늘은 고종 몇 년부터 할당된 것이 있거든요. 몇 년부터 몇 년까지. 그거는 "오전 중에 내가 다 마치겠다." 그리고, 굉장히 열심히 해요. 그렇게 하고는 오후 시간 되면 내 연구물을 꺼내놓고, 편찬 자료들은 다 여기다 놔두고, 내 연구물을 막 공부를 하는 거예요. 그렇게 해서 국사편찬위원회에 있을 때 자료도 많이 보았어요. 역사연구에서 제일 중요한 게 사료 많이 보는 것 아닙니까?

국사편찬위원회에서 1차 사료를 많이 봤고, 공부하는 사람들끼리 공부하는 데 굉장히 열중할 수가 있었어요. 그리고 논문을 쓰잖아요? 이것을 주변 사람들에게 읽고 흠이 있는 거 잡아내라고 돌려요. 그러면 쫙 돌려서들 보고 뭐 기탄없이 막 얘기를 해줘요. 그런 것들이 크게 도움이 되었죠. 그래서 결국 거기 있던 사람들 대부분이, 대충 80퍼센트는 나중에 교수로 진출했어요.

국편 근무를 지금 생각해보면 참 보람이 있었다고 생각해요. 우선, 거기에서 사료를 많이 접하게 되어서 그것을 통해 논문을 많이 썼어요. 자료 수집을 굉장히 많이 했거든요. 그게 평생 공부하는 데 있어서 얼마나 도움이 됐는지 몰라요. 그리고 남들보다 내가 한발 더 앞서 자료를 보는 것이거든요. 당시 신문 같은 거 일반 사람은 못 봤어요. 볼 수가 없었어요. 근데 우리는 국립도서관, 서울대 도서관, 연대, 고대 이런 데는 많아요, 자료가. 그런데 가서 다 빌려오거든요. 그러면 다른 사람은 나보다 두 발 뒤에 가서야 그걸 볼 수 있는 거지, 나는 한발 앞서서 보는 거고. 그게 얼마나 이익이에요.

사람들이 "아, 당신은 어떻게 이런 생각을 하고, 제일 처음 이런 생각을 하고서 연구를 했냐?"고 물어요. 그건 다른 이유가 아니에요. 뛰어나서 그런 게 아니고, 내가 그런 자료를 다른 사람보다 먼저 입수해서 봤다는 점, 이게 굉장히 이익이었죠. 그리고 그들, 동료들이 같이 공부하는 사람이기 때문에 한평생을 같이 돕게 되는 것, 연구하는 데 있어서도 그렇고, 그런 것이 참 좋았어요. 아쉬운 점이라면, 봉급이 좀 적었던 점이었으나, 크게 개의치는 않았어요. 남녀가 다 똑같이 적었으니까요.

끝으로 국편에서 하는 양대 업무가 역사 편찬도 하지만 사료 조사인데 사료 조사하러 출장도 자주 갔어요. 예를 들면 수원시청에 가서 자료를 이렇게, 그때는 참 그런 걸 인정을 해줬어. 내가 주사로 들어갔지만, 그 다음에 시험을 봐서 사무관이 됐어요. 사무관부터는 관리자예요. 사무관급으로 합격하고 식당에 가니까 문교부 다른 직원들이 "저기 저 여자가 사무관 됐대." 그땐 그게 너무 귀하니까. 그리고 우리 집안에서도 사촌오빠가

"야, 우리 집안 박 씨 내에서 네가 그 사무관 관리 된 거는 처음이다." 이렇게 얘기하셨어요. 사실 나는 주사 때나 사무관 때나 변한 게 없었어요. 편찬사업만 하니깐. 월급 조금 더 받은 거는 있죠. 사무관에 대해서 '높아졌다' 그러는데, 내가 관리자 초급 관리자 연수를 한 달을 받았어요. 합격하면, 한 달간 교육을 받는데 여자는 이제 나 하나지, 남자들이 그냥 백 명씩 되는데, 그 사람들이 그러는 거야, 주사하러 오면 막 10년, 20년씩 한 사람들, 원래 공무원 사회에서 주사가 제일 힘이 있는 거예요. 내가 주사일 때도 "저 여자가 주사래!" 뭐 이런 식으로는 얘기들은 했어요. 근데 사무관이 돼서 교육받으러 갔더니, 주사로 정말 관록을 가지고 있는 이 사람들이 시험 봐서 그 사람도 사무관이 된 거야. 그래서 같이 왔는데 그 사람은 나를 보기를 아주 이렇게 아이 취급을 하고 그랬어요. 공무원 사회라는 게 내가 공무원으로 있어도 나는 공무원 사회를 별로 안 느끼고 살았어요. 상급자, 하급자를 어떻게 한다든지 이런 거 없었어요. 우리는 그냥 같이 동료로 공부를 했죠.

1968년 초급관리자 훈련과정 수료기념 사진, 맨앞줄 오른쪽 끝이 박용옥이다.

박용옥 교수, 한국여성사의 새 장을 열다

출장은 그렇게 지방에 하루 출장 갔다 오는 거 뭐 이런 거는, 그때는 내가 사무관급이니까 가서 신분증은 내고, "내가 이런, 이런 자료를 좀 보려고 왔다"고 하면 그 사람들이 자료를 갖다 내놓고 그래요. 지방에서 새로운 사료를 수집하기 위한 그런 위원회가 아마 나중에는 조직된 거 같아요. 그런 사람들을 통해서 새로운 사료들을 많이 수집했던 거 같아요. 내가 있을 때 조선사편수회에서 수집해놓은 자료들이 꽤 많았어요. 그래서 그런 걸 가지고 영인본으로 사료 총서가 만들어졌어요.

국사편찬위원회보다 장서각에 자료가 더 많았어요. 내가 규장각에 가서 자료를 수집해오고, 그 다음에 또 고려대학 가서 자료를 또 해와요. 복사 안 하고 그냥 통째로 빌려오는 거예요. 그러면 예를 들어 『대한매일신보』가 처음 나왔을 때 영인본을 사고, 나중에 너무 아쉬워서 한 부를 더 샀다니까. 두 부를 샀어요. 너무 귀한 것이었기 때문에 생겼다는 거에 대한 안도와 기쁨으로 2부를 샀어요. 황성신문 쫙. 독립신문 쫙. 뭐 이런 식으로다가, 아세아문화사에서 그런 고전들을 많이 출간했거든요. 그럼 갖고 와요. 안 사도 될 것도 사는 거야. "퇴임하면 일일이 쫓아다니면서 보기 어렵다, 그러니까 지금 사 놓아야된다"라고 생각해서 사는 거에요.

●

동료들

내가 국편에 들어가서 여자는 나 하나니까, 물론 사람들이 관심을 가지고 날 봤죠. 그런데 나는 대학교를 남녀공학을 다녔고, 늘 남자하고 생활하는 데에서 살았거든요. 그래서 국편에 여자 혼자로 들어갔어도 별로 어색하거나 그런 게 없었어요. 남자들이 짓궂은 사람들이 많아요. 그래서 예를 들면, 나 좀 골탕 먹어라 하고, 겨울 같은 때 오버코트를 쫙 걸어놔요. 그러면 그 외투 중에서 골탕 먹이고 싶은 사람 것을 내 외투 앞에다 딱 걸면 소매를 갖고 그 외투를 싹 끌어안는 모양으로 해 놔요. 그렇게 해놓고 좋다고 막 웃고 그래요, 나는 절대로 거기 말려들지 않고, 모른 척하고 놔 뒤요. 대응을 안 해요. 그러면 막 그렇게 하다가 끝나버리죠. 그런 장난들 을 많이 했어요. 그러나 편찬 사업하는 데 있어서 여자라고 차별하고 이런 것은 전혀 없었어요. 그게 아주 좋았어요.

일에도 차별이 없고, 출장을 가도 뭐 남자만 가는 게 아니라 나도 가고. 모두 똑같이 하는 거예요. 그런 게 좋았어요. 공무원 사회만 남녀가 평등 이다. 이렇게 생각을 했죠. 남녀가 평등하다, 일도 똑같이 한다, 뭐 모든 걸 다 똑같이 하니깐 "아, 여기가 진짜 사람 사는 곳이다." 이런 생각이 들어 서 아주 좋아했어요. 재미있게 다녔어요. 그리고 연령대가 비슷하니까, 한 살, 두 살 차이거든요.

근 10년 동안의 국사편찬위원회 근무를 돌이켜 생각해본다면, 그때 같 이 다니셨던 분들, 돌아가신 분도 두 서너 명 계세요. 그런데 그 사람들과 는 거의 형제처럼 지내요. 지금도 일 년에 두 번씩 만나는데, 아주 형제같 이 지내요. 사람들이 나를 만나면 "아, 박 선생, 내 옛날 애인 아니야?"한 다던지, 그런 말을 별로 힘들이지 않게, 스스럼 없이 얘기를 해요. 그럼 또 나도 그냥 웃고, "그렇지!" 한다던지 응수를 하고. 그래서 분위기가 아주 좋았어요. 국사편찬위원회 10년을 아주 즐거웠던 인생으로 회상합니다. 공부도 많이 했고, 국편에 있을 때 결혼도 했고, 첫 아이를 거기서 낳았고, 그리고 첫 아이가 5살 되었을 때 남편(차경수)이 미국으로 유학갔어요. 햇 수로 5년 있다가 돌아왔습니다. 1968년에 가서 1972년에 돌아왔어요.

남편이 처음에는 하와이대학의 동서센터(Eastwest Center)에 갔어 요. 미국에서 아시아 여러 국가에게 아마 정책적으로 했을 것이라고 생각 해요. 거기에서 우수한 사람을 데려다 하와이대학에서 교육을 시켜요. 전 공에 따라서 석사를 주고 그럽니다. 동서센터로 유학 갔어요. 우리나라에

박용옥 교수, 한국여성사의 새 장을 열다

서 행세한다고 하는 사람 중에서 거기 출신이 많았어요. 거기서 공부를 2년간 하고 본토로 가서 시라큐스(Syracuse) 대학에서 교육학을 공부했죠. 빨리 귀국해야 하니까, 열심히 해서 72년에 학위를 받고 귀국했어요. 5년 동안 제가 혼자 지냈어요. 그러니까 또 이 사람들이 나한테 "박 과부!" 그런다든지, 막 놀렸어요.

에피소드가 많이 있었는데, 그중 한 가지 들면, 윤병석 교수라고 아시잖아요. 윤병석 교수는 내가 대학 들어갔을 때부터 최근 이 세상을 떠나실 때까지 가깝게 지낸 분이에요. 윤병석 선생님께서 남편이 시라큐스 대학으로 가서 공부하고 있을 때, 미국을 6개월간 여행을 하게 됐어요. 연수여행 같은 거예요. 그때는 참 미국을 그렇게 여행한다는 게 쉬운 게 아니었거든요. 그래서 그분이 가셨는데, 여기저기 다니시고, 미국 전역을 다 다니다시피 했죠. 그렇게 해서 마지막에 시라큐스대학, 우리 남편이 있는 데를 찾아갔어요. 거기에서 둘이서 나이아가라까지 가서 1박 2일로 여행을 하고, 잘 지냈대요. 윤 선생님이 여러 사진을 찍어서 오셨더라고요. 귀국한 뒤에 "나는 박 선생한테는 아무 선물 줄 것이 없는데 사진이 있어" 그러더라고요. "아, 사진을 찍어왔나보다!"라고 생각했는데 사진을 만들어 가져와서는 나에게 보여주지 않고 다른 사람들에게만 쫙 돌려서 보는 거예요. 그리고 뭐가 좋다고 웃고 난리예요. 나중에 봤더니 우리 남편도 사람이 어수룩한 데가 있어서, 사진 찍을 때 하라는 대로 했겠죠. 그러면 커다란 바위 위에 남자 구두를 한 켤레 얹어놓고, 그 옆에 서양 여자가 이렇게 바위에 기대 있어요. 그런데 바로 그 옆에서 사진을 찍었나 봐요. 서라고 해서 사진을 찍었어요. 그런 장난기 어린 사진을 몇 장을 찍었다고요. 가서 봤더니 "차 선생이, 박 선생 모르지? 다른 여자가 있어!" 뭐 이런다든지. 그러면 다들 좋다고 박수치고 웃고 그랬어요. 그리고 "내가, 나야 뭐 하루 더 머물러도 되고, 떠나도 되고 이런 사람인데. 떠나려고 하다가 저녁때, 차 선생하고 하룻밤 더 지내야지" 이러고 갔대요. 갔더니 웬 사진을 이렇게 놨는데 보니까 책상 위 사진에 아이 사진이 있었는데요. "박 선생은", 우리 큰 아이가 태훈이거든. "그 태훈이 개 뿐이잖아." 뭐 이런다든지. "거기 또 있어" 그러고 놀려요. 대응을 하든지 어떻게 해야 되잖아요."아, 그래요. 참 잘 됐네, 그렇지 않아도 지금 공부하려면 힘들고 그런데, 그 여자 꼭 데려오라고 그래요. 그러면 살림이랑 아이랑 다 맡겨놓고 난 맘대로 실컷 공부하게." 그랬어요. 그랬더니 뭐 우스워 죽는다고들 난리를 치고. 그런 장난기 어린 생활들도 아주 재있게 잘했어요.

내가 국편에 근무하던 시절의 동료들을 보면, 3급 이상으로는 최영희 선생님, 윤병석 선생님, 그다음에 차문섭 선생님도 들어왔는데, 차문섭 선생은 단국대학의 전임이기 때문에 조금 있다가 그만뒀어요. 김용덕 선생님도 들어왔는데 조금 있다가 중앙대학 교수이기 때문에 그만두었어요. 최영희 선생, 윤병석 선생 이런 분들이 3급으로 시험 봤고, 4급으로는 송병기 선생이 단국대학으로 나중에 갔죠. 또 원유한 선생, 이분도 나하고 같이 수도여사대에 있다가 동국대학 교수로 갔어요. 그리고 김진봉 선생, 충북대학 교수로 나중에 갔고. 박한솔 선생이라고, 또 강원대 교수로 갔고, 또 내가 수도여사대교수로 갔고.

이 중에서 제일 먼저 대학으로 간 사람은 저예요. 제가 제일 먼저 1972년에 대학으로 갔고 그 뒤로 이 사람들이 또 갔어요. 그리고 이봉래 씨라고 김포 통진 사람인데 아주 한문 실력이 꽤 뛰어나고 열심히 했어요. 그다음에 김후경 씨라고 강원도 사람이 있었어요. 나이도 있었어요. 강원도에 꽤 부유한 집이더라고요, 그래서 이 일곱 사람이 들어와 가지고 이봉래 선생하고 김후경 씨는 그냥 국편에 있다가 퇴직을 했고, 그리고, 나머지 사람들은 다 대학으로 진출했어요. 그래서 이 사람들은 지금도, 물론 여기서 이봉래 씨도 돌아가셨고, 원유한 씨도 돌아가시고, 또 김후경 씨는 조금 우리하고 달랐어요. 나이가 더 많고, 강원도 쪽이라 이렇게 공감이 조금 덜했어요. 그래서 지금 어떻게 지내시는지 어디 계시는지도 모르는데 나머지 분들은 지금도 그냥 형제같이 지내요. 지금은 '무사회(无史會)'라고 하는 모임을 통해 일 년에 두 번씩 만나고 안부도 하고 그러지요.

한편 내가 국편을 다닌다고 하면 공무원이라고도 생각 안 했던 거 같아요. 전문 역사 연구하는 사람이라고 주로 생각했던 거 같아요. 농담할 때, 국편과 멀지 않은 데 있어서 박물관에는 나보다 2년 선배인 이난영 선배가 거기 학예관으로 있었어요. '국편에는 박용옥, 박물관에는 이난영'[21] 이런 말도 했어요.

●
기억에 남는 것들

국편의 사람들은 연령대가 비슷하니까 장난들도 잘 치고 농담들도 잘하고. 그러면서도 그 사람들이 다 역사를 공부하는 사람들이라 또 자료는 얼마나 무궁무진하게 많아요. 그때는 사무실의 문을 열고 들어가면 바로 도서실이에요. 도서실에 가서 밥 먹는 때도 있었고 가서 휴식도 하고 그래요. 그러면 거기에 가서 맘대로 책을 꺼내서 보고 꽂아놓고 보고 꽂아놓고 그랬어요. 그래서 필요한 책이 있으면 또 거기에서 다 베끼고. 나중에는 국편에 사진기, 복사기가 들어왔어요. 방과 후에 가서 복사도 하고 그랬죠.

국편 사람들이 참 진지했고, 공부도 다 열심히 했어요. 연말이 되면 책한 권을 내야 하거든요. 독립운동사(『한국독립운동사 1』), 이러면 연말에

---

21 이난영(1934년~현재), 1957년 서울대 사학과를 졸업하고 일본릿교대학과 미국하와이대학에서 박물관학을 이수한 후 국립박물관 학예연구관, 국립경주박물관관장, 동아대 고고미술사학과 교수를 역임했다. 박물관 관련 많은 저술이 있다.

는 반드시 내야 해요. 그러면 그때는 출판사에 가서 식자(植字)를 하거든요. 그거를 받아서 그 자리에서 전부 교정을 봐요. 그래서 무슨 출판사에 몇 명이 가고, 또 무슨 출판사에 누가 몇 명 가고 그랬어요. 교정을 대개 3교까지 보고 마지막에 오케이 교정을 봐요. 마지막 교정볼 때, 오자를 집어내면 무슨 상을 준다든지 농담으로 하는 거죠.

공무원이니까 5월이 되면 모심기를 했어요. 그때는 지금보다 훨씬 더 논물을 대는 일이 쉽지가 않았어요. 그럼 공무원들이 하루 차를 대절해서 타고 나가서, 집에서 양동이, 대야 이런 것을 가지고 나와요. 개울이 흐르는, 개울가 옆 논을 하나를 정해요. 그 논에 하루종일 물을 퍼 대는 거예요. 양동이를 물을 퍼서 줄을 서서 양동이를 전달하여 논에 물을 부었어요. 하루종일 논 한 개 정도의 논에 물을 부을 수 있어요. 그런 것도 뙤약볕에서 힘들긴 했어도 참 추억이에요. 농촌 사람들이 매우 고맙게 여겼어요. 내 생각에는 이렇게 많은 인원을 동원해서 저 논 하나 물을 대는 것인데, 이게 효과 있는 건가? 큰 효과는 없는 것 같지만, 그러나 농민들에게 우리가 같이 한다는 의식을 주는 것 같아요. 그래서 그 사람들이 마실 물도 갖다주고, 뙤약볕에 더우니까, 그랬어요.

또 봄에 한 번, 체육일 비슷한 것을 합니다. 공무원들은 어느 산을 가요. 관악산이라든지, 무슨 북한산이라든지 정해 가지고 가요. 그러면 소나무에 송충이가 많았거든요. 그 송충이 잡는 거예요. 저는 아들이 좀 컸기 때문에 아들을 데리고 가요. 그러면 사람들이 모두 예뻐하죠. 아들이 다른 남자 편사원들 따라다니면서 놀기 때문에 나는 하나도 신경 안 써도 돼요. 소나무를 제일 기운이 좋은 사람이 탁 붙잡고 막 흔들어요. 그럼 버러지가 뚝뚝 떨어집니다. 그럼 그것을 다 끌어모아서 구덩이를 크게 파서 다 넣어요. 넣고는 그리고 석유를 뿌려서 불을 질렀나, 뭐 암튼 그렇게 하고, 전부 다 흙으로 덮는 일을 했어요. 그런데 그런 거 할 때, 나한테는 절대로 안

박용옥 교수, 한국여성사의 새 장을 열다

시켜요. "아, 박 선생은 저기 가서 그냥 쉬고 있어." 그러고 자기네들이 막 해요. 그래서 따라다니면서 송충이잡이 했던 일이 지금까지도 추억으로 남아 있어요.

●
국정교과서 문제

2015년도에 국정교과서 문제가 크게 이슈가 되었는데, 내가 국편에 있었고 또 역사학자로서 직·간접적으로 지켜보면서 기억나는 것을 말해 보겠습니다. 국정교과서화 하면서 초기에는 말썽이 없었던 걸로 기억해요. 그리고 편찬위원들이 관련 위원들이 많았어요. 그래서 몇 번씩 회의하고 그랬던 기억이 나요. 삼청동 교육원에서 회의를 했어요. 국정교과서가 점차 내가 보기에는 이건 내 생각이에요. 처음에는 좋은 뜻으로 국정교과서를 했는데, 나중에 점점 진영 논리가 강화되는 과정에서 또 친일파 논리가 너무 강해지면서 교과서를 만드는 데 영향을 크게 받았던 거 같아요. 내가 재임하던 시절에는 교과서를 집필한 사람들 것을 수정 많이 했어요.

예를 들어 내가 지금 기억나는 거로는 한영우[22] 선생님이 신분제를 말할 때 사실 새로운 이론이었죠. 신분은 양반과 평민으로만 나뉘어 있었다. 그렇게 그분이 주장했어요. 그런 것이 평민들이 농민도 있고, 상민도 있는 등 분화되었어요. 그분이 상당히 새로운 이야기를 한 거예요. 그렇게 되니까 사람들이 조선조가 신분제 사회인데 어떻게 그렇게 양분해서 그런 식으로 보느냐 하면서 논의가 많았어요. 내가 심사할 때는 그랬지요. 난 신분제 연구하는 사람은 아니지만, 관심이 있는 분야거든요. 한영우 선생의

---

22 한영우(1938년~2023년), 서울대 사학과를 졸업하고 서울대 국사학과 교수, 한림대학교 한림과학원 특임교수, 이화여대 이화학술원 석좌교수 및 학술원 원장을 지냈다.

그런 새로운 이론이 상당히 혁신적인 면을 보이는데, 종래의 인식해왔던 신분 체제, 이것을 뛰어넘어 교과서에 반영하는 거는 좀 무리다. 나는 그런 거를 얘기했어요. 그래서 종래 신분제론을 중심으로 하되, 그 신분제론이 유물사관론자들이 말하는 그런 신분제하고는 조금 다르다고 하는 얘기는 학생들한테도 했어요. 왜냐면 문집 같은 거를 읽어보잖아요. 그러면 어머니가 자녀를 교육할 때 이렇게 말해요.

네가 여기서 좋은 옷을 입고 따뜻하게 이렇게 생활하면서 공부할 수 있는 거는 저 바깥에서 고생하는, 이른바 노비에 속하는 사람들이죠. 이런 사람들의 수고 때문이다. 네가 그 수고를 늘 감사히 여겨야 한다.

이런 말씀을 하더라고요. 홍석주가 자랄 때, 그 어머니가 그렇게 얘기를 해요. 그것을 보면, 이 사람들이, 서양 같은 경우를 보면 노비나 뭐 이런 것에 대한 차별이 굉장히 심했는데, 그 집안은 홍석주 집안은 원래 도학적인 학문을 중시했던 집안이니까 좀 다르긴 했겠죠. 그러나 자녀들에게 이렇게 교육한다고 하는 것은 신분제라고 하는 것을 그렇게 아주 혹독한 것으로만 보는 건 아니다라고 생각을 했어요.

노비를 전문적으로 연구한 사람이 아니기 때문에 부분적으로 그런 게 보여요. 노비에 대한 인격도 중시하고, 어느 정도 직역, 직분으로 봐요. 내가 또 늘 여성사 공부하면서 강조한 것이 남자의 직역과 여성의 직역은 독립되어 있다. 다르다. 그게 차별은 아니다. 그래서 여성의 직역을 집안 내에서 행사할 때는 남자도 절대로 관여를 안 해요. 못해요. 직분으로 나눠서 봐야 되지 차별로 보아서는 안 된다. 나는 맨날 이렇게 주장했어요. 그래서 신분제에 대해서도 제가 그런 생각을 했죠. 역시 직분으로서 본 것이 아니겠는가.

이런 문제가 중요한데 요즘 국정교과서 문제는 정치적인 어떤 개입,

이런 것들을 지금 문제로 하고 있죠. 정치가 그 안에 들어와 있어서 교과서 문제에 대해서 언급하고 싶은 생각이 없어요. 요즘 그 진영 논리에 입각해서 교과서까지 그렇게 하는 것은 사실 교과서를 보면 놀랄 지경이에요. 무슨 김일성은 한 페이지에다가 사진도, 우린 교과서 만들때 늘 사진의 크기도 굉장히 중요하게 여겨서 A는 사진을 크게 하고, B는 조그맣게 하고 이러면 안 된다. 그 다음에 그 사람을 이쪽에다 놓느냐, 저쪽에다 놓느냐 이런 것까지도 아주 세밀하게 검토했었거든요. 그런데 요즘 교과서를 보면 안 그렇더라고요. 김일성은 저기 한 페이지 가득 큰 사진을 싣고, 이승만은 아주 보이지도 않고, 이런 것들이 눈에 들어와요.

난 옛날 사람이니까 그런 걸 보면 아주 힘들어요. 우리가 공부할 때는, 우리 선생님들이 다 "역사는 한 시대를 지난 다음에 얘기할 수 있는 거다." 그래서 현대사에 가까운 논문 이런 거는 논문으로 치지도 않고 쓰려고 하지도 않았어요. 백 년이 지난 후에야 얘기할 수 있는 거다 그랬어요. 그런데 지금은 교과서가 현대사에요. "지금을 이야기하면서 미래를 이야기할 수 있어야 한다"라고는 하나, 현대사에 치중이 되어있지 않나 하는 생각이 들어요. 아무리 미래를 위한 것이지만 옛날에는 "역사를 거울"이라고 했거든요. 어느 시대나 다, 이승만 박사도 신석호 선생한테 요청한 것이, "바른 역사관을 갖게 연구하고, 책을 좀 만들어라!" 이렇게 말씀하셨어요. 어느 때나 올바른 역사관, 뭐 이거는 똑같은 기준인데, 그것이 달라진 거지요.

사실 청소년들이 여러 가지 교과서를 알게 되면 얼마나 혼돈이 오겠어요. 그러니까 대학에 가서 자유롭게 택해서 책을 보고 배우는 건 좋지만, 중고등학교까지는 어떤 일정 기준을 가지고 '이것이 우리의 지나간 역사다' 이렇게 가르칠 필요가 있지 않나. 저는 1971년에 국정교과서의 한 파트를 집필했어요. 국편에 있으면서, 내가 기억이 정확한지 모르지만, 국편을 그만두기 전에 집필한 걸로 기억해요. 이현종 선생님이 그때 교과서를 주관했거든요. 내가 개화기를 쓰면서 주안점을 둔 거는 그때까지만 해도 교과서에서 백두산정계비에 대한 것을 여러 번 논문을 썼어요. 국경에 대한 의식이 조금 있었고 그랬어요. 그래서 옛날 교과서들을 쭉 이렇게 보면, 간도 문제에 대해서 거의 언급이 없어요. 독도에 대해서 너무 언급이 없어요. 그래서 나는 "아, 그게 중요하다"라고 생각해서 간도와 독도에 대한 것을 반 페이지씩 넣었죠. 넣었는데 나중에 희미하게 들어갔어요.

● 중앙청 부근 국편 사무실과 남산청사 시절

내가 처음 국편에 들어갔을 때는 중앙청 뒤 건물을 사무실로 썼어요. 그 다음에 거기 있다가 광화문 있는 상공회의소로 이사를 했어요. 이사한 뒤에도 거기도 그렇게 사무실이 있고 이쪽에 도서실이거든요, 도서관이죠. 그러니깐 마음대로 책을 뽑아볼 수 있다는 게 너무 좋았고, 그리고 그때는 사료를 이렇게 접하기가 어려운 때였어요. 근데 사료를 어쨌든

중앙청 5층 청사시절(국사편찬위원회 편, 『국사편찬위원회 65년사, 사』, 2012, 42쪽.)

사료관 완공후 국사관 전경(국사편찬위원회 편, 『국사편찬위원회 65년사』, 2012, 112쪽.)

맘대로 접하니까 그런 것도 행복했고. 그리고 거기 있다가 신촌으로 이사를 갔어요. 그래서 신촌에서 몇 년 동안 있었죠. 바로 국민학교 옆이었는

데 그곳에 있다가 거기에서 또, 그러니까 건물이 없으니깐 맨날 쫓겨 다니는 거예요. 그래서 그 다음에 옮긴 곳이 남산이에요. 그 뒤로는 나는 이제 대학으로 갔어요. 그 다음이 현재 관악의 국사편찬위원회에요.

05. 수도여자사범대학 교수로 부임

●

국편 재직 중 수도여사대 강사에 채용

내가 대학원(석사과정)을 졸업하고, 그때는 석사만 하면 대학에 교수로 가던 시절이었어요. 대학에 가서 강의하고 싶은 마음이 간절했어요. 수도 여사대에 강사로 취임을 하게 됐습니다. 그래서 강사로 꽤 오랫동안 있었어요. 강사로 4, 5년은 있었던 것 같아요. 그런데 역사과에서 교수가 필요해서 공모할 때 제가 원서를 넣었죠. 그때 제가 강사를 하면서 학교의 일들을 많이 했어요. 예를 들면 입시 시험문제를 내잖아요. 그러면 일주일, 열흘씩 갇혀서 문제를 내야 돼요. 그러면 국편에다 휴가를 받아서 문제를, 그때 과에 국사 선생이 없었어요. 그래서 학교가 필요한 일들을 많이 해줬어요. 답사갈 때, 또 2, 3일간 동행도 하고 그랬습니다. 학교 학생들과의 학교생활이 정말 재밌고 좋더라고요. 그래서 내가 "아, 내가 여기 이왕 강사인데, 나중에 꼭 전임이 되도록 노력하자"고 다짐했어요. 그런데 설립자 주영하 박사께서 제가 강사인 동안에 조금 눈여겨봤던 것 같아요. '아, 저 사람은 괜찮겠다.' 그래서 면접을 해서 제가 전임, 전임이 된 것이죠.

처음 출발할 때는 전임 강사로 출발했어요. 1년간 전임 강사를 하고, 그 다음에 조교수로 올라가고, 또 조교수로 2, 3년 지나고 난 다음에 부교수로 올라갔죠.

국편에서는 연구기관과 다름이 없으니까, 1주일에 한 번, 오전이나 오후는 강의를 나가게 해줘요. 그러니까 그걸 활용해서 강의를 하는 거예요.

학생들 (대상으로) 강의를 하고, 사실 그 학생이나 나나 나이 차이가 약간 지니까 큰 차이가 아닌데도. 그때 학생들은 정말 사람들이 순수하고, "교수님, 교수님"하고 굉장히 나를 무슨 나이든 교수 대하듯이 그렇게 대하더라고요. 그리고 그 학생들 가르치는 일이 너무 재밌었어요. 그리고 학생들도 강사임에도 불구하고, 뭐 우리 집으로도 찾아오고, 논문 쓸 때도 나한테 붙어서 지도를 받고 그래요.

●
수도여사대의 주영하 박사, 그리고 개항 100주년 기념 사진 전시회

수도여사대의 학장이 주영하 박사였어요. 이분은 함경도 분으로 단천(端川)에서 태어나서 단천에서 학교를 다녔고, 함흥에서 영생학교를 다녔어요. 단천에서 일제식 교육에 저항해서 학교에서 퇴학을 맞았어요. 함흥의 기독교 학교인 영생학교로 전학 갔는데, 주영하 학장님은 어려서 아버지가 돌아가셔서 어머니가 혼자 키우셨는데, 어머니가 아주 믿음이 좋으세요. 어릴 때부터 교회 생활을 하신 어머님의 영향이 컸어요. 영생학교에서도 저항운동으로 또 퇴학을 맞았어요. 그 후 목사님, 장로님께서 이 분을 데리고 서울의 경신중학교로 데리고 와서 입학을 시켰어요. 경신중학은 장로교에서 세운 최초의 남자학교로서 믿음 생활이 좋은 데죠. 이 학교를 졸업하시고, 이어서 연희전문학교를 들어가셨어요. 거기서 민족정신이 투철한 주시경 선생, 위당 정인보 선생, 이런 분들을 만나고 배우게 됐어요. 그래서 투철한 민족정신을 갖게 됐습니다. 그리고 그 학교를 다니실 때, 국어학자로 유명한 주시경 선생의 교육을 받으면서, 한글에 대한 깊은 애정을 갖고, 한글을 잘 가꾸어서 살려야 된다는 정신이 투철해졌습니다. 그래서 이분은 뭐든지 한글로 해야 한다고 그래요. 그리고 성품도 굉장히 도덕적이셔요. 도덕재무장운동 같은 사회운동도 많이 하시고.

연희전문학교를 졸업하면서, 우리나라를 독립시키고 살리려면, 여자 교육이 앞서야된다고 생각을 하시게 됐어요. 처음에 사립학교를 시작, 운영하였는데 소규모였어요. 운영하시는 중에 최옥자 박사를 만나서 결혼했어요. 최옥자씨도 여성 교육이 중요하다는 것을 철저하게 느끼셨어요. 최옥자씨는 일본에서 의과 대학을 졸업하신 분입니다. 원래 이분은 예술에 재능이 뛰어난 분이에요. 그래서 아버지에게 "나는 미술을 일본에 가서 공부하겠다"그랬더니 그 아버지가 "나라도 망해서 이렇게 돼 있는 판에, 미술 공부를 해서 무슨 그 민족에게 도움을 주겠느냐. 의사공부를 해라"고 하셨대요. 그래서 동방의과대학에 입학해서, 의사가 되었고. 의사 생활도 오래 하셨어요. 서울에서 병원도 차렸어요. 이 두 분이 여자 교육에 대한 정열을 가지고, 수도여자사범대학을 지금 퇴계로의 세종호텔 자리에서 시작했습니다.

주영하 박사가 특히 역사에 대한 관심이 많았어요. 특별히 개항기 이후에 일제시대까지의 역사에 대한 관심이 아주 컸어요. 내가 바로 그 시대를 공부하는 사람이니까, 그 학장님하고 말씀을 나누면 아주 잘 통했어요. 그 학장님께서 "내가 이런, 이런 자료를 보고 싶은데, 그 자료를 좀 구해달라." 그러면 내가 규장각 도서관에 가서 그 자료들을 전부 영인을 해요. 제록스를 하죠. 다 가져오면 학교에서 그걸 다 철을 해가지고 책처럼 만들어서 주세요. 그걸 갖다 드리면 같이 읽고 토론도 하고 그랬어요. 주영하 학장과 역사에 대한 이야기를 많이 하게 되었어요. 그러다 보니 자연히 가까워졌고, 그래서 이 주영하 학장님께서 나한테 제안하셨어요. 실제 수도여사대에 처음 간 것은 1972년이었어요.

1976년 바로 전 해인 1975년이, 1876년에 우리나라가 처음으로 외국에 개방한 지 100년이 되는 해였어요. 일본과 수호조약을 체결한 해였죠.

박용옥 교수, 한국여성사의 새 장을 열다

주영하 박사님께서 "그 개항 100년을 기념하는 사진 전시회를 하면 어떻겠냐?"그러세요. 할 수 있겠냐! 그래서 내가 생각해보니까 할 수 있을 것 같아요. 자료들을 다 모으면. 그래서 같이 그럼 해보겠다고 했어요. 거의 6개월쯤 준비했어요. 학교에 전용 사진사가 있었어요. 참 사진을 잘 찍고, 만들기도 잘 만들고 그러세요. 그분하고 같이 학생들도 같이 했어요. 그때 학생들은 지금보다 훨씬 성숙했던 것 같아요. '개항 100주년'을 준비한다고 했더니, 열심히 일을 하는 거예요. 밤에도 늦게까지 일하고, 어떤 때는 밤새우기도 하고, 그렇게 해서 책에 나온 사진들, 이런 것들을 사진사에게 부탁하면, 이 사람이 찍어서 이거를 다 크게 만들어서 액자를 만들어 걸었어요. 나는 학생들을 데리고, 그 사진에 대한 설명을 쓰게 합니다. 설명을 가능한 대로 자세하게 쓰게 했어요. 배경이라든지, 뭐 이런 것까지 해서. 그럼 그 학생들이 그걸 재밌게, 아주 열심히 잘 했어요. 그렇게 해가지고 100주년 됐을 때, 그 이듬해 1976년에 서울신문사 화랑에서 아주 대대적인 100주년 기념 전시회를 했습니다. 그 당시 그게 각 신문사에서 전부 취재해가고, 아주 큰 행사였습니다. 그리고 주영하 학장님이 그런 사업을 당신 생전에 하셨다고 크게 기뻐하셨어요. 그때 그 작업했던 것도 힘들긴 했어요. 밤도 몇 번을 새웠으니까요. 그리고 전시하는 것도 벽에 붙이고 그러는 것도 뭐 전문가가 하는 게 아니라, 내가 그냥 생각한 대로, 학생들과 같이 했어요. 그 전시회가 그때 대단히 성황리에 이뤄졌어요.

그 후에 강화도 문화원 원장님 같은 분들도 많이 오셔서 관람했어요. 너무 좋다고 하시며 자신이 가지고 계신 좋은 자료도 줬어요. 운양호사건이 일어나기 전, 1871년에 신미양요가 일어났죠. 미국 군함들이 4, 5척이 왔었어요. 그 사진을 그분이 주셨어요. 그런 거를 다 활용을 했어요. 그러니까 그분이 그 사진전을 보고는 "아, 이거 너무 좋다. 강화도에서 한 번 전시회를 하자"고 해서 학장님께 말씀드렸더니 너무 좋다고 하셔서 전시품을 가지고 강화도로 가서 전시회를 열기도 했어요. 또 다른 곳 몇 군데서도 요청 해서 전시회를 가졌죠. 학생들과 같이하면서 사제 간에 정이 더 깊어졌어요.

●

교사 후보자 교육, 학생들에게 지혜 가르쳐

수도여자사범대학이 사범대학이기 때문에, 3학년 1학기에는 교생실습을 나가요. 한 달간, 교생실습이 굉장히 중요해요. 아마 5월에 가는 것 같아요. 그렇게 해서 교생실습을 한 달 동안 해요. 그러면 내가 그 당시 그 학생들에게 교원 자격증 따는 강의나, 교과목을 어떻게 지도해서 가르칠 거냐 하는 과목이 있어요. 그거를 맡았었다고요. 나는 원래 그게 전공이 아니지마는, 학생들에게 가르쳐야 하니까 그쪽 공부를 열심히 했습니다. 그러면 자료를 어떻게 활용을 할 건가, 뭐 사진이라든지 이런 것들을 학생들에게 말로만 가르치지 않고, 실제로 그런 것을 보여주면서, 또 학습자료를 굉장히 열심히 만들어요. 그 당시 교사들은 큰 종이에다가 자기들이 교안을 짜 가지고, 그거를 딱 붙여 놓고 학생들에게 설명을 했거든요.

내가 항상 학생들에게 이르는 것은, "가면, 너도 그 학교의 처음 들어간 선생처럼, 내 일이라고 생각하고 뭐든지 열심히 해라. 예를 들어 누가 너한테 커피 심부름을 시키더라도, 그거를 싫어하지 말고 웃으면서 대해라, 그리고 해줘라. 그러면 그 사람들이 너에 대한 인격이나 이런 것을 다시 보게 된다." 그랬어요. 그리고 취업해서 나갈 때, 인사하러 오고 그러거든요. 그러면 가르치는 것은 자기가 중심이 돼서 가르치지만, 학교생활이라는 게 있잖아요. 그럴 때 나는 여자니까 이거 못 해요. 힘들어서 못 해요. 그렇게 절대로 하지 마라. 남자가 하는 일은 무조건 힘들어도 다 해라. 그들하고 평등하게 일을 해라. 그것을 늘 강조했어요.

06. 고려대학교 사학과 대학원 박사과정 입학

●
고려대 박사과정 입학

나는 1976년에 박사과정에 입학을 했어요. 그 당시에는 교수가 박사인 사람이 없는 시절이라서 석사 논문만 내면 되는 때였어요. 고려대학 대학원을 들어가서 김준엽[23] 교수님한테 배웠어요. 김준엽 교수님은 내가 서울대 문리대에 다닐 때부터 오셔서 동양사 강의를 하셨어요. 그 선생님 강의를 한 번도 빠지지 않고 다 들었어요. 그래서 굉장히 친밀했어요. 여학생이 적으니까 교수들이 여학생들한테 주목을 하죠. 그리고 여

1983년 2월 25일 고려대학교에서
박사학위를 취득했다

학생은 남자보다 더 열심히 진지하게 학업에 임하지 않습니까? 그래서 그 선생님 강의를 하나도 안 빼고 다 들었는데, 대학원을 갔을 때, 그분이 또

---

23 김준엽(1923년~2011년), 평안북도 강계 출신으로 게이오기주쿠대학문학부, 국립타이완대학 문학원을 졸업했으며, 중국에서 대한민국임시정부의 광복군으로 활동했으며 중국사와 공산주의 연구에 평생을 바친 학자로 고려대 중어중문학과와 노어노문학과를 신설하고, 고려대학교 총장을 역임했다.

강의하셨어요.

　김준엽 교수님은 그 당시 고려대학에 아세아문제연구소를 만드셨어요. 중국, 일본, 미국, 구라파 이런 데를 다 다니시면서 한국 역사와 관계되는 자료들을 많이 수집하시고, 한국사를 연구하는 외국인들을 많이 초청해서, 뭐 이렇게 강연도 하게 하고, 그런 일을 많이 하셨어요. 아주 참 유명한 분이죠. 이분이 그렇게 외국을 많이 다니시니까. 강의는 별로 충분히, 충실하게 못 해주세요. 신청을 하면 이 선생님이 한, 두 주 있으면 외국을 나가시고 그래요. 그래서 학기말에는 과제를 줍니다. 큰 과제를 줘서 그거를 페이퍼로 작성해서 내라. 근데 그 김준엽 선생님은 인격이나, 학문을 하는 방법이나, 거기서 학문적인 업적을 많이 내신 분은 아니래도, 그런 거에 있어서는 나무랄 데 없는 분이에요. 그리고 제자 사랑도 아주 깊으셔서, 제자 일이라면 뭐든지 그냥, 제자 일이라는 게 제일 중요한 게 제자의 취업일 이런 거 아니에요? 그런 걸 발 벗고 나서서 하시는 분이고 그래요.

　그런데 이분은 외국을 많이 다녔고, 그래서 안목이 높았고, 높고 넓어요. 한 번은 우리 졸업생들 대학 교수하는 졸업생들을 다 모이라고 그랬어요. 그래서 갔죠. 그랬더니 이분이 여러 가지 얘기를 하시면서, "앞으로는 박사가 없으면 교수 노릇하기도 힘들다. 니들 전부 박사과정을 해라." 그래서 내가 그때 들을 때는 "이렇게 많은 사람이 다 박사를 어떻게 해. 뭐 박사를 꼭 해야 하나. 여태까지 안 했는데." 이렇게 생각을 했지만, 들어가라고 그러니까 박사과정을 들어갔어요. 그래서 박사과정 시험을 다들 보고 떨어지기도 하고, 재시험을 보기도 하고 이렇게 해서 박사과정을 다니게 됐어요. 그런데 교수직에 있으면서 박사과정을 다니는 과목강의를 전부 듣는다는 게 보통 힘든 일이 아니에요. 그리고 또 그걸 전부 공부해 가야 하잖아요. 읽고 가야 돼요. 그러면 학생 수가 적으니까 거의 한주 건너 매번 발표를 하게 돼요. 힘들죠. 그래서 박사과정을 다니는 동안에 교수하

랴, 또 어미 노릇도 하랴, 애들도 이제 크니까. 또 새로운 공부를 하랴, 참
쉽지는 않았습니다.

●
남편의 도움

대학원은 처음에는 국사편찬위원회 있을 때 시작했고, 다음 수도여사
대에서 강사생활을 하면서 계속 공부를 했어요. 나는 학생, 직장인, 가정
생활의 3중고에 시달렸어요. 그러나 집안에서 내가 늘 바쁘니까 남편이
가능한 한 많이 도와주었어요. 남편의 도움이 내게는 큰 힘이 되었어요.
남편은 그때 서강대 교수였어요.

내가 박사학위를 받음으로써 최초의 여성사학자이면서 신제 박사 1호
였습니다.

3부
한국여성사 연구의 새 장을 열다

선구적인 박용옥의 한국여성사연구[24]

박용옥의 여성사 연구는 석사 논문 「병자호란 피로인속환고」(1964)에서 출발하였다. 수도여자사범대학 교수로 임용된 후 1976년 간행된 『이조 여성사』는 조선시대 여성 일반에 대해 설명하고자 하기 보다는 '유교와 여성'이라는 주제에 주목한 책이다. 즉 유교적인 여성관이 어떻게 확립되었으며, 그 내용은 무엇인가, 그리고 그것은 17세기 이후 어떻게 동요하기 시작했고, 19세기 이후 어떻게 변화했는가에 초점을 두었다. 기본적으로 유교적인 여성관은 조선이 처음부터 여성에게만 집중했기 때문에 생겨난 것이 아니라 유교를 기반으로 하여 가부장적인 사회를 확립해 나가는 중에 자연스럽게 요구된 것이라고 보았다. 따라서 유교에 대해 여성은 늘 수동적인 것이 아니라 당시 주류사상으로의 유교를 적극적으로 수용한 면이 있다고 말했다. 이는 여성이 유교에 의해 통제받았다는 것만 강조하는 기존의 일반론과는 다른 새로운 견해를 제시하는 것이었다. 탁월한 연구로 언론의 주목도 많이 받았다.

대한제국기 이후 한국근대여성과 여성운동에 대한 박용옥의 연구도 선구적이란 학계의 평가는 물론 일반의 주목도 끌었다. 이러한 연구와 연구에 대한 평가는 시대적 변화와 궤를 같이하는 것으로 1970년대 민족의 발전과 여성의 근대화란 관점에서 여성교육이나 여성근대의식, 여성의 민족(독립)운동 참여에 대한 연구가 본격화되는 여건도 작용하였다. 선구적인 연구로 1975년 발표된 박용옥의 『한국근대여성사』를 꼽는다. 그동안 역사서술에서 다루지 않았던 여성의 역사적 행적과 민족공동체의 유지 발전에 기여한 활동을 구체적으로 조사 정리한 저서다. 특히 근대이후 본격화된 여성교육의 수혜를 입은 선구적 여성들의 여성과 민족의식에 대한 자각으로 사회의 공적 활동 영역에

---

24 부록 참조.

서 그 토대를 정립하는 과정을 조명한 자료적 가치가 높은 '고전'으로 평가되고 있다. 「구한말의 여성교육-관립한성여학교설립을 중심으로」(『사학연구』21집, 1969) 논문에서 1890년대 이후 한국 여성의 교육열과 교육운동이 높아지면서 당시 여성들이 주도하여 관립여학교설립을 추진한 찬양회(순성회)의 노력이 실패로 돌아갔던 것과 1908년 한성고등여학교 설립의 정책적 의미를 분석하였다. 이 여학교의 설립은 조선통감부 식민지교육정책의 소산으로 한국인 2세를 황국신민화 시키기 위한 모성의 역할을 강조한 여성교육정책의 일환이었음을 지적하였다. 1898년 9월 1일에 발표된 '여학교 설시통문'(소위 '여권통문', 최초의 한국여성인권 선언문)에 대한 논문을 쓰면서 개화기 여성근대화운동을 아우르는 『한국근대여성운동사연구』(1984)를 출간하여 한국근대여성운동 연구의 물꼬를 텄다. 이 저서에는 일제의 경제적 침략에 항거하고자 여성들이 주체적으로 추진한 국채보상운동에 관한 연구도 포함되었다.

일제강점기에 대한 박용옥의 연구는 여성운동보다는 항일여성운동에 더 비중을 두었다. 이 분야에서 여성독립운동가와 여성독립운동단체에 대한 연구는 선구적인 업적으로 기록된다. 일제 강점기의 여성운동은 여성해방운동과 여성독립운동이 동시에 진행되었다. 박용옥은 이 중 여성독립운동을 중점적으로 연구했다. 먼저 여성독립운동가를 발굴하고 그에 걸맞는 역사적 평가를 시도하였다. 이를테면 윤희순의 의병활동, 남자현의 의병 및 독립운동에 대한 연구, 차미리사의 독립운동 등을 연구하여 여성독립운동가에 대한 연구의 초석을 다졌다. 이 외에 김마리아의 독립운동(『김마리아 : 나는 대한의 독립과 결혼하였다』, 홍성사, 2003) 등도 괄목할만한 성과로 평가된다.

다음으로 일제강점기 여성들은 3.1운동에 참여한 경험을 토대로 다양한 사회운동에 적극 동참하면서 1920년대 이후 여성단체의 조직과 활동을 지속적으로 이어갔다. 특히 독립운동전선에서 여성들의 활약은 다양한 양상으로 전개되었다. 박용옥은 이러한 여성독립운동단체들의 활동에 주목하고 국내 및 해외의 여성단체에 대해 활발한 연구를 추진하였다. 우선 3.1운동이 일어나기 전에 간도에서 발표된 '대한독립여자선언서' 연구(1996)를 발표했다. 이는 한국여성들의 진면목을 재평가하는 계기가 되었다. 또한 「1920년대 초 항일부녀단체 지도층 형성과 사상연구」(1976)를 통해 여성단체를 이끄는 여성지도자의 사상과 운동론을 정리했다. 또한 대한민국임시정부 수립에 따른 여성들의 활동을 대한민국애국부인회 연구에서 밝히고 있다.

그는 해외 여성 독립운동에도 눈을 돌려 「1930년대 만주지역 항일 여전사 연구」(1995)를 통해 국내에 알려지지 않은 여성독립운동가를 발굴하고 세상에 알렸다. 그밖에 미주한인여성단체의 활동(「미주한인여성단체의 광복운동지원연구」, 1996), 여자광복군연구의 일환으로 「광복군 제3지대의 오광심에 대한 연구」도 발표하였다.

박용옥의 일제강점기 항일여성에 대한 지속적 연구는 『한국여성항일운동사연구』(지식산업사, 1996), 『한국독립운동의 역사 31: 여성운동』(독립기념관, 한국독립운동사연구소, 2009) 등의 저서로 정리되어 이 분야 연구자들의 기초 참고자료가 되었다. 박용옥의 여성항일운동연구는 사료연구에도 미처 『여성독립운동사 자료총서 1, 3.1운동 편』(국가기록원, 2016)으로 이어져 후학들의 연구에 활력을 가져다 주었다.

일반적으로 역사학자들이 현대사에 대해 다소 소홀한 것에 비해 박용옥은 한국 현대 여성사 정립에도 기여한 바가 크다. 1980년대 새마을운동에 대한 전국단위의 설문조사를 바탕으로 『여성과 새마을운동』(보건사회부, 1981)을 대표 집필했다. 새마을운동은 1970년대 관 주도로 전개되었다. 이 책은 농촌여성의 삶에 지대한 영향을 미친 부녀새마을운동에 대한 최초의 학문적인 연구였다. 이는 1979년 보사부의 협조로 경북, 전북, 경기 등 전국에서 부녀새마을 지도자 100명을 대상으로 한 설문('여성능력개발을 통한 새마을운동의 방향') 결과를 분석한 것이었다. 박용옥 등 집필진은 설문 분석 결과를 「여성능력개발과 새마을운동」(『새마을운동연구논총』 제5집(1980)이라는 제목으로 발표하기도 했다.

이 설문조사는 1970년에 시작된 부녀 새마을운동의 10년의 성과를 평가하기 위한 것으로 부녀자의 노동 과중, 농가생활 진단지표 개발보급, 유형별 농가생활 설계 모델 개발, 합리적 의사결정 능력향상을 위한 지도, 가계 설계 모델 개발, 생활시간 배분, 농가생활에 맞는 가계부 개발과 기록지도, 노동 작업

관리 가사분담, 소득향상을 위한 부업지도, 여가선용, 가정기기 관리 방법 지도, 합리적 소비와 저축 등 소비생활지도, 가정경영, 식생활지도, 주거환경개선, 육아 및 가족관계 등에 대한 것을 조사하였다. 이 설문 조사 결과 외에도 박용옥은 이 책에서 한국여성운동사에 대해서도 집필하였다. 제2장 여성 사회참여의 역사적 추이에서 '전통사회 개화기 여성의 교육구국운동'과 '현대 산업사회와 여성의 사회참여' 등을 기술했다.

이러한 박용옥의 평생연구 과정 및 성과, 그리고 평가를 염두에 두고 본격적인 연구생활을 시작한 교수시기의 이야기와 연구에 대한 이야기를 주제별로 정리해 보았다.

　　박용옥은 수도여자사범대학에서 10년, 그리고 성신여자대학교에서 20년을 교수로 재직하였다. 30년 동안 연구하며, 한편으로 학생을 가르치는 역사 교수로서 대학교육계에서 일익을 담당했다. 이 구술을 통해 급변하는 격동의 한국현대사를 살아온 한 여성역사학자의 일상을 추적할 수 있다. 격랑(激浪)의 현대사를 살면서 역사학자로서, 여성 사학자로서, 여성단체 활동가로서, 본인의 관점에서 현대사를 어떻게 바라봐야 할지에 대해 구술하였다.

01. 수도여자사범대학 교수 시기

●

수도여자사범대학 시절

　　수도사대에서 10년, 성신여대에서 20년을 지냈는데, 이 두 개 대학은 국사편찬위원회에서의 생활과는 달랐어요. 이 두 대학 모두 여성이 주 구성원으로, 분위기도 사뭇 달랐어요.

　　수도 사대는 여자대학으로 여자가 많은 데서 같이 지내야 하기는 처음이었거든요. 근데 처음에는 적응하는데 조금 시간은 걸렸어요. 왜냐면 그 사람들한테는 여자다운 게 너무나 많은 거예요. 나는 너무나 미치지 못했어요. 매달 한 번씩 여교수들은 여교수회의를 하는데, 집집에 다니면서 하는데, 우리 집 차례가 됐으면 내가 음식도 준비하고, 여교수들에게서 여성으로서의 교양, 자녀 양육에 대한 조언, 학교 이야기 등에 대한 정보를 공유하였어요. '아, 여긴 참 새로운 세상'이라는 느낌을 받았어요. 대신 경쟁력이 아주 약하고 연구의 수준도 조금 떨어졌어요. 여성을 중심으로 해서 아름답게 사는 거, 뭐 집안을 깨끗하게 꾸민다든지, 음식도 그냥 예쁘게 만든다든지, 이런 거는 내가 그 사람들로부터 많이 보고 배웠어요. 지금도 고맙게 생각하고 있어요.

옷 입는 것도 그들은 참 세련되게 입더라고요. 가정과에는 의상 전문 교수가 있어요. 서양 의상, 한복 의상, 그 사람들이 옷을 입는 걸 보면 참 점잖게, 멋지게, 너무나 잘 입었어요. 나는 항상 검정 바바리코트를 입었어요. 가정과의 전통의상 전공 교수의 권유로 다른 색깔로 바꿨던 일이 있었어요. 생활의 미적인 부분, 이런 거를 그들로부터 많이 배웠어요. 그래서 그런 거는 참 좋은 점이었어요. 여자대학에 가서 굉장히 좋다고 생각을 했어요. 저는 참 부드럽고, 삶이 조금 더 풍성해지는 것 같았어요.

교수들과의 교류는 지금까지도 이어지고 있어요. 즉, 저는 수도여사대 출신 교수들 하고 아주 가깝게 지냈고, 그분들이 역사에 대한 관심이 많았어요. 그래서 그 대학원의 박사과정에서 전통 의상, 전통 음식이라고 하면 꼭 역사가 필요하잖아요. 그래서 그 교수들과 같이 연구도 하면서 '스무스'(smooth) 하다고 할 인간관계를 유지하였고 지금까지도 계속 만나고 있어요.

●

여학생들과 관계, 교사로서의 교육이념

그리고 학생들도 난 늘 남자 학생들 뭐 이런 거만 보다가 여학생들을 대했는데, 그 당시 대학에 들어온 여학생, 특히 사범대학에서 교사가 되겠다고 하고 들어온 학생들은 가정으로부터 적당히 다 서양 교육을 받은 사람들이에요. 그래서 내가 보기에는 꽤 수준이 있는 학생들입니다. 그래서 그 학생들이 다 학문을 통해서 생애를 마칠 사람도 아니고, 훌륭한 교사로 진출을 해야 되거든요. 그래서 학생들에게 늘 내가 얘기하는 것이 있습니다.

교사로 나가는 것이 너희들이 사회에서 활동하는 첫 단계인데, 그 속에 들어갔을 때, 무슨 일이 생기면 '아니 나 여자니까' 하고 절대로 피하지 마라. 남자와 적극적으로 똑같이 일해라. 그 대신에 너희들은 여자라고 하는 특수성이 있기 때문에 그 남자들을 딱, 잡으려면 그들에게 서비스하는 정신이 있어야 된다. 그래서 누가 커피를 타 달라고 부탁하거나 그러면 기쁜 마음을 가지고 해줘라. 그리고 다른 사람보고도, '또 다른 사람 누가 원하는 사람 있냐' 이렇게 물어봐서 해라. 그러면 네 가치가 올라간다.

그거를 내가 늘 강조했어요. 왜냐면 여자가 평등만, 이론적인 평등만 얘기하면 사회생활을 할 수가 없는 것이거든요. 그래서 그런 거를 많이 이야기하고, 또 학생들도 거기에 대해서 그렇게 언짢게 생각함 없이 잘 받아들이더라고요. 수도여사대 출신들이 중고등학교 교사로 나가면, 교장이나 교무주임이나 이런 분들이 아주 칭찬해요. 참 너무나 잘한다고. 그래서 이런 이야기를 들을 때 '이 아이들이 정말 가서 가르치는 것도 열심히 하지만, 그 교사로서의 모범성, 이런 것도 잘 보이고 있구나.' 이렇게 해서 감사하게 생각했죠.

학생들도 다 사회에 나가면 사회인 아닙니까. 그리고 교사라고 하는 거는 참 중요한 직책이거든요. 남을 또 가르치지 않습니까. 그러니깐 그 사람들이 그런 역사의식이 투철하면 학생을 대하는 태도나, 자신의 태도를 돌아보는 것 이런 것들이 있기 마련이죠.

저는 학생들에게 한두 강좌 내지 세 강좌는 원전을 갖고 강의를 했어요. 예를 들면 『삼국사기』, 기본적인 역사책 아닙니까. 그리고 학생들도 전부 거기에 아주 재미를 느끼고 그랬어요. 실록 같은 자료는 너무 방대해요. 『삼국사기』 원전 강의를 하면서 자료를 직접 읽으면서, 삼국시대, 신

박용옥 교수, 한국여성사의 새 장을 열다

라사회의 지도자 상에 대한 것, 즉 왕의 정치적 특성이나, 백성들을 대하는 태도 등에 대한 내용을 분석, 평가하도록 했어요. 이러한 역사적 해석을 통해 왕이 정치를 잘하는 왕은 백성한테도 너그러운 지도자들이라는 점을 드러나요. 반대로 백성한테 군림하고 조금 잔학하게 하는 왕은 역시 폭군이고, 백성에게 배척도 받게 되더라는 사실을 인식하게 되요. 실제 상황들, 역사의 상황들을 가지고 학생들하고 읽어가면서 토론도 하고, 이야기를 하기도 했어요. 이를 바탕으로 삼국시대의 지도자상에 관한 간단한 글도 쓰고 그랬습니다.

02. 성신여자대학교 교수 시기

성신여대로 옮긴 가장 중요한 이유는 그 당시 정치적으로 격랑기(激浪期)와 관련이 있어요. 박정희 대통령이 시해되고, 그리고 3김씨가 서로 대통령 자리를 맡으려고 상당히 격렬하게 경쟁하는 그런 시대였고, 데모가 극심했어요. 시내도 맨날 데모하는데 무리를 이뤄서 학생들이 가득차 있었어요. 수도 사대의 경우도 설립자들이 학교를 운영하는 데 있어서 굉장히 정직하고 보는 시야도 넓었어요. 그런 면에서 나는 굉장히 그들의 역량을 높이 평가했어요. 학교설립자들은 자신들이 세운 학교에 대한 자부심이 강해서 교수들에 대한 제재가 강한 편이라 자유로운 연구와 강의를 바라는 교수들의 요구를 충족시키지 못한 편이었다고 할 수 있어요. 수도여사대 교수들 사이에서 자유롭기를 원하는 분위기가 컸어요. 게다가 학생들 역시 학교의 운영방침에 불만이 많아 데모를 굉장히 많이 했어요. 데모가 빈번해져서 연구에 집중할 수 없어서 정신적으로 힘들었어요. 이런저런 이유로 처신하기 어려운 지경에 처하였던 시기였습니다.

다행스럽게도 그 시기 모든 대학들이 한국사를 교양으로 가르칠 때였으므로 한국사 교수들에 대한 수요가 많았어요. 나는 어느 정도 경력을 쌓아 한국사를 다루는 기관인 국편 10년 경력과 수도 사대에서 교수로 10년 재직한 경력이 있었어요. 장시간 연구로 축적된 것들도 있고, 연구논문을 쓴 업적이 많으니까, 여러 학교에서 '우리 학교로 오면 어떠냐'라는 교섭을 받았어요. 그래서 교섭을 받는 과정에서 학교를 옮겨가면 그 학교는 조용하고 데모가 없을 것이므로 연구나 강의가 방해받지 않을 것으로 생각하고 이직을 결정하였습니다.

그 가운데 성신여사대를 선택한 이유는 다음과 같아요. 이직을 결정할 당시 3군데 학교에서 오라는 연락을 받았어요. 그런데 그중에서 나는 성신여대와 'S'여자대학을 지원하였습니다. 그 결과 성신여대가 먼저 지정이 됐어요. 그런데 이 사실을 알게 된 다른 여자대학 총장이 "성신에 결정이 됐지 않느냐. 그런데 내가 또 당신을 우리 학교로 결정하기는 어렵다"라고 연락이 왔어요. 그 당시 총장이나, 이사장들 사이가 이렇게 친밀한 관계였으므로 성신으로 결정되었어요.

수도여자사범대학과 크게 다른 점은 없었어요. 같이 사범대학이었고, 역시 성신여대도 갔더니 학교 내 사람들이 친화적이었습니다. 그래서 불편함은 없고 연구도 같이 하자고 해서 공동연구도 했어요. 뭐 큰 불편 없이 성신여대에서 잘 지냈습니다. 아울러 학생들도 다들 '나는 교사가 되겠다'란 목표가 있기 때문에 공부를 열심히 했어요. 학생들이 열심히 공부해서 가르치는 보람이 있었습니다.

●

30년 교수생활에서 학생들의 변화

학생들의 변화를 보면, 그 변화가 10년마다 확연하게 성격이 달라져요. 정말 시대가 크게 변하는 거를 느낄 수가 있어요. 성신여대로 이직하였을 때, 그 당시에는 역사 분야에는 여자 교수가 적었으니 학생들이 여자 교수라고 해서 굉장히 따랐어요. 그리고 나도 학생들이 열심히 하니깐 친절하게 늘 지도했어요. 그러면서도 조금 엄격한 면은 있었습니다.

내가 지금은 졸업생이나, 교수동료를 만나면 그러죠. "아이, 내가 그때는 성격이 너무 빡빡했다고" 그래서 여유를 주지 않아서 학생들이 좀 힘들었을 거라고. 내가 원래 저 살아온 길을 그렇게 했기 때문에 너무 강하게 요구한 것이기도 하죠. 하나 예를 들면, 한국사 교양 과목을 강의할 때 음대, 미대, 체육과학생들이 언제나 내가 가르치는 학생이었어요. 그런데 그 과 학생들이 굉장히 재미있는데, 수업 중에 (아무렇지도 않게) "그렇게 모자를 뒤로 쓰고 들어오더라고요." 근데 난 그거를 보니까, "아니 어떻게 저렇게 흉하게 똑바로 모자를 안 쓰고 저렇게 쓸까?"라고 생각하고 내가 지적했어요. 그랬더니 곧바로 모자를 바로 고쳐 쓰더라고요. 그러나 학생들의 기분이 언짢았겠죠. 물론 지금은 다 모자를 이렇게 챙을 다 뒤로 하고 쓰잖아요.(하지만 그 당시에는 달랐다.)

또 다른 예는 체육과 학생 둘이 와서 자기가 대학가요제를 나간다며, 며칠 동안 부산을 갔다 온다고 말하면서 대학가요제에 나가는 거니까 출석한 걸로 해 달라고 이야기하고, 그 사이에 치르는 시험도 잘 처리해 달라고 부탁하더라고요. 근데 나는 좀 사람이 빡빡해가지고. 만약 지금이라면 "야, 네가 대학가요제에 나가? 잘하고 와." 이렇게 격려했을 텐데, 그때는 내가 용납하기 어려웠죠. "가요제가 그렇게 중요하니?" 라고 말하고서는 "출석으로 해줄 수는 없고, 시험은 페이퍼로 대체는 해준다. 그런데 아무리 잘 써도 '비'(B) 이상은 못 준다." 이렇게 답했어요. 그 학생들이 대학가요제 갔다 왔어요. 등수 안에 든 것 같아서, 나는 그때 그거를 전혀 대수롭지 않게 여겼어요. 내가 그때 좀 더 여유 있게 잘 보듬어 줄걸. "그래 가서 어, 맛있는 음식도 사 먹어 이러면서 용돈도 좀 주고 그랬을걸." 그게 늘 후회가 돼요.

'아마 당시에는 학생의 본분은 공부다'라는 입장이 매우 강했기 때문이라 생각해요. 어쨌든 융통성이 없는 선생인 것은 확실하네요. 지금 같으면 절대로 안 그러죠. "와 네가 대학가요제를 나가? 그래 잘 하고 와." 이러고 격려하고, 밥도 사 먹이고 용돈도 주고, 그랬을 거예요.

그 다음엔 성신여대로 옮긴 다음에, 전기 10년 동안 모든 대학생들이 계속해서 데모를 할 때였어요. 북한으로 가자고 하는 데모도 있고, 학교의 모든 교육 행정이나 이런 것들이 잘못됐다고 데모하는 것도 있고. 아무튼 데모를 많이 할 때였어요.

화장실이나 복도에 나가서 보면 어느 틈에 대자보가 다 붙어있고 살벌한 때죠. 학생들이 데모하다가 잡혀서 경찰서 구치소에 갇히는 학생들이 생겨났어요. 그러면 지도교수나 과 교수, 학생담당 교수가 경찰소나 파출소에 가서 담당자들과 대화하고 부탁하며 "학생들이 크게 잘못된 건 아니니까, 주동자도 아니고"라고 설득하여 학생들을 풀려나게 하는 사례가 다반사였어요. 그때 10년 동안 참 힘들었어요.

사학과 학생들도 조금 의식이 있었는지, 아니면 그냥 당시 학생들의 분위기에 따라 데모하고 싶었는지 그건 잘 모르겠어요. 근데 성신여대에 부임한 즈음 국민윤리과가 처음 생겼어요. 그런데 학교 측에서 나더러 교수 경험이 많으니까, 처음 시작하는 과가 조금 안정되게 과를 맡아 달라고 부탁했어요. 그래서 그 국민윤리과 교수를 3년간 했어요. 그리고 사학과로 갔죠. 근데 국민윤리과 첫 번째 교수가 되어 과를 맡아 보니 첫 번째 만난 학년의 학생중에서 부모가 없고, 고모가 조금씩 이렇게 도와줘서 학교를 다니는 한 학생이 있었어요. 아주 미인이었지요. 그 학생은 열심히 공부를 해야 장학금도 받고, 학교를 지속적으로 다닐 수 있었는데 그 학생은 데모하는데 항상 앞장서는 타입이었어요. 그래서 불러서 "데모를 하되, 그래도 공부도 하고 해라"라고 타일렀지요. 그래도 뭐 선생 말 듣나요? 안 듣죠. 아무튼 학생이 등록금을 마련하지 못하자 걱정되어서 같은 과 여선 생과 의논해서 학생이 은행에서 대출을 받아서 등록금을 낼 수 있게 도와 주었어요. 그런데 그 학생이 대출금을 갚지를 못해요. 그러면, 그걸 대신 어떻게 마련을 해서 갚아주기도 하고 그랬어요. 참 힘들게, 다행히 겨우 졸업을 할 수 있었어요.

그리고 교직 과목을 이수해야 교사가 되니까. 교직 과목을 또 그냥, 어 쨌든 밀려서 이수하기는 했어요. 그래서 그 학생이 졸업한 다음에 취직하 게 되었는데 출판사에 취직했나 봐요. 나중에 아주 좋은 남편을 만나서 가 정도 꾸리고 했다네요. 그 친구가 수학을 그렇게 잘했대요. 그래서 남편하 고 같이 안성에서 학원을 열었는데 자기는 수학을 가르치고, 수학 선생으 로 인기가 굉장히 높았다고 하더라고요. 그런데 그 학생이 제가 정년 퇴임 하는 날 친한 친구하고 같이 찾아왔어요. 깜짝 놀랐죠. 선생님이 퇴임하시 는 걸 알고 왔다고 하면서, "그때 선생님께서 그렇게 안 도와주셨으면, 자 기가 교직 과목을 이수 못했을 테고, 교사 자격증을 못 받았을 거라고." 말 하더군요. 교사 자격증이 없으면 학원을 못 한대요. 그것 때문에 자기가 지금 학원을 운영하고, 아이도 둘 낳아서 잘 기르고 있고. 경제적인 여유 도 생겼다고요. 그리고 그때 감사했다고 말했어요. "아유 그때 참 힘들게 도 하더니 이렇게 제 발로 길을 들어서서 잘 사는구나"라고 생각하니 정 말 기뻤어요. 정말 선생으로서 보람을 느끼는 순간이었죠. 제자 중에서 교 수가 된 제자는 없고 다 교사로서 활동을 했죠.

당시 학생들이 데모에 집중하기만 하면 이수해야 할 수업을 놓쳐서 그 냥 제적되거든요. 학점도 못 따지요, 그러면 교사 자격증도 못 받죠. 결국 학교는 헛다니는 거고. 그 학생의 인생이 얼마나 망가지겠어요? 다른 방 향으로 살 수는 있겠지만, 선생으로서 책임이라 생각하고서 지도했죠.

성신여대 학내분규

그 뒤 10년은 비교적 평탄하게 지냈는데, 성신여대가 1998년부터 학내문제로 분규(紛糾)가 일어났어요. 총장을 선임하는데 교수들이 투표해서 1, 2, 3 등까지를 이사회에다 후보를 해서 올려요. 그러면 이사회에서 그중에서 한 명을 낙점해서 문교부(文敎部)에다가 보고하는 것이에요. 그런데 그 당시 일등을 했던 남자 교수가 있었는데, 이등을 했던 여자 교수가 총장으로 낙점됐어요. 그러니깐 뭐 학교에서 분규가 나고 난리가 났지요. 3, 4년은 학교의 상황이 힘들었어요. 수업을 진행하기가 힘들 정도였어요. 수업도 몰래 하다시피 했으니까요. 혹시 데모를 주도하는 학생들이 몰려오면 수업을 진행하지 못하니까요. 그래서 그 마지막 2, 3년 동안은 학내분규로 인한 고통이 참 심했었어요.

격랑의 현대사에 대한 생각

내가 살아온 격랑(激浪)의 현대사를 헤쳐오면서 시대관이라면 대략 다음과 같이 얘기할 수 있을 것 같아요. 저는 당시 교수이고, 또 교수는 아무래도 지적 판단력이 다른 사람보다 조금은 나은 사람이잖아요? 그래서 그 시대의 그런 격랑(激浪)을 바라보면서 다음과 같이 생각했어요.

억압의 시대는 지나야 한다. 억압의 시대는 지나야 되고, 모두가 갈구하는 게 자유예요. 그다음에 둘째가 평화예요. 그래서 자유와 평화가 구가되는 그런 사회를 일으켜야 된다. 그것이 결국 인간이 지향하는 최고의 지향점이다.

박용옥 교수, 한국여성사의 새 장을 열다

그 당시도 남북통일의 문제, 이런 주제도 학생들이 많이 언급했어요. 근데 정말 그 학생들 속에서 지금 정계에서 꽤 이름이 많이 오르내리고 있는 임종석씨. 이 사람은 그 당시에 아주 유명한 전국 학생회의 총회장이에요. 그를 경찰이 수배하고 잡으러 다니느라고 굉장히 고생했어요. 당시 학생들 말에 의하면 "임종석 총회장은 절대로 안 잡힙니다"라 했어요. 그래서 그 이유를 물으니 변장술이 뛰어나대요. 그래서 잡히지 않는다고 하던데요. 그리고 학내분규를 빌미로 학생들이 학교 총장실을 점거하고 며칠씩 거기서 잠을 자고. 그렇게 하면서, 학생들이 총장 알기도 우습게 알고 교수도 좀 우습게 알고, 그렇게 말하면서도 그 임종석 총학생 회장한테는 늘 존댓말을 쓰더라고요. 그래서 "아 시대가 이제 크게 변하는 때로구나." 이런 거를 느끼면서 지냈죠. 그렇다고 그게 나쁘다 좋다 이렇게 말하기는 참 힘들었어요.

●

한국인의 역동성

현재 한류 문화가 이렇게 세계의 문화를 선도해 가고 있는데 이에 대한 내 의견은 이래요. 저는 그렇게 교수 생활을 하고, 학생 청년들하고 늘 지내지 않습니까? 그러면서 늘 느끼는 게 "아, 한국인은 굉장히 역동적이다. 그래서 미래지향적이다"라는 것이에요. 이거는 늘 제가 학생들하고도 얘기하고, 선생들하고도 얘기했어요. 이렇게 역동적인, 이런 민족이 찾아보기 어렵다. 그리고 단군 이래로 이렇게 정말 격동의 시대에, 자기를 표현하는 역동성이 있다고 하는 거. 이거는 참 대단한 것이죠.

사회가 격랑(激浪)이 일지만, 이 격랑속에서 결국은 발전으로 이어져가게 될 거다.

그렇게 우리가 생각하고 얘기도 많이 했습니다. 근데 정말 그 후 10년, 20년이 지나고 나니까 '한류', '한류'라고 하는 게 온 세계를 휩쓸기 시작하더라고요. 그래서 "아 역시 그 한국인의 그 자질, 자질이라는 것이 창의성이 강하고 역동성이, 역동력이 강하다." 이런 거를 깊이 깨닫고, 얼마든지 무한으로 발전할 수 있다. 다만 우리 사회가 안고 있는 정치적인 사회적인 여러 가지 문제가 있죠. 뭐 그것도 있지만, 언젠가는 극복해가지 않겠는가. 그런 생각을 합니다.

그리고 저는 언제나 자기가 처한 입장에서 그 입장을 벗어나지 않아야 한다. 그러니깐 교수는 교수로서의 입장, 예를 들면 학생을 가르치고 연구하고, 사회봉사 활동을 하는 것, 이것이 교수의 임무거든요. 그것을 성실히 수행해야 된다. 그리고 학생들 안에서도 각자 자기가 그 소질을 발휘할 수 있는 분야들이 있잖습니까. 그래서 "그런 거를 너무 과대하게 벗어나면 안 된다. 그 본분을 지키고 그 가운데 변화하는 이 사회에 적응해 가야된다. 그래야지 그 사회적인 지도력도 발휘할 수도 있고. 그럴 수가 있다." 그렇게 생각하죠.

03. 버클리대학 교환교수 시기

●

작식대, 재봉대 등 여성독립운동관련 미주 소재 자료 수집

내가 1992년에 캘리포니아 버클리(Berkeley)대학에 교환교수로 갔잖아요? 그런데 그때만 해도 좌익사상에 관계되는 논문을 쓰기가 어려운 때였어요. 그런데 나는 그게 참 쓰고 싶었어요. 그러니까 공산주의 운동을 하면서, 여자들도 많이 의열 활동을 했는데, 그런 거를 한 번은 쓰고 싶었는데 자료도 부족하고, 볼 수가 없었어요. 그런데 버클리대학에 가서 도서관에서 자료를 찾아보니깐, 북한서 나온 책들, 그 다음에 만주쪽에서 나온 책들, 이런 게 굉장히 많이 있더라고요. 그것들은 자유롭게 볼 수 있잖아요.

1992년에 가서 1993년에 귀국했어요 일 년 동안. 그래서 내가 "아, 이거다. 여기에서 내가 자유롭게 보고, 내가 자유롭게 좀 써보자." 이러고서는 그 자료를 가지고 「1930년대 만주지역 항일 여전사 연구」를 썼어요.

항일 연군이 중심이 돼서, 빨치산 운동도 하고. 공산주의 운동 안에서 여성, 그 사람들이 여성을 어떻게 활용했는가? 하는 문제거든요. 그런데 보니깐, 그 사람들이 한발 앞서 있는 게, 군대 조직 안의 여성들의 일이 있죠. 재봉을 한다, 음식을 만든다 등, 이런 직역(職域)을 하나의 조직체 안에 편입을 시켰어요.

그래서 '작식대(作食隊)' '재봉대(裁縫隊)', 이런 걸 뒀어요. 근데 그게 너무 필요한 것이었어요. 항일운동에서는. 그러니까 전투를 내일 나간다. 모레 나간다 그러면, 거기가 춥잖아요, 그러니까 겨울옷을, 동복을 만들어서 입혀 나가야 되거든요. 그러면 "동복을 며칠날까지 몇 벌을 만들어라." "몇백 벌!" 이렇게 해요. 그러면 그것을 옷감이 있어서 그것으로 만드는 게 아니라, 일본인들의 피복 창고 있잖아요. 거기를 습격해서 그걸 털어가지고 가지고 와야 돼요. 그런 후 여기에서 재봉대 여자들, 재봉대 여자들은 재봉틀이 무기예요. 그래서 강을 건널 때도 머리에다 이고 건너가고 그래요. 그 사람들이 밤을 몇 밤을 새워서 손이 다 부르트고, 가위로 다 자르느라고. 그렇게 해서 옷을 딱 제때 만들어서 입혀서 출전하게 해요.

그리고 작식대도 먹을게 양식이 있는 것이 아냐. 이것도 일본인 곡식 창고에 쳐들어가서 몰래 그걸 다 훔쳐오는 거죠. 그리고는, 반찬거리는 밖에 나가서 나물 뜯어다가, 이렇게 국도 끓이고 찌개도 끓이고, 이렇게 해갖고 음식을 만들어요. 그러니깐, 보급, 먹는 걸 보급하는데, 이게 준비된 게 아니라 전투를 통해서 하는 것이었어요.

이런 재료들을 훔치러, 가지러 갈 때, 여자들이 남자하고 똑같이 투쟁을 했어요. 기관총 잘 쏘는 사람도 있었어요. 그리고 일본군대가 트럭으로 올 때 그 사람들을 막아서, 자기의 부대가 피난 갈 수 있게 하기도 했어요. 이희정인가? 뭐 이런 사람. 허성숙 이런 사람들 있어요. 허성숙. 이런 사람들은 정말 대단한 여자들이었어요. 그래도 기관총을 쏴서, 대항해서 거기서 죽기도 하고 피신을 하곤 했어요. 그런 활동이 얼마나 장렬해요.

그래서 그거를 내가 논문을 써서 1992년 5월에 하와이대학에서 제1회 한국학 학술대회가 있었어요. 거기에 가서 내가 1차 발표를 했어요. 여전사들이 이렇게 남자와 똑같이, (독립운동을 했다고) 잘난 척하고 그냥 발표를 했어요. 발표한 다음에 자료들을 정리했어요. 한국에 와서 논문으로 발표하는데, 지금 같으면 그런 생각 없었을텐데 "아, 이거 또 발표했다가 두드려 맞지 않나?" 이런 생각이 들었어요. 학교마다 대학논문집이 있잖아요. 대학논문집인 『성신사학』[25]에 그 논문을 실었어요. 게재했더니 학자들이 볼 사람은 다 봤어요. 그래서 이 사람들이 그때부터 항일연군(抗日聯軍)에 대해서 관심을 가져서 중국 가서 항일연군 이런 거, 발표회도 했는데 나보고 가자는 거에요. 그런데 내가 "아, 난 싫다고. 안 가겠다고." 그래서 안 갔지.

●

역사서술 자료의 선택과 판단의 중요성

중국에서 나온 자료를 보면, 주로 참고문헌이 없어요. 그냥 '이런 사람이 있다. 이런 사람이 있다.' 참고문헌 하나도 없고, 그냥 구술, 구술이에요. 그렇지만 그 구술 속에 쭉 읽어보면, 이게 거짓말을 넣은 곳과 또 '이

---

25 교육연구(성신여사대 교육연구소) 29지, 1995에 게재.

거는 진짜 말이다’ 하는 것을 구분할 수 있어요. 러시아 쪽은 하나도 (조사를) 못했어요. 일본 자료하고, 그 책 이름이 뭐였나. 이렇게 두꺼운 일본의 보고서가 있어요. 그거를 마침 버클리대학에서 박사를 공부하고 있던 학생이 그 책을 갖고 있더라고요, 그 책을 나한테 빌려줬어요. 그게 많이 참고가 됐어요. 공부하다 보면 우연히 그런 자료들을 구할 수 있게 돼요. 그게 일종의 보고서였어요. 또 도움을 많이 받았어요.

항일의열군, 이른바 빨치산 활동이거든요. 그 사람들 활동 속에서 부녀들도 굉장히 활발하게 활동을 했고, 그 사람들이 자기네들 필요에 의해서지만, 여자의 직역, 밥하는 것과 재봉하는 것, 그것을 부대의 편대 속에다가 넣었다고 하는 것, 여성들도 같이 인정을 한 거죠. 나는 그것을 굉장히 내가 그걸 높이 평가하는 것이에요.

조선의용대 활동도 꽤 있었는데, 이 안에 작식대, 재봉대 이런 조직은 없었죠. 따라서 이것이 항일의열군이 갖고 있는 가장 특수한 것이라고 할 수 있어요. 그 사람들이 맨날 전투를 나가고 이러니깐, 절대적으로 필요한 것이죠. 먹는 것과 전투 나갈 때 군복을 해 입혀야 하는 것 등 이것이 절대적으로 필요한 것이죠. 그래서 내가 그때 1992년에 이것을 준비했어요.

그리고 또 하나는, 그러니깐 광복운동을 해방할 때까지 지원한 나라는 미국의 한인밖에 없어요. 미국에 사는 한인들은 정말 해방되는 그 날까지 지원한 것이에요. 다 노동이죠. 그 사람들이 노동해도 많이 버는 것도 아니에요. 다 식당에 가서 일하고, 빨래해주고, 이런 일로 번 돈이거든요. 그 돈을 우리가 세금 내듯이, 꼬박꼬박 다 내는 거예요. 그래서, 대한국민회에 내면, 거기에서 수합해서 보내요. 어떤 방법으로 보냈는지까지는 내가 연구 안 해서 몰라요. 그런데 아무튼 보내요. 대한여자애국단, 애국단의 활동을 보면 정말 놀라워요. 그리고 그 사람들이 얼마나 긍지를 가지고 활동했는가를 알 수가 있어요.

그래서 내가 귀국한 다음에 민족운동사연구회 월례회에서 발표했어요. 중국군과 일본군 사이에 1937년 중일전쟁이 일어나서 전쟁이 치열해졌어요. 그럴 때 미주의 대한여자애국단은 송미령에게 연락해서 지원했어요. 돈을 모으기도 하고, 식당이나 상점이나 이런 곳에 의연금통을 만들어서 가져다 놔요. 그러면 사람들이 밥 먹고 나올 때 조금씩 잔돈도 넣고 그래요. 이것들을 다 수합해서 3, 4차에 걸쳐서 송미령에게 돈을 보내요. 그럼 얼마나 고맙겠어요. 그것을 보낼 때 중국 대사관을 통해서 미국에서 보내더라고요. 그러고 겨울에 중국군인들이 동복 군복이 없어서 고생하자, 또 애국단 단원들이 모여서 그 동복을 또 바느질을 해가지고, 재봉틀을 가지고, 몇백 벌씩 이렇게 만들어서 그것도 보냈어요. 그러면 송미령씨가 너무 감사해서 감사장을 해서 보내요. 그 감사장 보낸 것이 『대한여자애국단사』라고 요만한 책 낸 것이 있는데, 윤병석[26] 선생이 미국 갔다 오시면서 그걸 갖다 주면서 보라고 그러더라고요. 내가 보니깐 그런 내용들이 다 있어요. 또. 그건 『신한민보』에서도 내가 못 본 것이었어요. 이런 자료를 다 활용했죠. 내가 이런 주제를 발표했어요.

거기서 독립운동을 연구했어요. "(미국 이주)여자들이 그렇게 송미령의 중국군을 지원했기 때문에 그 감사로서 광복군이 창립될 때 중국이 광복운동을 지원했구나!"이런 얘기를 하더라고요. 남자 연구자들이 그렇게 얘기를 했어요.

독립운동 자료 검토할 때 보면, 일본 자료를 주로 많이 보잖아요. 그런데 일본 자료가 독립운동단체나 인물을 감시하며 썼기 때문에 항상 약간 편향적인 시각을 갖고 자료를 쓰잖아요. 이를테면 뭐, 계파를 자기네가 나

---

26 윤병석(1930-2020), 일제시대를 전공한 국사학자로 국사편찬위원회 조사, 편사실장을 거쳐 인하대학교 교수를 역임했다.

뉘서 '이 사람은 독립군에, 이 사람은 안창호파. 혹자는 무슨 기호파.' 이렇게 파를 나눠서, 분류해서 파악하는 경우가 많아요. 이 경우 실제로는 그렇지 않은데, 사람들에게 파벌이나 계열분열 상황으로 잘못된 인식을 심어줄 수 있어요. 그런 자료가 가지고 있는 한계가 있죠.

그리고 남아 있는 자료 중에 보면 주로 회고록, 자서전이 갖는 한계가 자신을 미화해서 자기가 관여했던 것들을 모두 더 근사하고 멋있게 보이는 한계가 있으니까요. '이 두 개의 자료 사이에서 어떻게 중심을 잡을까?' 이런 고민이 있어요. '아, 이게 진실이로구나!' 그러니까 그 미화되어 있는 자료 속에서 진짜를 찾아야 돼요. 잘못될 수도 있어요. 연구자가 잘못된 부분을 발견해서 정정도 할 수 있어야 되어요. 그런데 공부하다 보면 그런 게 다 보여요.

●

여성의 독립운동 서훈에 대한 새로운 기준 필요

그리고 그 다음에 이제 하나만 정말 말씀드리고 싶은 것이 있어요. 독립, 여성 독립운동에 대해 우리가 주로 공헌, 그리고 공헌에 대한 서훈과 관련해서 한 번 고려해봐야 할 점이 있어요. 밥해주고, 독립운동 지원이라는 항목이 있잖아요? 서훈할 때, 여성들이 독립운동을 지원하는 것을 어디까지 인정해야 하는지, 아니면 자료가 없지만, 근거자료도 없지만, 이 사람들이 독립운동에 대한 서훈을 주는데 어떤 범주를 설정해야 한다고 생각해요.

01. 국채보상운동 연구: 여성에 주목한 첫 번째 글, 여성사 연구의 태동

1968년도 '국채보상운동의 발달 배경과 여성 참여'를 주제로 하는 논문을 썼어요. 여성에 주목한 첫 번째 글이라고 생각이 되거든요. 이거는 정말 아무도 하지 않았던 분야를 개척했다고 볼 수 있어요. 내가 국사편찬위원회에서 고종 시대사를 맡아서 이를 편찬해 나가느라고 개화기 신문을 많이 봤어요. 개화기 신문들인 『대한매일신보』, 『황성신보』, 『만세보』 등 여러 신문을 다 섭렵해서 봤어요. 그걸 봐야지 편찬이 되니까요. 이 과정에서 내 눈에 계속해서 국채보상운동이 들어오는 거예요. 이렇게 큰 역사적인 사건이 있었는데, 왜 사람들이, 역사학자들이 여기에 눈을 맞추질 못했는가?

그런데 그중에서도 놀랍게도 그 국채보상운동이 활발하게 이뤄진 데는 여자의 힘이 컸더라고요. 너무나 의외로 그때까지만 해도 역사에서 여자의 존재는 굉장히 미미한 걸로 생각했고, 나도 그렇게 교육받은 사람이었어요. 그런데 봤더니 국채보상운동은 완전히 여자의 힘으로 이루어지는 거에요. 그래서 남자들이 국채보상운동 단체를 만들고 취지문, 성명서 뭐 이런 걸 쓰잖아요. 그러면 거기에다가 '쌀을 절약을 해서 그래서 그 남은 돈으로 국채를 보상하자. 반찬값을 남겨서 뭐 어떻게 하자. 살림을 아껴서 어떻게 하자.'고 썼어요. 근데 그런 내용이 실제 보면 다 여자가 하는 거지, 남자가 하는 건 아니거든요. 근데 남자들이 말로는 다 그렇게 하는 거예요. 그래서 내가 그런 걸 보면서 '아, 이거는 아니다. 이거는 정말 여자의 정치참여, 여자의 적극적인 정치참여다' 이렇게 생각을 하게 됐어요.

그래서 국사편찬위원회에서는 한 달에 한 번씩 월례발표회를 해요. 그럼 각자들이 연구한 걸 가지고 자기 차례 때 발표를 합니다. 근데 내가 이제 그거를 월례발표회에서 발표했어요. 그랬더니 꽤 긍정적이더라고요. 그래서 또 발표하고 나면 뭐 질의 같은 것들이 있었어요. "이런

國債報償運動에의 女性參與

朴 容 玉

序 言   組織·活動 및 性格
I. 國債報償運動의 展開狀況   IV. 救國運動에 대한 男女平等思想
II. 國債報償運動에의 女性參與의 動機   結 語
III. 國債報償運動을 위한 女性團體의

序 言

우리 나라에서 女性에 대한 社會的인 頑固性이 脫皮되기 시작한 것은 19世紀 末 以後부터였다. 開港 以來 물밀듯 밀려오는 西洋의 文物制度는 從來的인 社會秩序에 全整的인 混亂을 가져왔다. 이때부터 오랜 封建社會 內에서 아무런 法的 保障이나 社會的 支持를 얻지 못한 채 差待된 생활을

「국채보상운동에의 여성참여」, 『사총』12집, 고대사학회, 1968.

거를, 이렇게 해라!" 뭐 있잖아요. 얘기가 많아요. 좋죠, 그런 게 토론이 되니까요. 그래서 그런 것들을 다 종합해서 내가 논문을 썼어요. 그 당시 고려대학에 김성식[27] 교수님이 계셨어요. 그분이 회갑이 됐어요. 그래서 다른 동료며 선배들이 김성식 선생님, 논문집에 너 논문 하나 꼭 쓰라고 그러셨어요.

'내가 쓰겠다'라고 생각해서 「국채보상운동에의 여성 참여」라는 주제로 논문을 냈어요. 그 논문을 써서 냈더니 의외로 반향이 너무나 좋은 거예요. "사람들이 아니 어떻게 그런 거를 찾아내서 논문을 썼느냐. 여성들이 그렇게 활동을 했느냐." 그 관심이 일본에까지도 갔어요. 일본에서도 '오차노미즈(お茶の水)' 대학에 있는 교수가 그거를 일본말로 번역했어요. 어쨌든 그 국채보상운동의 여성 참여라고 하는 것이 사람들의 의식을 일깨우는 데 크게 역할을 했어요.

———

27 김성식(1908년~1986년), 평남 평원군 출생으로 숭실학교, 규슈대학을 졸업한뒤 해방후 고려대학 사학과 교수를 지냈다. 대학사 등의 저술이 있다. 이후 『대학사』, 『역사와 현실』, 『내가 본 서양』 등을 저술한 학자. 역사학자.

02. 여성사 연구의 계기 : 여성의 역할에 주목한 역사연구 잇달아 발표

●

'구한말 여성단체 연구' 발표에 여성계 주목

너무 명백한 것이 거든요. 이것은 거짓이 아니고 사실을 갖고 얘기를 한 거니까요. 그 사람들이 그런 게 있었냐고 물었어요. 내가 그 전에 1968년 11월인가 12월에 역사학회 월례 발표회 있지 않습니까? 거기에서 내가 '구한말 여성단체 연구'를 발표한 일이 있어요. 그랬더니 여성단체 관계 사람들이 굉장히 많이 왔어요. 와서는 나한테 막 공격하는 거예요.

여성들이 뭐 그렇게 역사적인 그 역할을 했느냐. 여자들이 얼마나 그냥 남자 밑에서 노예처럼 박해받고 그랬는데. 너의 그 생각이 맞느냐.

이러면서 반격하고 그랬어요. 그런데 나는 자료를 갖고 얘기하는 거니까. 그리고 그때 발표할 때 내가 조선 시대도 봤더니, 실제로 가정 내에서의 여성의 권한이라든지 이런 게 너무 절대적인 거예요.

●

가정내 어머니의 역할 막중

남자들이 참견을 못 하고, 한 가정을 꾸려서 나가는 것은 다 여자의 몫이에요. 그래서 겉으로 볼 때는 그게 다 박해받고 탄압받는 것 같지마는, 실제 내용에 있어서는 아니더라고요. 그리고 자녀들이 어머니에 대한 공경심이나 이런 게 말도 못 하게 크더라고요. 그리고 또 서양 선교사들이 조선에 와서 선교 활동하면서 선교 보고서를 본토 선교회에 보내잖아요. 그런 것들이 또 영인되어 갖고 나온 게 있어요. 『코리안 레포지터리(Korean Repository)』[28]

---

28 미국 감리회 선교사 홀링거가 선교활동지원을 목적으로 1892년에 창간한 영자신문이며 1899년까지 발행하였다.

를 또 읽어보니까 서양사람, 그 사람은 객관적으로 보는 거죠. 우리는 이 안에 있는 사람이고, 객관적으로 보는 서양 선교사 눈에 "이 사람들이 어떻게 한국 가정을 뚫고 들어가서 기독교를 선교할 거냐." 너무 힘들잖아요? 내외가 심하고, 아무나 여자를 만나서 뭐 어쩌고 얘기를 할 수가 없는데, 가만히 한국 가정을 들여다보니까, "여자가 아무것도 아닌 것처럼 보이지만, 실제로 권한이 있는 것은 주부다, 어머니다"라는 것이죠. 그 사람들이 그렇게 보고서를 냈더라고요.

한국 가정을 딱 방문을 하면, 부인과 아이들이 쫙 나와서 공손하게 절을 하고, 그리고는 애들이 다 보이지 않게 싹 다 없어져 버린대요. 그리고 그 집안을 경영하고, 이 모든 것을 말씀하고 행하는 것을 보면 다 여자가 한다는 거예요. 그러니까 농사짓는 것도 관할하는 것은 전부, 즉 매니지(manage) 하는 거는 여자가 다 하고. 그 다음에 집안에 옛날에는 하인도 많고 그러잖아요? 그런 사람들에게 적당히 일을 주어 일하게 하는 것. 이런 것도 다 여자들이 해요. 길쌈하는 것, 옷감 짜는 것도 다 여자가 하고, 옷을 만드는 것도 전부 여자가 하고, 그 생산수단도 전부 여자가 하더라는 것이죠. 그리고 자녀 교육에 대한 전담권 이것도 전부 엄마가 갖고 있더라는 그런 보고서를 봤어요. 그걸 보면서 내가 너무나 공감을 한 거야. "아, 그렇구나!"라고 공감을 했어요.

●
성경에 나타나는 가정내 여성의 역할과 어머니의 말씀

그때 나는 남편이 미국에서 공부를 하고 있고 혼자 애들 둘을 기르고 있을 때거든요. 한 번은 어머니께서 아주 황급하게 우리 집을 방문하셨어요. 그러더니 딱 성경책을 꺼내놓으시고 어머니가 내가 혼자서 그렇게 돈도 벌고 공부도 하고 아이 키우고 뭐 이러니까 고생한다고 하셨어요. 어머니가 제가 고생한다고 늘 사람들한테 "아유 걔 불쌍하다!"라고 이렇게 얘기를 하셨나 봐요.

근데 어머니가 성경책을 보시다가 잠언 31장 거기 10절서부터인가 '현숙한 아내'에 대한 얘기가 나와요. 그것이 느브갓네살(Nebuchadnezzar, 성경에 나오는 바빌론의 군주 이름) 어머니가 아들인 왕에게 준 말씀이거든요. 거기 보면 나오는 그 내용이 우리네 안 살림하는 여자들, 그 내용과 너무 일치하는 거예요. 여자는 아침부터 밤까지 열심히 길쌈하고 실을 뽑고, 일해서 가정에 있는 자녀와 남편과 집안사람들이 전부 옷을 따뜻하게 입어 추워도 추위를 못 느낀다라든지, 실을 짜서 장사꾼에게 팔아서 포도밭을 사서 집안을 일으키고, 이런 얘기가 좍 나와요. 어머니가 그걸 읽어주시면서 "얘, 성경에서 현숙한 아내는 이렇게 사는 거란다." 나보고 그러는 거예요. 그래서 내가 그 얘기를 다 보니까, 내가 그때 느꼈던, 선교사들이 말했던 그거하고 너무나 일치하는 거예요. 그래서 내가 이렇게 확신하게 됐어요.

아, 이 여성의 힘이라는 것이 절대로 무시할 수 없는, 역사적인, 역사를 풍성하게 만드는 힘이다!

그리고 그 보고서 중에서 그렇게 여자가 절대적이라고 하는 걸 얘기할 때, 민비를 얘기하더라고요. "동양에서는 『주역』이라는 경전이 있어서 여자들을 겉으로 내놓지 않는다. 보이지 않게 한다. 그러나 보이지 않는 손으로 모든 것을 행한다." 이런 얘기가 나오면서 그게 바로 명성황후라고 하는 이야기를 보고한 게 있어요. "아! 여자의 힘이라는 게 이런 거로구나. 결국 이것을, 여자의 이런 힘을 밖으로 눈에 보여야 된다." 이렇게 생각을 하게 된 거죠.

나는 조금 이제 한 걸음 더 앞서서, 여자의 이 능력과 자질과 실력을 이

박용옥 교수, 한국여성사의 새 장을 열다

제는 걸으로도 보여야 된다. 그래서 난 그렇게 사회운동을 하고 뭐 이러는 데 적격인 사람이 아닌데, 내 시대에 나만큼 공부도 하고 활동하고 하는 사람이 드문 때거든요. 그러니까 나는 이거를 뭔가 사회에 환원해야 된다.

그래서 내가 이러한 생각으로 여성단체에서 일해달라고 하면 절대로 거절하지 않고 전부 수락해서 했어요. 처음에 여성으로서 자의식, 주체적인 자의식은 나의 삶 속에서 자연스럽게 느껴진 거예요. 왜냐하면 나의 어머니는 신교육을 받은 신여성이에요. 그럼에도 불구하고, 우리 집안 내에서, 오빠의 지위랄까, 이것은 절대적이에요. 마치 황제 같아요. 그래서 오빠가 뭐라고 얘기하면 그것을 꼭 받아서 "네!"하고 공손히 행해야 돼요. 조금이라도 "나 바빠서 그런 거 못해!"라던지 이러면은 안 돼요. 그래서 내가 아니 왜 다 같이 한 형제고, 같은 자식인데, 왜 엄마는 오빠를 저렇게 두둔하고, 늘 위하나. 그런 것에 대해서 내면으로 굉장히 갈등했어요.

다만 어머니가 혼자서 생계를 도맡았는데도 불구하고 딸들도 다 교육을 시켰다는 것, 그때는 그렇게 여자교육(시키는 것)이 별로 없었을 때 였거든요. 그런데 교육시켜준 것, 이게 너무 고마워서 그냥 거역은 못 했죠. 항상 순종했죠. 순종했지만 내면으로는 그런 게 늘 있었어요.

●
여성사 연구 계기 : '남성들이 관심 갖는 주제로 연구'

1976년도에 '한국 여성사 연구의 동향'이라는 글을 처음 썼어요. 그때 '남성들이 관심갖는 주제를 가지고 해야 우리가 우리 주장을 할 수 있다' 하는 취지로 생각한 적도 있었거든요. 그런데 여성사 연구의 동향을 왜 이 시점에서 쓰게 되었는지에 대해 말씀드리겠어요.

내가 '여성사를 공부하겠다'고 마음을 먹게 한 것은 이선근 박사예요.

성균관대학교 총장도 하셨고, 정신문화연구원 원장도 하시고, 아주 정말 큰 분이시죠. 그분이 "왜 여자들이 여성사를 공부를 안하느냐?"라고 그러시더라고요. 그러면서 "아, 여성사가 공부할 게 많을 텐데, 해야 된다"라고 하셨어요. 내가 이선근 선생님하고 라디오 대담을 한 석 달간 했어요. 그래서 가깝게 지내게 됐죠. 여성사를 공부를 해야 된다는 말씀을 하셨어요.

그래서 나도 이제 그런 생각을 늘 했던 사람이기 때문에, "아 그렇구나. 그러면 내가 여성사를 일단 정리를 해보겠다." 이렇게 생각을 하고 제일 처음에 나도 이제 은연중에 계속 생각을 했기 때문에, "여성의 지위가 어땠는가, 여성은 어떤 생활을 했는가?" 이런 것을 눈여겨서 봤죠. 사료를 읽으면서도 또 보고, 메모도 하고 그랬어요. 그런 터였기 때문에, "아, 내가 이 논문 한 두서너 개 발표하면 되겠다." 이렇게 생각을 하고 "내가 한다." 이러고서는 처음에 역사학계 월례회에서 발표한 것입니다.

월례발표회 때, 김철준 선생님께서 역사학계 회장이셨던 것 같아요. 내가 발표할 때 와 계셨고, 내가 그 논문을 발표하고 그 다음에 송찬식[29]씨라고 이미 세상 떠나신 분인데, 굉장히 유능한 조선조 후기 사회경제사 전공하신 분이 있어요. 그분은 뭐 한문도 능통하시고, 한학자(漢學者) 집안이거든요. 『승정원일기』를 처음부터 끝까지 읽었다는 분이에요. 참 대단한 분인데, 일찍 세상을 떠나셨어요. 그분이 조선 후기 농업에 대한 연구를 했습니다. 조선 후기라는 것이 임진왜란, 병자호란을 겪고, 사회적인 여러 격동을 겪어서 이른바 조선의 르네상스 시대와 같거든요. 실학 시대는 바로 르네상스 시대에요. 농업기술도 발달하고, 상업도 크게 발달했고, 쌀 위주의 농업이 특수농작물로 확대되어가고, 사회가 역동적으로 변하는 때였어요.

---

29 송찬식(1936년~1984년), 경상남도 합천군 출생으로 국민대학 국사학과 교수를 역임했다.

박용옥 교수, 한국여성사의 새 장을 열다

그 시대를 여자인 내가 연구하면서 보니까 여자들의 역동성이 많이 보여요. 그리고 여성들에게 요구하는 윤리적 기준, 이런 것도 조금씩 바뀌어가고 있었어요. 그래서 "아, 정말 많은 변화를 일으키고 있구나." 이렇게 생각을 할 때였거든요. 내가 그런 자료들을 다 수집해서 이조시대 여성들이 절대로 억압받은 것이 아니다. "이렇게 이렇게 이랬다." 긍정적인 것을 전반에서 다 얘기를 하고, 그런 긍정적인 여성들의 활동과 지위가 이제 여성들로 하여금 사회활동에 활발하게 참여하게 했다. 이런 식으로 발표했거든요.

그랬더니 여성단체 분들이 연세도 있고 그런 분들이에요. 예를 들면 이태영 박사 이런 분들이 다 오셨어요. 그래서 막 공격을 하는 거예요. "뭐 그렇지 않았느니 어쨌느니"라고 하셨어요. 김철준 선생님께서 내 발표, 그 다음에 송찬식씨 발표, 그게 다 굉장히 새로운 내용 발표였어요. 그 선생님이 아주 긍정적으로 평가를 해주시더라고요. "아, 그 시대는 이렇게, 이렇게 사회가 변화하고" 등 이런 것을 부연해서 설명해주시고 그랬어요. 그렇게 해서 나도 뭐 적당히 힘을 받아 가지고, "아, 그렇지 않다"라고 했어요. 내가 발표한 내용이 당시 『신동아』잡지에도 소식란으로 나가고 그랬더라고 나중에 보니까. 그래서 그런 얘기를 한 것이 아마 내가 처음이었나 봐요. 사람들이 충격을 받았던 것 같아요.

●

1975년 유엔 '세계여성의 해'에 참가

그리고 나서 국채보상에 대한 논문을 썼거든요. 그랬더니 국채보상운동을 쓰고 조금 있다가 1975년인가, 여성의 해에요. 유엔이 정한 여성의 해였어요. 여성단체 측에서 꼭 참여해 달라고 해서 갔어요. 대구에서 대회를 크게 했어요. 한 2박3일인가. 사람들이 전부 다음과 같이 얘기를 하는 거에요.

국채보상 그 논문 읽었어요. 여성들이 그렇게 중요한 일들을 했어요? 참 반갑고 놀라워요.

그래서 나는 대구에 수없이 강연하러 갔어요. 대구MBC 상무가 국채 보상운동에 아주 열중인 분이라서 한 시간짜리 특별 프로그램을 방송했 어요. 그러면서 매번 불러서 대구를 자주 가니 대구 상공회의소 회장님께 서 나에게 "아, 박 선생님은 효성여대 나오셨습니까?"라고 질문해요. 대구 사람인 줄 알았다고 하셨어요. "아니에요. 저는 서울사람이에요." 제가 그 랬죠.

이즈음 국채보상운동은 물론, 여성단체에 대한 연구, 유교에 대한 연구 등을 발표하면서 여성단체들이 나의 연구에 대해 궁금증이 더해져 여성 단체 행사에서 연구발표를 하는 경우가 많아졌어요.

1976년 대학 YWCA 여름캠프에서 「한국여성사를 통한 공동체의식의 발견」을 주제로 발표했고, 1977 년에는 한국여성단체협의회 주최 전국여성대회에서 「과거의 여성」 을 주제로 강연을 했어요. 더불어 1977년 『조선일보』 등 신문에 역 사 이야기와 나의 견해를 컬럼을 쓰기도 했어요. 이를테면 1977년 3월 3일 『조선일보』 기사에서는 '남녀분리교육'을 제목으로 남녀 공학을 주장하는 컬럼을 게재하 기도 했어요.

『동아일보』, 1977.3.3.

박용옥 교수, 한국여성사의 새 장을 열다

03. 유교적 여성관의 재조명

●
연구 계기

1985년도에는 「중국 사서삼경에 나타난 유교적 여성관의 재조명」이라는 논문을 썼어요. 중국의 고전인 사서삼경(四書三經)을 보고 거기에 나와 있는 유교적인 여성관을 검토한 논문이에요. 이는 내가 항상 생각한 분야에요. 왜냐면, 이 유교라는 게 뭔데 여자의 행동과 사고나 이런 것을 그렇게 제약을 했는가. 그리고 어떤 뜻으로 그렇게 했는가. 이것은 늘 내가 과제처럼 생각을 했어요. 그리고 또 시시때때로 책들을 읽어서, 『서경』이라든지 이런 걸 읽다가 보면, 완전히 그 안에서, (그때는 적극적으로 연구를 안 했는데도) 여자를 악녀와 선녀, 이렇게 둘로 다 딱 구분을 해서 말을 하더라고요. 그리고 또 무슨 『여사서(女四書)』라든지, 여자를 교육시키는 그런 교과서들이 많거든요. 그런 것도 죽 봤더니 다 여자는 선한 여자와, 악한 여자 이렇게 둘로 다 나눠서 얘기를 해요. 그래서 "선한 여자는 그녀가 만일 왕후라면 황제를 정신적으로 북돋아가지고 좋은 선정(善政)을 하는 사람으로 만들고, 악녀는 이 황제를 도탄으로 빠트린다. 그래서 나태해지고, 제사도 받들지 않고 이렇게 한다"는 식으로 딱 구분해서 얘기를 하더라고요.

그랬는데 1984년 여성학회를 만들게 됐잖습니까. 제가 여성사를 공부하니까 여성사 부분도 필요해서 그랬을 거예요. 그 당시 이화여자대학이 중심이 돼서 여성학회 출범 작업을 했는데, 처음 출발할 때부터 참여하기를 요청을 해와서 나도 기꺼이 참여했습니다. 그래서 뭐 회의도 많이 하고, 토론도 많이 하고. 그런데 그 사람들이 여성학회를 만든 다음에 나보고 책을 만드는 편찬부장을 하라고 그러더라고요. 그분들 말로는, 선생님이 여성에 관한 논문도 많이 쓰고 책도 또 여러 번 쓰고 그랬으니까 편찬부장을 맡으면 좋겠다고. 그래서 나도 아무 소리 안 하고 말았어요.

그 뒤, 제1회 학술대회를 하게 됐는데, "그 학술대회를 뭘 할거냐"하는 것도 논의를 많이 했습니다. 그런데 그때 그 논의에서 여성이 차별받고 억압받은 데는 종교의 힘이 크다. 그래서 이 종교 문제를 우리가 일단 다루는 것이 좋겠다. 그렇게 해서, 그러면 유교에서는 유교 경전이 그 종교 노릇을 하지 않았는가. 그러니까 유교 경전에서 여성을 어떻게 다루고 있는가. 여성에게 요구하고 있는 것이 뭔가. 이런 것을 우리가 한 번 검토할 필요가 있다. 그러면서 저보고 그거를 해달라는 거예요. 그래서 내가 처음에는 내가 그걸 할 수 있을까. 굉장히 큰 과제로 생각이 들었어요. 할까 말까 이렇게 생각을 하다가, "그래, 내가 일단 이거를 맡아서 해보자. 내가 힘이 닿는 데까지 해보자." 그래서 내가 맡기로 했어요.

그래서 나는 그거를 맡고, 그 다음에 장상[30] 선생은 기독교에 나타난 여성 문제, 그다음에 이영자 씨가 불교에 나타난 것, 그 다음에 언어에 나타난 것, 이렇게 크게 네 주제로 제1회 학술대회를 했습니다. 그래서 제가 경전에 나타난 것 중에서 사서오경에 나타난 것, 『춘추(春秋)』는 일단 빼놨어요. 내가 왜 춘추를 뺐는가 하는 것은 얘기를 했거든요. 그것은 그것대로 따로 또 다루어야지, 그 안에서 다루기에는 좀 힘들어요. 조금 더 역사적인 거니까. 그래서 "내가 하겠다"라고 하고서는 담당을 하게 된 겁니다. 그것을 발표하게 된 거예요. 그래서 거기에서 여성 문제에 대한 것을, 그리고 내가 여성에 대한 역사적인 위치가 어떻게 표현되었는가, 어떻게 되었는가를 더 확실하게 알게 됐어요.

여성학회 측에서 나에게 "너 이외는 이걸 쓸 사람이 없다." 그렇게 요

---

30 장상(1939년 - 현재), 평안북도 용천 출생으로 이화여대와 연세대를 졸업하고, 예일대 프린스턴대에서 신학과 철학으로 학위를 받았다. 이대교수, 총장을 거쳐 국무총리서리, 민주당 대표, 세계교회협의회 공동의장을 지냈다.

구를 한 것이었어요. 내가 그 요구를 받으면서 처음에는 주저했지만, "그래, 어쨌든 내가 시론으로라도 이것을 해야 한다, 해보자." 이런 생각으로 한 거죠. 힘들었어요. 맨날 책 보따리를 이만큼씩 들고 다니면서, 굉장히 마음에 부담도 크고 힘들었어요.

유교에서 요구하고 있었던 것은, 내가 왜 그 사람들이 그렇게 요구했는가를 생각했는데, 아, 그 중국의 역사책이라든지 이런 것들을 필요할 때마다 읽으니깐, 여자가 혼자서 밖으로 나돌면 여자가 망가진다는 거예요. 그러니까 여자가 외출할 때도 전부 얼굴을 가리고, "밤에만 외출해라"라고 하면서 하인이 등불을 들고 길을 안내해서 가게 하고, 여자는 오른쪽으로 걷고 남자는 왼쪽으로 걸어서 서로 부딪히지 않게 한다든지. 여자와 남자를 가능한 대로 부딪히지 않게 하더라고요. 역사적으로 해석을 하자면, 씨족사회가 부족사회로 발전하고, 부족국가가 모여서 고대국가를 형성하고 하는데, 그 과정이 전부 전투를 통해서 이뤄지는 거예요. 전쟁을 통해서 그 전투에서 실제 큰 작업을 하는 것은 남자들이거든요.

남자들도 처음에는 혼인 형태에서 보면 완전히 혼혼(혼종혼인, 混宗婚姻의 준말)이라는 형태에요. 한 집단이 있으면, 그 여자들과 저쪽 집단의 남자들하고 이렇게 다 같이 생활하는 그런 형태로 되어있더라고요. 혼인 사회에 대한 책, 논문들 이런 것을 읽어보면 그렇게 되어있어요. 난혼(亂婚) 시대라고 그러죠. 그런 시대가 지나고 나면 이제 점점 사회가 틀이 잡혀가는 거죠. 남자를 중심으로 해서 아내가 있고, 남자들은 전투해서 승리하면 그 지역, 정복지역의 여자 중에서 예쁜 여자라든지, 일할만한 튼튼한 여자라든지, 이런 여자를 약탈해 올 수 있고, 이를테면 자기 휘하에다 놓아요. 그러다 보니까 남자들은 자연히 여자를 많이 거느리게 돼요. 그래서 왕은 몇 명의 첩을 거느리고. 신분에 따라서 첩을 거느리는 수가 정해져 있고, 범부(凡夫)는 마누라 하나만 있어야 하는 등 이런 규정이 있어요.

전쟁을 통한 여자 약탈, 약탈해서 내 것으로 만든 그런 과정에서 이뤄진 것이 아니겠는가, 이렇게 생각이 들더라고요. 나한테는, 또 실제로 그랬고요. 남자가 마음 놓고 나가서 전투에서 승리하려면, 부족국가 시대 이후로는 모든 인간은 다 가정을 이뤘으니까 가정이 안정돼야 하거든요. 가정의 안정을 지키려면, 거기에서 여러 가지 법도가 생기는 거예요. 부모를 공경하는 것, 자녀를 돌보는 것, 이웃을 어떻게 대할 것인가, 남자는 어떻게 대할 것인가, 이런 새로운 법도들이 다 만들어져 가는 거예요. 그러다 보니까 여자는 가정 안에서만 활동을 하고, 남자는 외부에서 활동하고 그래요. 그래서 고전에 보면 뭐 여자는 밖에 대한 것을 얘기하지 말아라. '거내이 불언외(居內而不言外)하고 주식시의(酒食是儀)'라는 굴레에서 술빚고 밥하는 것이죠. 이것을 옳은 방도라고 생각해라 이렇게 되어있거든요. 무슨 헌법전문처럼 되어있어요.

그렇게 되다 보니까 사회가 점점 굳어져 가서 여자들이 결국 집 안에서 활동하게 되고, 그러다 보니깐 집안에서 여성의 활동이 활발해지는 거죠. 가정을 통솔하고 뭐 이러는 데 있어서는 여권이 강화되는 거죠. 김유신이 전쟁 끝나고 온 다음에, 다시 또 백제군이 쳐들어왔다고 전쟁을 나가라 그럴 때. 자기 집 앞을 지나가면서 어머니가 가족들하고 이렇게 나와서 "잘 전투하고 와라!" 그럴 때 간장을 좀 달라 그래서 맛을 보잖아요. 맛보면서 "간장 맛이 그대로다. 집안이 잘 되고 있다." 이렇게 생각하고 떠났다는 거예요. 자연히 주부가 가정 내에서 주체가 되지 않으면 안 되게 했어요. 그러나 밖으로 내놓을 때는 항상 남편을, 아버지를 내세우는 거죠.

『시경』에서 공자가 아들 보고 "네가 아무리 공부를 해도 시경을 읽지 않으면 벽을 대하고 얘기하는 거나 마찬가지다." 벽창호라는 뜻이죠. 그렇게 말씀을 하셨거든요. 그런데 『시경』을 보면 참 내용이 풍부해요, 인간 삶의 내용이. 그래서 남녀 간의 좋아하는 것, 이러는 것들도 아주 생생하게

나타나고요. 그래서 『시경』을 읽
다 보면, 공자가 그렇게 『시경』
을 좋아했다는 것을 알 수 있어
요. 하도 여러 번 읽어서, 옛날에
는 책을 가죽으로 매잖아요, 그
가죽끈이 몇 번이나 끊어졌어요.
너무 봐서 그래요. '그렇게 좋아
했는데, 『시경』의 인간적인 면은
생각을 못했나'하는 생각도 들었
어요. 그런 의문이 많이 있었죠.

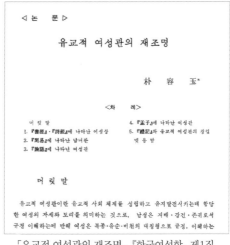

「유교적 여성관의 재조명」, 『한국여성학』 제1집,
한국여성학회, 1985.

실제로 그것을 연구하면서 자세히 들여다보니까, 원래 인간은 원초적인 사
회에서부터 참 자유로운 존재였다.

사랑도 남녀 간에 자유롭게 할 수 있는 그런 것이었는데, 나중에 유교
적 틀이 잡히면서, 이것을 해석하는 것이죠. 해석하면서 '아 이런 것은 남
녀가 상열(相悅)하는 뜻이다'라고 보면, 실제는 아닌데도 그렇게 설명을
해요. 그래서 『모시(毛詩)』[31] 『시경』 그런 걸 보면, 그것을 전부 일일이 이
잡듯이 잡아가지고 아니라고(주장했어요). 남녀가 상열하는 것, 상열하면
나쁜 걸로 치니까요. 그런 것을 다 그렇게 하더라고요. 그래서 유교 체제
가 강화되면서 남녀의 그런 역할 구분이 너무 벌어져서 '여자는 그냥 무
식해도 되고, 유식해도 부모한테 안부 전할 글 정도만 쓰게 된다.' 이렇게
되어 버린 것이죠. 그러나 여자들, 조선 후기를 보면, 내가 공부를 했었기
때문에 놀랍게도 여자들이 너무나 능력이 있는 거예요. 그리고 경전을 보
는 눈이 남자와는 달라요. 너무 여성적이면서도 합리적이고 그래요.

---

31 『시경』을 달리 이르는 말

04. 조선시대 여성학자에 대한 연구

그래서 내가 국편에 있을 때 『윤지당 유고』, 임윤지당[32]의 유고예요. 별로 두껍지는 않지만, 거기에 들어있는 논문들, 사단칠정(四端七情)에 대한 논의라든지 이런 것을 설명한 것을 보면, 너무 여성적이면서도 합리적이에요. 기억이 나는 것은 옛날엔 다 창호지로 문을 했잖아요. 문을 딱 닫으면 밤에 바깥에 달이 떠 있는데, 다른 것은 하나도 볼 수가 없지만, 요만큼 열면, 연 부분 만큼 달이 보인다는 거예요. 더 열면 더 보이고, 더 많이 열면 둥근 달을 다 볼 수가 있고, 뭐 이런 식이에요. 남자들은 그런 식으로 설명할 수가 없는 것이에요. 그러니까 그런 걸 너무나 섬세하게 잘 설명해서 더 합리적인 것 같이 생각이 들었어요.

어머, 이렇게 훌륭한 성리학자, 여자 성리학자들이 있었구나!

그리고 강정일당[33]. 그분도 정말 대단한 『정일당 유고』를 남편이 냈잖아요. 그리고 남편의 친구들이 발문도 쓰고 그랬어요. 그런데 그 원고 뭉치를 도포 자락에 넣어서 가서 보여주면 다 감동하여 발문도 써주었어요. 그런데 그분의 그 삶을 보면, 그분은 자기 자식이 없어요, 첩자(첩의 자식)들이 있는데 옛날에는 첩자도 자기 자식같이 아끼고 사랑했던 시대니까 아마 그랬을 거예요. 난 그랬다고 믿어요. 그런데 남편이 이렇게 앉아서 옛날에는 소리 내서 공부하잖아요. 다 읽잖아요. 그러면 이 분은 옆에서 바느질하면서 읽는 것을 다 들어요. 너무나 총명한 거예요. 마누라가 남편이 읽다가 잘못 읽으면 지적을 해요. 그것도 지적할 때 "여보 그거 틀렸

---

32 임윤지당(任允摯堂, 1721년~1793년), 조선 후기 영조, 정조 때 원주에서 활동한 여성 성리학자.
33 강정일당(姜靜一堂, 1772년~1832년)은 조선 정조, 순조 때 활동한 여성 성리학자, 시인.

어"라고 말하는 게 아니라, 너무나 공손하게 지적을 하는 거예요. 그런 걸 보니까 '와! 정말 조선 시대 여성은 천사가 아니고는 이렇게 못 하겠다'라는 생각이 들었어요.

그리고 조선 후기에 가면 부녀들이 모여서 시회(詩會)를 지금으로 치면 계모임, 혹은 시모임으로, 산수(山水) 좋은 데 가서 모여서 시를 지어서 읊어요. 그래서 아름다운 시들을 모아 시문집으로 남겨요. 그래서 내가 '여성들이 학문에 대한 열정이 강했구나. 특히 조선 후기 실학 시대 이후, 여성들이 학문하려고 하는, 문인으로서의 활동을 하려고 하는 경향이 강했구나'라는 것을 느꼈죠.

05. 한국사 여성 기사의 사론 분석

한국사 중에서도 여성기사 사론을 분석했어요. 고대의 원전을 통해서 여성을 발굴하고 그들의 시각, 사론을 어떻게 썼는가 하는 시각도 중요하다고 생각했어요. 사론은 그 시대상과 그 성격을 그대로 보여주는 거예요. 그래서 그 사론에 대해서 늘 관심을 가지고 집착해서 봐요. 그런데『삼국사기(三國史記)』의 사론으로부터『동국통감(東國通鑑)』,『동국사략(東國史略)』, 시대가 내려올수록 똑같은 역사 사건을 놓고 평가하는 게 아주 달랐던 것이죠.

나빠지는 거죠. 예를 들면 평강공주에 대해 쓸 때. 평강공주에 대해 "왜 왕이, 왕의 체통으로 딸 하나를 제압하지 못했느냐. 그것은 잘못된 거다. 그건 아주 윤리 강상(綱常)에 어긋나는 거다." 이렇게 심하게 기술되어 있죠.

그것도『동국사략』에 오면 더 심해요. 그래서 내가 사관의 이야기라는 것은 그 시대를 대표하는 것이니까요. 사관들의 이 이야기를 짚어가면서 보면 어떻게 변하고 있는지을 알 수가 있다고 생각했어요. 그래서 그 점에

「평강공주와 단양에 대한 역사적 조명 : 고구려의 혼인
풍속과 평강공주의 자매(自媒)혼인과 그 역사적 성격」
『梨大史苑』(이대 사학과), 35집, 2003.

「소서노, 고구려와 백제 창업의 주역」,
『한국 역사 속의 여성인물』. 상,
한국여성개발원 편, 1998.

착안해서 삼국사, 삼국의 역사죠. 고구려, 백제, 신라의 각 역사에 나타난
역사 사실에 대한 사론을 역사가들이 시대에 따라 그 당시 어떻게 썼느냐.
이 부분에 착안했어요. 그랬더니 정말 재밌더라고요. 그 시대를 그대로 보
여주는 것이죠.

평강공주와 온달의 결혼이라는 것은 고구려의 혼인 풍습을 이해하면
얼마든지 이해되는 것이거든요. 그런데 이 점을 이해하지 않고 유교적인
강상에 입각해서만 보는 거예요.

1998년도에 한국여성개발원(현 한국여성정책연구원)이 발간한 『한국
역사 속 여성인물』에서 「소서노」를 썼는데, 소서노에 주목하게 된 계기는
무엇인가를 말씀드리고 싶어요. 소서노 쓸 때는 내가 여성(주의)적 시각
이 강한 때였죠. (여성적 시각이) 많이 정립되어 있던 때였거든요. 내가 대

박용옥 교수, 한국여성사의 새 장을 열다

학 다닐 때 김도태 선생님이 쓰신『조선사 연구』라는 책이 있어요. 그것을 읽은 일이 있는데, 거기에서 우리나라 역대 위인들에 대해 간략하게 쓰셨는데, 그 안에 내 기억으로 소서노가 있었던 것 같아요. 그걸 보면서 '어머, 이런 역사가 있었구나!'라고 생각했어요.

김도태[34] 선생이죠. 역사책이 있어요. 그걸 구해서 보게 됐는데 그 책에서도 소서노를 얘기했어요. 그 다음 내가 역사 선생도 되고 역사 논문도 쓰고 하면서『삼국사기』는 수없이 많이 보게 되었어요.

『삼국사기』를 보면서 고구려 건국, 백제 건국 부분을 보는데, 거기에 소서노가 중심 인물이더라고요. 게다가 중심 인물일 뿐만 아니라, 사실 주몽이 북부에서 내려올 때는 자기 수하 부하 몇 명만 데리고 왔지, 아무것도 없었어요. 나라를 세우려면 땅이 있어야 되고, 인민이 있어야 되는 등 경제력이 있어야 되는 것이거든요. 근데 그 사람은 그게 하나도 없는 사람이에요. 그런데도 고구려를 창건하고 태조가 되어 역사에 남았어요. 어떻게 빈 주먹으로 그렇게 했을까?

그런데『삼국사기』를 읽어보면 부연(敷衍, 알기 쉽게 자세하게 설명)으로 작은 글씨로, 두 줄로 설명이 나와요. 그래서 내가 "김부식이 훌륭한 사람이다"라고 생각합니다. 그것을 버려도 되는데, 자기가 버리기엔 너무 아까운 거예요. 이 부분에 이렇게 부연으로 넣은 것이거든요. 그 부연을 읽어보면 여기에서 "고구려를 세우는 데 소서노가 최고의 일등공신이다"라는 글귀가 나와요. 이것을 '경가재조성방업'(傾家財助成邦業, 집안의 재산을 기울여 나라를 세우는 것을 도왔다)라고 해요.

그리고 소서노가 결국 고구려를 떠나오잖아요. 유리왕이 오니까. 떠

---

34 김도태(1891년~1956년), 평안북도 정주 출생으로 오산학교를 거쳐 일본에 유학하였다. 휘문고등보통학교, 경성여자상업학교 교장, 휘문중학교 교장, 공군사관학교 교수 등을 역임했다.

나서 남으로 내려와요. 이미 그때는 고대국가의 성격이 강해지기 시작하던 때이니까요. 부전자전(父傳子傳)으로 이렇게 이어져가니깐, 그리고 장자 순으로 이어지는 때였거든요. 그래서 소서노가 아들, 두 아들을 데리고 "우리가 여기에 계속 있으면 천덕꾸러기 된다. 그러니까 우리가 여기를 떠나서 남쪽으로 가서, 다시 좋은 땅에다 나라를 세우자!" 그래서 아들들이 엄마의 그 말씀에 따라서 남쪽으로 가서 큰아들 비류는 인천 부근인 미추홀 쪽에다가 하자고 그랬는데 거기가 안 좋으니까, 다시 하남 위례성까지 와서 여기에서 백제를 시작한 것이거든요. 그러니까 그 역사서를 보면 소서노가 중심인물이에요. 그리고 소서노가 61세에 죽거든요. 그 당시 61세 같으면 지금은 100세예요. 그런데도 그 소서노가 죽은 뒤에, 그 기록에는 '기세(棄世)'했다고 쓰여있어요. 버릴 '기'에 세상 '세'자를 써요. 어머니가 기세를 하니까 나라가 흉흉하고, 북쪽에서 이방족들이 쳐들어오고, 천재지변도 일어나고 그랬거든요. 그래서 온조가 대신 회의를 하면서 어머니가 돌아가시니까 이런 국내·외에 힘든 일이 생긴다. 어머니를 시조로 하는 묘당을 세우자. 그래서 시조묘를 세운 거 아니에요.

국모묘(國母廟)를 세운 것이죠. 그것이 시조묘(始祖廟)예요. 그래서 그 뒤에 역사책에서는 그것을 가리켜서 "묘는 오로지 남자에게만 존경하는 의미에서 세우는 것인데, 여자를 세운 것은 이것은 불경한 거다." 이렇게 막 비난하는 것이에요. 그러나 온조에게 어머니가 살아있을 때는 어머니 자체로 나라를 이끌어가고 국가를 운영하는 데 힘이 됐던 거예요. 돌아가신 뒤에 여러 가지 국내·외 변란이 일어나니까 시조묘로서 국모묘를 세우고, 그 묘에 고구려에서도 와서 참배하고 그러거든요. 이를 보면 소서노 자체를 사실상 시조묘로 보는 거예요. 그래서 그런 생각으로 쓰게 된 것이죠. 앞으로도 계속 주목받아야 할 인물입니다.

박용옥 교수, 한국여성사의 새 장을 열다

06. 여성사학자와 여성학자가 함께 쓴
정년기념 논총 출판

〈목차〉

1. 여성의 삶과 역사
   - 3국사의 여성기사에 나타난 성차별
     /박용옥
   - 고려시대의 수절의식과 열녀
     /권순형
   - 혜경궁 부부의 존숭에 관한 국가전례
     /김문식
   - 1920년대 신여성 연구/박용옥
   - 나혜석의 민족의식 형성과 민족운동
     /박환
   - 1920년대 기독교 여성들의 근우회 참
     여과정과 탈퇴 배경에 관한 연구
      /윤정란

박용옥 엮음, 『여성 : 역사와 현재』,
국학자료원, 2001

   - 식민지하 부산지역 여성노동자들의 노동운동/이송희
   - 일제시기 여성사 연구에 있어 민족과 여성문제/신영숙
   - 천도교내수단과 여성운동/조규태
   - 남북한 역사교과서에 등장하는 여성인물 분석/이찬희
   - 만주사변전 민족해방투쟁에서 중국조선족 여성들의 의식변화/전신자
   - 일제하 조혼으로 인한 여성범죄/류승현
   - 상조시대 고매숭배와 부녀 "구자"습속/정애란
   - 『원씨세범』을 통해서 본 남송대 가정형태/배숙희

2. 여성문제의 이론적 접근
   - 조선전기 가부장제와 여성/김태현
   - 조선시대 기녀의 사회적 존재양태와 섹슈얼리티 연구/권태연
   - 시설농업과 여성노동/조옥라
   - 한국여성정책의 흐름과 쟁점/박숙자
   - 여성주의 몸인식의 탈근대 패러다임/이수자

- 유교 사회 여성의 노동경험과 정체성/신경아
- 모살해 설화의 사회문화적 배경에 대한 일고/차배 옥덕
- 민족 공동체 여성이론을 위한 시론/강숙자
- 프랑스 페미니즘운동의 흐름/최향란

2001년 국학자료원에서 여성의 역사와 현재 여성에 대해서 방대하게 여성사와 여성학 전공자들이 같이 여성을 연구하면서도 또 많이 다른데, 이를 다룬 책이 나왔어요. 이것은 나의 정년기념 논총이기도 했어요.

1980년대 내가 그 여성학 강의를 했거든요. 그때는 여성학 강의를 할 사람이 참 많지 않은 때예요. 여성학 강의를 이화여자대학이 제일 먼저 시작했고, 한 2~3년 뒤에 성신여대에서 강의가 개설되었어요. 내가 성신여대 교수로 가면서, 이숙종[35] 이사장님이 여성학을 개설하라고 해서 여성학 개설을 해서 강의를 했어요. 그때 강의는 협동 과정으로 운영했어요. 그러니까 한 학기에 열 번 강의를 하면, 그거를 나누어요. 나는 '여성과 역사'에 대한 것을 하고, 여성과 역사는 한두 주쯤 강의하고. 뭐 여성과 정치, 여성과 법, 여성과 뭐 이렇게 나눠서 하는 거예요. 그래서 자연히 여성학을 하는 제자들도 생겼고. 여성학 하는 학생 중에서 내가 생각하는 여성사적 시각을 비판하는 사람도 있었습니다. 그랬는데 나는 역사 사료를 갖고 얘기를 하고, 그 학생들은 서양 이론을 갖고 하는 것이죠.

그래서 서로 부딪히는 것이 있긴 있었지만, 그래도 그 사람들이 나의 연구를 상당히 수긍을 해줬어요. 그래서 내가 퇴임할 때, 여성학을 하는 사람들과 여성사 하는 사람들 사이에서 선생님 퇴임 논문집을 하나 만들자고 했어요. 그래서 그렇게 여성학 쪽에서도 논문을 쓰고 싶다고 했고, 여성

---

35 이숙종(1904년~1985년), 서울 출생으로 숙명여자고등보통학교 도쿄여자미술학교를 졸업하고, 1936년 성신여자대학교의 전신인 성신여자실업초급학교를 설립하여 교장, 이사장을 맡았다. 제9대 국회의원, 한국여성단체협의회 회장 등을 지냈다.

사 하는 사람도 또 원하고 그랬어요. 그래서 그 책을 낸 거예요. 그러다 보니까 제목을 『여성, 역사와 현재』, 이런 식으로 했어요. 그래서 현재는 이른바 여성학 쪽 사람들이고, 역사는 역사하는 사람들 쪽이고. 그렇게 해서 만든 책입니다. 그동안 그런 방식으로 출판된 책은 없었거든요. 여성사 전공자와 여성학 전공자들이 함께 해서 아주 기념비적인 책이 되었습니다.

07. 조선 시대 여성의 주체성을 살린 『이조 여성사』 출판

●
『이조 여성사』를 쓰게 된 계기

『이조 여성사』는 청탁을 받아 쓴 것이죠. 그 당시 한국일보에서 문고본 책을 굉장히 많이 출판했어요. 당시 문고본이 일본에서도 유행했던 때예요. 일본서도 아주 좋은 책들이 굉장히 많이 나오고 그랬거든요. '문고본 시대'였다고 할 수 있죠. 한국일보가 당시는 괜찮은 신문이었어요. 독자도 많았어요. 거기서 아마 그렇게 계획을 해서 문고본 수십 권을 냈어요. 그 신문을 보는 집에 그 문고본을 다 줬어요. 그래서 나보고 구색을 맞추느라고, 『이조 여성사』를 써달라고 청탁이 왔어요.

처음에 내가 못하겠다고 했어요. 내가 준비된 사람도 아니고, 이조 여성사를 통사로 써야 했어요. 너무 힘들었어요. 그래도 꼭 좀 해달라고 간청해서 승낙했어요. 내가 조선 시대 여성들이 그렇게 억압적이었고, 노예처럼 살지 않았다는 것을 이미 주장했던 때였어요. 그래서 여성의 지위를 긍정적인 면에서 쓰겠다고 생각하고 그런 방향에서 추진했어요. 거기에 보면 여성들에게 남자(배우자)와 똑같이 작위를 주었거든요. 품계를 다 주었어요. 지금보다 어떤 측면에서는 나았지 않았나 하는 생각이 들었어요.

그런 얘기를 하면 반대할 사람들도 있겠지만, 즉, 반대할 사람도 있겠지요. 그러나 그 당시에는 남편이 관원일 때 부인도 관원의 일 구성원으로 본 거예요. 남편과 똑같은 품계를 주었어요. 여성도 대우도 하고, 관원 정치인으로서 한 구성원이 되게 하는 것이에요. 그런 면에서 보면 지금보다 훨씬 낫지 않아요? 지금은 (남자가) 장관을 해도, 부인은 부인이지. 장관에 준하는 무슨 급수를 주는 건 아니잖아요. 조선 시대는 그렇지 않았어요. 그리고 국가적인 큰 파티가 있으면, 그런 자리에 대우를 받고 참석도 같이 해요. 내외가 심할 때인데도, 그런 행사 때 보면 (부부가) 같이 초대를 받아 참석하는 거예요.

그래서 이런 걸 보면, 여자를 박대하고 천시했으면 그렇게 했겠어요? 그래서 내가 한 장에 그거를 넣었어요. 그리고 율곡(栗谷)의 분재기(分財記)를 보고서 '아, 내가 생각한 게 바로 이거다'라고 생각했어요. 그 사회는 평등했다. 형한테 괜히 더 주고 그러는 것도 없었다. 균분(均分)하고, 과부 누나한테, "너무 불쌍하지 않냐. 우리가 그 사람한테 더 주자." 그래서 더 준 것이에요. 율곡의 분재에서 제일 많이 받은 게 그 과부 누나예요. 그런 거 보면 얼마나 인정적이고, 합리적이고, 평등적이지 않아요? 그리고 제사도 아들딸이 돌아가면서 맡아서 하고, 형이 몸이 약하니깐 둘째 아들 율곡이 중요한 제사는 맡겠다고 하고 그랬어요.

고려 시대 때 제도가 조선에도 남아 있었어요, 조선 중기까지 그랬어요. 중기까지 부인을 포함하여 가족들이 앉아서 다 같이 의논해서 결정은 가족회의에서 남성들 중심으로 한다하더라도 내면적으로 여성들의 합의가 되어야 했어요. 글쎄, 여성이 합의한다기 보다는 똑같은 형제로서 그런 것을 발의하고 방향을 정하고 이런 것은 율곡이 한 거 같아요. 내 생각엔 이러한 일은 하나의 제도라고 봐요. 제사 관습을 봐도 요즘 제사 관습은 엉터리에요. 옛날을 보면, 제사를 지내면 남자들도 다 목욕재계(沐浴齋戒)하고, 의관을 정제하고, 촛불 향을 해놓아요. 요즘 제사 지내면 식구들 오

박용옥 교수, 한국여성사의 새 장을 열다

면 "왔냐?"고 인사하고는 상 차려주고 먹고 떠들고 이러거든요. 그땐 그런 게 없어요. 아주 부모를 생각했어요.

똑같은 제도를 다르게 해석했어요. 여자들한테도 (남편과) 같은 관직 작위를 준다는 것은 나의 입장에서 긍정적인 시선으로 보아 긍정적인 해석을 내렸어요. 굉장히 인간 평등적 사상이 강했어요. 이런 사상의 바탕에서 조선인들이 생활했어요. 그 하나의 예로 김만덕(金萬德)을 발굴했죠.

●
『이조 여성사』를 지금의 시각에서 볼 때

기본적으로는 같아요. 내가 실학 시대에 들어오면서 여성들의 경제활동이 굉장히 활발했다는 것을 알았죠. 그리고 임진왜란(壬辰倭亂), 병자호란(丙子胡亂) 시대는 마치 6.25전쟁 때와 같이 가족을 먹여 살린 것은 다 부인들이 했어요. 남자들은 전부 숨어 있고. 그래서 내가 그런 논문도 하나 썼어요. '6.25전쟁 때 가족 제도의 변화'에 대한 것이었어요.

부녀들이 활동을 안 하면 식구들이 먹고살 수가 없는 거예요. 부녀들이 그런 경제활동을 하면 남자보다 더 치밀하게 잘해요. 강릉에서 무슨 물건이 많이 있다. 값이 싸잖아요? 그럼 거기에서 사다가 이 물건이 귀한 곳에 가져다 팔아요. 그런 것을 가서 사 오는 것은 자기 집의 노비를 시켜요. 다 노비가 하는 거예요. 노비한테 "이렇게 이렇게 해라." 그래요. 여성들이 경제활동을 너무 잘하는 거예요. 실학 시대에 들어오면, 부녀를 중심으로 하는 방직업이라든지, 직조업 등이 그룹을 이뤄 집단생산을 하는 제도도 있어요.

신라시대 가배(嘉俳)와 같은 것인데, 집단 직조 전통으로 볼 수 있어요. 조선시대 관리의 부인들에게 품계를 주는 것도 신라 시대의 전통이었어요. 신라 시대에는 부부가 정말 똑같아요. 신라 시대에는 씨족사회로부터 발전된 체제가 그대로 있었거든요. 그래서 여성들의 지위, 권한 이런 게 아주 강하죠. 변하진 않았어요. 그리고 그 속담에 보면 '홀아비는 이가 서 말, 과부는 은이 서 말' 이랬어요. 너무나 그게 맞아요. 대표적인 얘기예요. 그러니까 그런 거를 딱 들으면 나는 아, 여성의 입장에서 생각을 하는 거예요.

『이조 여성사』(박용옥, 한국일보사, 1976)

●

분재기와 윤회봉사

『이조 여성사』를 쓸 때, 나는 이미 (남녀)평등에 대한 개념이 아주 강하게 들어있을 때였습니다. 이미 그때 나는 조선 시대의 여성들이 유교적 이념에 의해서 차별받고 억압받는 생활을 했다고 하지만, 실제 그 생활 내면을 들여다보면 여성들의 파워가 아주 강하다고 하는 것을 여러 군데에서 찾아볼 수가 있었어요. 또 제도적으로도 그런 면들을 뒷받침해주는 자료들이 있었어요. 그래서 내가 이미 이런 부분을 전제하고 『이조 여성사』를 쓴 것이에요.

『이조 여성사』를 쓸 때, 유교 이데올로기적인 억압된 사회 속에서 거기에 적응하는 면보다는 그런 속에서도 여성들이 독자적으로 자기의 주체성을 살리는 것, 이런 것을 찾으려고 노력했습니다.

그렇게 해서 『이조 여성사』를 썼고, 특히 『이조 여성사』를 쓸 때는 예를 들면 율곡 이이 집안 내의 분재기(分財記)가 있어요. 재산을 나누는 분재기가 발표됐는데, 아마 보물로 지정돼 있을 겁니다. 그리고 제사를 지내는 것도 남자만 하는 것이 아니라 딸, 아들, 딸 돌아가면서 제사(윤회봉사, 輪回奉祀)를 지내게 해요. 그리고 그 분재(分財) 하는데 여자와 남자의 차별이 하나도 없고. 그래서 내가 그 자료를 보고 "그래, 내가 생각했던 것이

맞다." 이렇게 긍정적 자신감을 갖게 됐죠.[36]

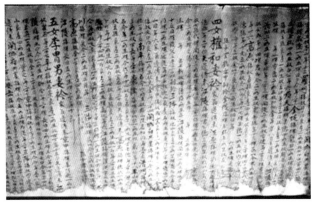
이씨(신사임당)가문의 분재기(강원도유형문화재 제9호)

열녀관의 변화

조선시대 열녀관(烈女觀)이라고 하는 것이 사실은 여성들한테는 가치이기도 하며 슬픔이기도 해요. 즉, 충신(忠臣) 대 열녀(烈女)거든요. 남자는 나라에 충성해야 되고. 여자는 남편한테 충성하는데, 그 충성하는 여자를 열녀라고 지칭을 한 것이거든요. 사실은 그게 대등한 거예요. 그러니깐 임란(壬亂, 1592년) 시기에 충신과 열녀의 비율을 보면, 열녀의 수가 몇 배는 높아요. 그러니깐 여성들이 그 유교적인 이데올로기에 훨씬 더 적극적이었다는 것을 알 수가 있죠. 그걸 가치로 여겼으니깐요. 그래서 열녀관 때문에 여자들은 절대로 재가(再嫁)하지 못하게 했어요, 그 법이 태종 때 정해진 법이잖아요. 과부 재가하지 못하게 하는 그런 제도를 마련했어요.

그러다 보니깐, 여자들은 소녀 과부가 돼도 평생을 혼자 늙어야 돼요.

---

36 신사임당 가문의 분재기는 강원도유형문화재 제9호로 지정되어 있다. 이것은 신사임당의 넷째 동생의 아들인 권처균에게 전해오던 것을 권처균의 딸이 출가할 때 가져가서 대대로 최씨 집안에 전해오다가 1972년에 강릉시 오죽헌 율곡기념관에 보관, 전시하고 있다.

박용옥 교수, 한국여성사의 새 장을 열다

그것을 해결해주는 방법이 있는 거예요. 여자가 그냥 늙을 수가 없으니깐, 보쌈으로 해가지고 업어 가면, 그 집에서 사는 거예요. 그건 흠이 안 돼요. 열녀와는 아무 관계가 없어요. '어느 집에 소녀 과부가 있다.' 그러면 밤에 장정들이 두서너 명이 가서, 홑이불 같은 것으로 그 여자를 싸가지고 업고 가거든요. 그러면 그 집 귀신이 되는 거예요. 이른바 합리적인 재혼이 되는 거죠. 그렇게 유교 이데올로기에서 열녀관을 주장하면서도 그것을 빠져나갈 수 있는 그런 길들이 있었다고 하는 점, 이거는 역시 그 사회가 필요로 했던 걸로 전통적인 관습이라든지 이런 재가(再嫁) 금지가 여행(勵行)된 것은 조선조 중기에 와서에요. 그전까지는 다 재가(再嫁)를 했어요.

중기에 오면서 이제 임진왜란(壬辰倭亂, 1592년)과 병자호란(丙子胡亂, 1636년)을 겪으면서, 열녀관이 더 강하게 확립되고, 또 가부장적 질서, 이게 너무나 강화된 거죠. 해서 조선조 후기에 17, 18세기에 가게 되면 재산 균분제(均分制)를 안 해요. 장남에게 몰아서 줍니다. 임진왜란이나 병자호란의 큰 전란을 겪고 난 뒤에 남자에 대한 중요성을 굉장히 강하게 느꼈던 것 같아요. 그래서 한 가문이 무너지지 않으려면 거기에 대들보가 하나 있어야 된다고 생각했죠. 그게 장남이죠. 그래서 장남을 적극적으로 밀어주고, 그 아래 자녀들은 희생되는 거나 마찬가지죠.

●

실학파의 등장과 남녀평등

그래서 조선조 후기에 가게 되면, 17세기 이후부터는 조선 시대의 르네상스, 실학 시대가 들어오거든요. 실학 시대에 들어오면서 실학자들이 크게 두 부류로 나뉘어요. 하나는 농업을 중심으로 사회를 개혁하고 바꾸자는 파와 한편에서는 상공업을 일으켜서 사회를 바꾸자, 발전시키자는 파 둘로 나누어지는데, 그 사람들이 다 한결같이 똑같이 주장하는 바가 신분제의 차별성을 혁파하자는 것은 똑같이 얘기를 해요. 근데 불행하게도 남녀를 차별했던 것을 타파하자고 얘기했던 사람은 하나도 없어요.

그러나 상공업을 주장하는 실학파들 중에, 그러니까 북학파죠. 북학파 중에서 박제가(1750년~1805년)의 『북학의(北學議)』를 쭉 보면, 여자를 어떻게 평등으로 대하자 이런 말은 한마디도 없어요. 오히려 전부 열녀론을 주장하였어요. 그리고 여자의 복장도 옛날 청나라 시대 때 몽고로부터 내려오는 그런 관습을 아직도 그대로 입고 있었어요. 그래서 중화(中華)식으로 옷을 바꿔야 된다. 뭐 이런 얘기나 하지, '남녀를 평등하게 하자'라든지 이런 내용은 없었어요.

그런데 홍대용(1731년~1783년)의 『담헌서(湛軒書)』를 보면 거기에서 그 음양오행설(陰陽五行說)에 대한 비판을 해요. 음양오행설을 비판한다는 것은 이미 종래의 그런 질서, 음양(陰陽)의 질서 등을 비판하는 것이거든요. 그것은 이미 음양이라는 게 인간으로 보면 남녀거든요. 남녀의 차별 따위는 이제 깨져야 된다고 하는 주장을 암암리에 내보이는 것이에요.

●
부녀들이 읽는 고소설 등장

그래서 실학 시대에 들어오면 부녀들의 학문 활동도 활발해지고, 부녀들이 특히 많이 읽었던 고소설들이 있어요. 『박씨전』, 무슨 『바리데기』 이런 것들을 보면, 박씨전도 그 박 씨 여인이 처음에는 아주 못생긴, 그런 여자여서 남편한테 소박맞고 그러거든요. 그러나 이 사람이 나중에는 정말 아주 훌륭한 사람이 돼서 남편을 이끌고, 어디에 가서 독립된 나라를 만들고 이러잖아요. 그래서 여성, 진정한 여성은 아름답고 훌륭하다, 능력이 있다는 이런 것을 보여주는 것이에요. 그 바리데기도 보면, 왕이 공주만 일곱, 여덟 명을 낳으면서 마지막 딸 바리데기를 버린 것이거든요. 근데 이 바리데기가 나중에 무당 비슷한 게 됐는데 아버지가 아파서, 왕이 아파서 죽게 됐다고 그럴 때 가서 고치고 그래요. 그 버림받았던 이 바리데기가 새롭게 인식을 받는 그런 내용이 사실은 여성의 존재를 다시 인식하게 하는 그런 소설들이 많이 있었어요.

그리고 그 중국에서 들어온 소설 『연화경(蓮華經)』이라든지 이런 것도 마찬가지예요. 그래서 그런 거를 보면 이제

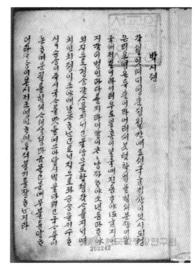

작자·연대 미상의 고전소설『박씨전』

17세기, 18세기 이후에는 인간의 평등이라고 하는 거를 큰 주제로 내세우게 됐어요. 인간 평등에서 차차 이제는 남녀의 평등론이 나오게 되는 거예요.

●
동학의 남녀평등 주장

남녀평등을 확실하게 주장하기 시작한 것이 동학이죠. 동학에서는, 최제우 선생 때부터 2대 교주 최시영 선생에 이르러 여성의 존재를 재확인하고, 인간은 평등하다. 즉, 사인여천(事人如天), 사람 섬기는 것을 하늘과 같이 해라.

하늘 속에는 여성도 들어가게 되는 것이 거든요. 그래서 동학 이후 남녀평등 사상이 상당히 퍼지고 사람들이 체득하게 되는 거예요. 내가 서울대학교 도서관 규장각(奎章閣)에서 『내수도문(內修道文)』을 발견하게 됐어요. 물론 내가 한 건 아니고 중앙대학에 있던 김용덕[37] 선생이 발견

---

37 김용덕(1922년-1991년), 해방 이후 「국사개설」, 「한국제도사연구」, 「신학국사의 탐국」 등을 저술한 학자. 역사학자.

한 건데, 『내수도문』을 보면 여성들의 가정에서의 활동, 그러니까 밥하고, 일상생활을 하는 것들이 굉장히 절도 있게 돼 있어요. 동학운동이 일어났을 때, 동학 전쟁이죠, 많은 사람들이 동학으로 귀의해서 동학인이 되거든요. 붙잡아다가 "너 왜 동학을 믿었냐?" 그러면, "동학에 가면 질병이 있어도 병에 걸리지 않아서 그래서 내가 갔다." 이렇게 말하는 사람이 많아요. 근데, 내수도문(內修道文)에 보면, "쌀을 씻을 때는 언제나 한울님께 고해라." 그러니깐 내가 있어도 그냥 내가 있는 게 아니고, 이 천지에는 전부 한울님이 있다. 그러니까 한울님께 "쌀 몇 되를 밥을 하려고 떴습니다." 그리고 그것을 맑은 물에다 다섯 번 이상을 헹궈라. 이런 것들이 상당히 위생적인 것이 거든요. 그 담에 음식도 다음과 같이 일종의 지침이 있었어요.

새로 한 밥과 먹던 밥, 찬밥하고 절대로 같이하지 마라. 새로 한 밥은 한울님께 고하고 먹고, 찬밥은 그냥 고하지 않고 따로 놔뒀다 먹어도 된다. 반찬도 전부 그렇게 합하지 말고 따로따로 먹어라.

이게 얼마나 위생적인 거예요. 그렇게 되니깐 이 사람들은 헌 밥과 새 밥을 합하면 금세 상하지 않습니까? 이전에는 이런 것을 알지 못했어요.

그리고 "이 대지는 다 한울님의 얼굴이다." 그러니 이 대지에다가 개숫물을, 그 전에는 하수도가 없어요. 그니깐 '휙휙' 버렸어요. 그렇게 하면 그거는 한울님 얼굴에 개숫물을 뿌리는 거다. 또 가래를 뱉으면, 반드시 땅을 파고 거기에다 뱉어라. 한울님 얼굴에다 가래를 뱉는 거다. 이런 식으로 내수도문에서 가르치는 거예요. 그러니까 절도있는 생활, 위생적인 생활 이런 거를 전부 다 거기에서 가르치는 거예요. 그걸 교리로서 가르쳐요. 이렇게 되니깐 그 주변이 다 깨끗해요. 동학인들이 모이는 교당 주변은 깨끗하고, 그 사람들은 다 위생적으로 생활을 하고. 이러다 보니깐, 그 역병이 많이 도는데도 불구하고 이 사람들은 병이 안 걸리는 거예요.

그런데 그런 거를 이 주부가 맡아서 해야되는 거였어요. 그런 데서 인간 평등사상, 남녀의 평등사상이라는 게 이루어지고, 그 교리 안에서도 여성에 대한 평등성을 많이 이야기하고 있어요. 특히 어린아이에 대한 존중, 이게 아주 컸어요. 그래서 '어린이도 한울님이다. 어린아이에게 말할 땐 꼭 공대(恭待)해서 말을 해라' 등이 있어요. 동학 교리에 나타나 있는 이런 내용, 인간 평등 문제에서 저절로 여성에 대한 평등사상을 갖게 되었어요. 이후 동학에서 파생되어 나간 증산교에서는 그보다 한 발 진전된 그런 남녀평등을 주장하게 돼요. 그리고 여자를 교주로 삼아요. 여러 행사에서도 여자가 주인이 되며, 그래서 증산교에서는 조금 더 발전된 남녀 평등론을 논하게 되죠.

이런 사실들은 모두 사료들을 보면서 알게 된 것들이에요. 이런 자료들이 우연히 제 손에 들어왔어요. 증산교에 대한 것도 증산교의 경전이 있어요. 그 경전을 봤더니 동학보다 훨씬 발전된 남녀평등론, 평등사상이 있어요. 그래서 그거를 연구하게 됐죠. 연구하게 되니깐 또 논문도 몇 개나 쓰게 됐고요. 그래서 관심을 가지면 그런 자료들이 나한테 다가오는 거를 느껴요.

08. 여성단체 연구

●

구한말 여성교육을 주장하는 여성단체 등장

수도여사대 교수로 있을 때 구한말부터 싹튼 여성단체 활동에 관심갖게 되었어요. 여성단체를 발굴하는 연구를 진행했는데, 여성운동이라는 게 그냥 혼자서 되는 게 아니고, 조직이 있어야지 돼요. 그 조직이 움직여야 여성운동이 활발해지지 그냥은 안 된다고요. 그런데 국편에 있으면서 신문자료를 매일 보잖아요. 신문을 굉장히 열심히 봤어요. 의외로 1905년부터 10년간, 애국계몽운동기, 그 시기에 여성단체가 그렇게 많더라고요. 그 중에는 '친일' 여성단체도 있고, 친일적인 여성단체도 있어요. 그런데 순수 여성 교육을 위한 여성단체도 굉장히 많았어요. 그래서 이에 대한 관심이 깊어지게 됐죠. 그래서 제가 『한국사연구』6집(1971)

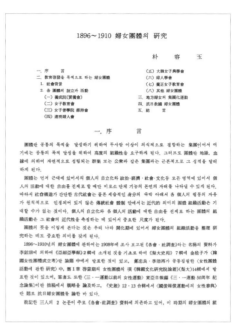

에 「1896년~1910년 婦女團體의 研究」란 제목의 논문을 발표했어요. 발표하고 나서, 김철준 선생님이 "새로운 거를 잘 연구했다"고 점심을 사주시고 그러셨어요.

이전에는 그런 연구가 전혀 없었죠. 이 논문 발표 이후 사람들에게 애국계몽, 근데 애국계몽운동기에 여성단체들은 그 개화파 청년들, 그 사람들은 개신 유학자들이에요. 그 사람들이 물론 그 안에는 외국 가서 약간 공부도 하고 온 사람들도 있었습니다. 있었지마는, 대부분은 개신 유학자들이에요. 그 사람들이 선구적 사상을 갖고 있는 것, 즉 개방적이고, 그 사람들이 나라가 발전하고 제대로 자주독립을 하려면, 여태까지는 무식한 대중으로 놔뒀던 이 사람들을 교육 해야된다고 생각했어요. 대중 안에 여성이 들어가 있는 거예요. 여성은 어쨌든 인구의 절반이니깐요.

여성을 교육해서, 특히 여성은 자녀를 양육하는 첫 번째 선생이에요. 첫 번째 선생을 제대로 애국심 갖는 국민으로 교육해놓으면, 그 선생이 자기 자녀를 애국적 마음을 갖는 자녀로 키운다고 봐요. 이런 거를 (이 논문

박용옥 교수, 한국여성사의 새 장을 열다

에서) 강하게 주장했어요. 그래서 그 사람들, 남자들이 중심이 되어 여성 단체를 조직하기도 해요. 여기에 그 당시 이미 양반사회나 또 사회활동 하는 사람으로는 기생, 이런 사람들이 있었거든요. 우리가 '기생' 이라 하면 술집 여자인 것처럼 생각하지만. 그 당시에 기생은 굉장히 수준이 높았어요. 예술에도 뛰어나고, 또 학문적 바탕도 아주 높아요. 그런 사람들이 차차 이런 것에 자극을 받아서 여성단체들을 조직하지요. 그래서 처음에는 주로 교육운동을 해요. 이어서 여성을 계발하는 계몽운동을 했어요.

●

국채보상운동으로 이어져[38]

그러다가 이게 1907년에 국채 보상 운동이 일어나게 되니깐, 부인들이 "나라 위하는 일에 남녀의 차별이 어떻게 있을 수 있겠는가, 우리도 다 나라 위해서 금은 패물을 다 바치고, 또 양식을 아끼고 이렇게 해서 참여를 하겠다." 그래서 정말 이 부인들의 이런 열의 때문에 국채 보상 운동이 활발하게 된 거예요. 남자들이 다 한결같이 "이러다 보면 여자들한테 이제 모든 그 선수를 뺏길 거다"라고 말할 정도예요. 그리고 "저 여자들을 봐라. 저렇게 애국심을 가지고 활동한다." 정말 그때 감동이에요. 그런 자료를 읽을 때 "아아, 이런 일이 이렇게 일어날 수가 있나. 정말 대단하다." 이런 생각이 들었어요. 그래서 내가 「국채 보상 운동의 여성 참여」라는 논문을 썼죠. 그랬더니 그 논문이 아주 폭발적인 인기를 끌었어요. 사회학 하는 사람이며, 다른 분야 사람들이 "다 그때 그런 일이 있었냐, 근데 왜 그걸 여태까지 몰랐냐"하며 외국에서도 특히 일본에서 그걸 번역하겠다고 바로 연락이 오고. 그 다음에 최서면 씨라고 있지요? 한국 관련 연구소.

---

38 앞글 114-115쪽의 국채보상운동 설명 참조

국제한국연구원을 세운 재일교포에요.

그 분이 청년 시절 정치 운동 때문에 일본으로 도망가서 거기서 정착하게 됐어요. 이 분이 상당히 똑똑하고 의욕적인 사람이에요. 그 분이 일본에서 안중근 의사의 글씨를 가장 많이 발굴한 사람이에요. 그 발굴한 것을 안 의사 기념관에 연결 시켜서 보내주곤 했어요. 그가 한국학 연구소를 운영했어요. 거기에서도 여성단체 연구논문을 번역해서 싣게 했어요. 그래서 그것을 번역해서 실었어요.

국채보상운동에 여성 참여에 대한 것은 '오차노미즈'(お茶の水) 대학 연구소에서 번역을 하겠다고 했어요. 그것을 논문집에 싣겠다고 연락이 와서, 그 후에 1975년인가 1976년에 번역해서 실었어요. 당시는 이런 책이 전혀 없는 때였고, 그래서 『한국 근대 여성사』는 내가 여성단체 연구도 하고. 또 국채 보상 운동 연구를 엮은 책이에요. 이렇게 사람들에게 조금 회자 될 만큼 알려지게 됐잖아요. 그리고 그때, 일반 잡지에서 여성 관계 청탁이 굉장히 많이 들어왔어요.

09. 『부녀행정40년사』 저술

『부녀행정40년사』(보건사회부, 1987)의 「한국여성운동과 여성단체」(제7편 한국의 여성운동과 여성단체)항목에서 대한제국과 일제강점기에 이르는 시기에 한국여성운동과 시대별 여성단체의 발전을 맡아 기술했어요. 『부녀행정40년사』를 보면 여성운동의 발달사를 쓴 부분이 있어요. 당시 이것을 연구하는 사람이 없었으니깐요. 여성사 연구하는 사람이 지금도 많지 않은데, 그때는 말할 것도 없이 여성사 연구자가 없는 때였어요.

일반에 알려진 것은 유엔이 정한 여성의 해인 1975년 이후에요. 근데 그때 여성계에서 1975년을 기점으로 해서 큰 세미나를 많이 했어요. 그

래서 그럴 때마다 참석했지요. 전국여성대
회도 하고. 그래서 그럴 때마다 안 불려갈 때
가 없었어요. 정말 바빴어요. 그때, 내가 부탁
을 받으면, 이것을 해야 된다는 사명의식이
아주 강했어요. 그래서 힘들지만 밤을 새면
서 한 거죠. 그래서 1975년, 그 해 학교 도서
관에 갔더니, 도서관 직원이 나보고 이래요.
"아, 교수님. 교수님 돈 많이 버셨죠?" 나보
고 이래요. "내가 무슨 돈을 벌어?"이랬더니

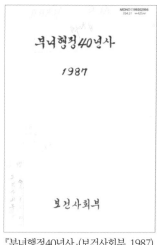

『부녀행정40년사』(보건사회부, 1987)

"잡지마다 선생님 글이 없는 데가 없는데." 그런데 "그거 원고 쓸 때마다
돈을 다 받으셨잖아요." 그러는 거예요. 강연도 많이 했어요. 그 다음에 여
성단체 관계되는 곳에 가서 강연했어요.

그리고 다양한 위원회의 위원으로 참여했어요. 내가 위원으로 활동할
때는 이 사회에서 여자로서. 나만큼 공부할 수 있는 기회를 받고, 그리고
또 교수가 돼서 활동하는 사람이 많지 않을 땐데, 이거는 정말 혜택이죠.
어떤 의미에서는 그러니까 "내가 이것을 사회에다가 환원해야 된다"라는
생각이 강했어요.

10. 여성단체활동 참여, 역사 속 여성인물 발굴 및 기고

그래서 '사회가 요구하면 뭐든지 해줘야 된다.' 이제 그런 생각이 아주
강했습니다. 그리고 여성단체에서 특히 무엇인가를 요구를 하면, 내가 거
절을 안 했어요. 위원이 아니라 하더라도, 무슨 자문위원, 나한테 해달라
고 하면 대부분 다 응낙을 했습니다. 정규적으로 위원으로 활동한 단체로
한국여성단체협의회를 들 수 있어요. 십여 년을 했어요.

여협 출판위원회 참여

출판위원회 위원으로 참여했어요. 출판위원회에서 주로 『여성(女聲)』이라고 하는, 그 『여성』이 사람들을 그냥 예의 '우먼'(women)여성인 줄 아는데, 아니에요. 계집 녀(女)에다가, 소리 성(聲)자를 쓰는 거예요. '여자의 소리를 내다.' 그래서 위원회의 위원들이 다 좋은 사람들이었어요. 능력 있고 이화 대학에 계셨던 교육철학하시는 정세화 선생, 그 다음에 문인으로 이름이 있었던 시인 허영자씨, 김후란씨 등. 상당히 의식 있고 쟁쟁한 사람들이 활동을 했어요. 그래서 그때 한 십여 년 동안 『여성』에 실린 글이 알찼어요.

그리고 외부에 청탁한 것도 아주 괜찮은 분들한테 청탁해서 원고를 받았어요. 여성학을 공부하는 학생들이 나보고 거기에 실린 글들이 좋아서 활용을 많이 했다고 얘기할 정도였어요. 그렇게 재밌게 일을 했어요. 같이 의논하면 의견이 잘 투합되고, 원고를 이렇게 '이번엔 이런 제목으로 우리가 하자' 그러면 또 그렇게 했어요. 그 위원들이 각자 원고들도 열심히 썼

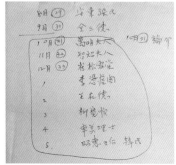

1981년부터 1983년까지 『여성』지에 게재하기 위해 인물을 선정한 박용옥의 메모

어요. 시인은 시 쓰고, 저도 원고를 여러 개를 썼죠. 차경수(남편) 교수에게도 부탁해서 몇 개 썼어요. 원고의 내용 중 인물에 초점을 두어 쓴 경우가 많았는데, 그것은 "결국은 역사를 만드는 건 사람이 만드는데"라고 생각했던 때문이죠. 여자도 역사의 바로 한 구성원이라고 하는 것을 알리려면, 여자들의 개별 활동을 어떻게 해서든지 찾아서 알려야 된다고 생각했어요. 그래서 그 인물에 대한 연재도 많이 했어요.

●

기업체, 여성단체. 신문 등에 원고 기고와 여성 인물 발굴

그 다음 한일은행이었나? 『한일』이라는 제목의 은행의 잡지거든요. 거기에도 일 년 동안 계속 연재했고, YWCA에도 1년간 연재했어요. 그다음에, 『서울신문』에서 그때 아마 여성 인물 60명을 추려서 했어요. 아주 크게 마음먹고, 여성을 다루겠다고 인물을 선정해달라고 해서 선정해 주고, 또 쓸 수 있는 사람들도 추천도 했어요. 기자들이니까 자기네들이 사람 찾아서 또, 부탁도 하고 그렇게 하더라고요. 그래서 인물에 대한 원고를 많이 썼어요.

당시 내가 쓰는 인물들은 언제나 다 새로운 인물이었어요. 그 당시로서는 알려지지 않은 사람들이어서 그냥 쓰면 다 새로운 인물이 된 것이에요. 인물을 쓰는데 자료는 주로 신문과 잡지였어요. 신문과 잡지를 내가 많이 보니까요 국사편찬위원회에 직업상 있을 때 많이 봤어요. 그게 아주 도움이 됐죠. 조그만 기사를 다 모아서 원고를 썼어요.

예를 들어 '타이피스트'(typist)를 볼께요. 그때(일제 시대)는 '타이피스트'도 굉장한 기능자예요. 신문에 이렇게 나요. 그러면 모두 기록해 두었거나 메모해 놨다가 필요할 때 또 쓰고, 그런 식으로 했어요. 그 다음에 첫 여자 비행사 박경원. 이런 사람들을 발굴했죠. 일반이나 학계에서 관심 갖는 사람들이 아니었어요. 그 당시 신문을 보면, 한 면에 화려하게 소개가 돼 있어요. 그런 기사를 다 모아요. 그렇게 신문과 잡지를 통해서 자료를 수집했어요.

『매일신보』를 다 봤고. 그리고 삼일 운동 이후에는 『동아일보』, 『조선일보』, 『중외일보』 등. 신문이 잠깐씩 출간되다가 끝난 것도 있지만, 지속적으로 오래 나온 게 동아일보, 조선일보이었거든요. 그래서 동아, 조선일보에서 그런 여성 인물들을 어떻게든지 찾으려고 애를 썼어요. 일부 신문에서 '여성란'을 만들었어요. 여성 기자들도 있었고, 남자들도 조금씩 거기에 관심을 가져서, 이렇게 기사들을 실었어요.

●

안중근의 딸 안현생

그래서 지금도 신문에 그러한 내용이 버젓이 있는데, 안중근 의사의 딸 안현생이 있어요. 안현생(1902년~1960년)이 동아일보였나, 조선일보였나? 신문에 한 십여 회. 여성을 소개해요.[39] 그중에 안현생이 들어가

---

39 안현생은 1902년경 황해도 해주에서 안중근과 김아려 사이의 2남 1녀 중 외동딸로 출생했다. 1909년 10월 26일 부친의 이토 히로부미저격 이후, 할머니 조마리아 등이 중국으로 망명하며 안현생을 명동 샬트르 성 바오로 수녀회 본원의 프랑스인 수녀에게 맡겼다. 안현생은 가족이 상하이에 정착한 뒤 상하이로 건너갔고, 그곳에서 황일청과 결혼했다. 1937년 중일전쟁 발발 뒤 상하이에서 안정근, 안공근 등은 모친 조마리아를 모시고 대피했지만, 그녀는 어머니 김아려, 남편 황일청, 남동생 안준생과 함께 상하이에 남아 곤궁한 삶을 이어갔다. 1939년 상하이 친일파 조선인회 회장 이갑녕을 단장으로 하여 '재상하이 만선시찰단'이 조선 총독부의 초청 형식으로 조선을 방문할 때 남동생 안준생과 황일청도 포함되었다. 만선시찰단은 조선 총독 미나미 지로와 면담한 뒤 안준생만 남기고 전원 돌아갔고, 안준생은 박문사를 방문하여 이토 히로부미의 명복을 빌고 이토의 아들인 이토 분키치와 만나 부친의 행위를 사죄했다. 이후 일제 감시와 '아버지를 배신한 자식'이라는 눈총에 시달리며 어렵게 살았다.
8.15 광복 후인 1945년 12월 4일, 한교민단 단장을 맡고 있던 남편 황일청이 귀국행 배를 타려고 가족과 함께 충칭에서 상하이로 내려오던 중 여관에서 광복군 인사에 의해 총을 맞고 숨겼다. 1946년 11월 11일 남편의 유골을 가지고 두 딸과 귀국한 그녀는 명동성당에 의탁하여 매우 곤궁하게 지냈다고 한다. 6.25 전쟁 발발 후 대구로 피난간 후 1953년 4월 1일 대구 효성여대 불문학 교수로 부임하여 1956년 3월까지 3년간 재직하였다. 1960년 사망했다.

박용옥 교수, 한국여성사의 새 장을 열다

요. 그래서 보니깐 안현생이에요. "아 그러면 안중근 씨 딸 아니야?"이러고서 보니까 안중근 딸이더라고요.

요즘이야 뭐 제록스 해서 다 뽑아 놓으면 되니깐 뽑아다 쓰는데, 아직도 다른 사람들은 신문에 안현생이 그 성악가로. 아니, 피아니스트로 나왔어요. 안중근 의사의 자녀들이 음악에 재주가 뛰어나더라고요. 막내아들 안준생, 그 사람은 바이올린을 잘해서 생계를 이을 정도였어요. 근데 안현생도 피아노를 그렇게 잘 했대요. 내가 "안 의사가 노랠 잘 했나? 음악을 잘 했나? 부인이 잘 했나?"라고 생각했어요. 부인 쪽으로, 엄마 쪽으로 유전된 게 아닌가 생각해요. 안중근 의사가 좀 호방한 사람이긴 하지만은 그렇게 "노래를 잘 했다." 이런 거는 안 보이거든요. 그래서 엄마 쪽이 좀 그런 거에 능했나라고 생각해요.

안현생은 해방 뒤에 한국으로 나왔어요. 엄마는 상해에서 죽었나, 못나왔어요. 안 의사 부인은, 월남해서 내려왔거든요. 그 사람들이 상해, 그러니까 다들 임시정부가 피난갔을 때. "아니 어떻게 안중근 의사의 그 유족들을 안 모시고 갔느냐. 그건 말도 안 된다." 그 사람들 그냥 상해에다 놔두고 다들 도망간 거야.

그래서 김구 자서전에서 그랬나 봐요? 어디서 보니깐 김구 선생이 그 당시에는 상해에 없었고, 남경으로 피신해 있었거든요. 그래서 김구 선생이 "안 의사의 가족들을 데려 오라"고 안 의사 동생한테 얘기했어요. "그때 상해가 이미 다 일본에 점령돼서 데려올 수가 없었다." 뭐 이런 거를 내가 어디서 한 번 읽었어요, 읽기는 했어요. 그러나 어쨌건, "어떻게 안 의사 가족을 안 데리고 가. 말이 안 되지." 그래서 그 사람들이 참 고생을 많이 했어요. 그리고 안 의사네 가족들이 상해에 남아 있을 때, 일본 측에서 (안의사 가족 대상의) 공작을 한 거예요. 공작을 해서 안준생하고 이토 히로부미의 아들하고 만나게 하는 거야. 만난다는 것은 서로 화해한다는 뜻이거든요. 그런 짓을 했으니, 그 분들이 얼마나 괴로웠겠어요. 이에 대해 사람들이 그들을 비난한 정도가 아니고, 죽여야 된다고 말을 하고 그랬어요. 안준생을. 나쁜 놈이라고 김구 선생이 막 비판하고 그랬어요. 그래서 나는 "아니, 상해, 그 지옥에다가 놔두고 그냥 갔으면서 어떻게 그런 소리를 해."라고 생각했어요.

●

소설가 이미륵

안중근 의사에 대해서는 내가 어디에다 썼는데, 삼일 운동 때 경성의대 대학생이었던, 얼른 이름이 생각이 안 나네. 경성의대를 다녔는데, 만세 시위에 참여하고, 이 사람이 경찰의 추적을 받아요. 고향이 평안도거든요. 그래서 어머니한테 갔다가 자기 신변이 위험하니깐 어머니가 도움을 주었어요. "네가 만주나 중국으로 가라." 그래서 가요. 가서 상해로 와요. 상해에 임시정부가 있으니깐. 거기에 가서 이 사람이 자기는 독일로 유학 가겠다고 해서 유학 갔어요. 유학 가려면 비자가 있어야 하거든요. 그 당시 일제 치하에서는 외국으로 갈 때는 전부 중국인 비자를 받아 가지고 가요.

김마리아 선생도 중국인 비자를 가지고 미국에 갔어요. 그래서 그 신분증에 보면, 귀국할 때 신분증 그냥 사람들이 눈여겨서 안 봐서 그렇지, 그게 다시 미국으로 들어왔을 때 일할 수 있는, 노동할 수 있는 노동증이에요. 그래서 거기에 보면 이 사람도 중국인으로 돼 있어요. 그분도 중국인, 그 임정에서 그걸 또 주선도 했어요. 독일로 유학을 갔는데. 유학 갈 때 안 의사의 조카 안봉근40인가? 그런 분이 불어도 잘하고. 독일어도 잘하고 그런 사람

---

40 이봉근이 아니고 안중근의 4촌 동생 중 안봉근이 있다. 그의 가족은 독일에 가서 살았다. 『압록강은 흐른다』의 작가 이미륵이 독일로 망명할 때 도와준 이가 바로 안봉근이다. (정운현·정

이 있었어요. 그 사람이 같이 따라나섰다고 해요. 배를 타고 갈 때, 독일까지요. 이 이가 독일 가서 의학을 안 하고, 문학 공부를 하고, 『압록강은 흐른다』라는 소설을 썼어요. 이 이가 이미륵(李彌勒 1899-1950)[41]이에요.

이미륵이 상해에 있을 때, 그 비자가 나올 때까지 시간이 길어요. 한 달 이상 걸렸거든요.[42] 그러면 임정 측에서 안중근 선생의 부인 김아려 여사한테 하숙생처럼 부탁을 해요. 그럼 그 집에서 밥을 먹고 숙식을 하고 그래요. 그 사람이 「도망」이라고 하는 작은 글을 쓴 게 있거든요. 거기에서 얘길 하고 있어요. 저분이 그 유명한 안 의사란 말은 안 했지. 아무튼 그 부인으로 알고 있는데, 이 부인이 굉장히 활달해 성격이. 그래서 밥을 차려주고 식사를 하잖아요. 그러면 자기는 저기 문지방 있는 데 가서 이렇게 기대앉아서 다 먹도록 기다리고, 그리고 멀리 하늘도 쳐다보고. 그러면 이 사람은 이 행동거지를 특별히 눈여겨 보는 거야.

"그렇게 힘들까?" 뭐 이런 생각하고 그래요. 그리고 이 사람에게 비자가 나와서 출발하게 돼요. 그랬더니 안 의사 부인이 자기 딸 안현생을, 안현생이 그때는 이미 컸어요. 그 현생을 이제 "제 큰딸이에요." 인사를 시

창현 지음, 『안중근가 사람들-영웅의 숨겨진 가족 이야기』, 역사인, 2017 참조)

41 본명 이의경(李儀景)으로 황해도 해주 출신이다. 독학하여 1917년 경성의학전문학교에 입학하였으나 1919년 3·1 운동에 가담하였다가 일본 경찰에 수배되어 상하이와 프랑스를 거쳐 1920년 독일로 망명하였다. 뮌헨대학에서 동물학·철학·생물학을 전공하고 1928년 이학 박사학위를 받았다. 1947~1949년까지는 뮌헨대학의 동양학부에서 한학과 한국어 및 한국 문학을 강의하였다. 1950년 위암으로 사망하였다. 1931년부터 작품 활동을 시작하여 1946년 「압록강은 흐른다(Der Yalu Fliesst)」라는 자전적 소설을 발표하여 초판이 매진될 정도의 반응을 불러일으키면서 독일 문단의 주목을 받았다. 이 책은 뮌헨 피퍼출판사에서 출간되었고, 1960년 전혜린(田惠麟)에 의하여 우리말로 번역되었다. 수 개 나라에서 영역되었고, 독일 중고등학교 교과서에 수록될 정도로 널리 알려진 작품이다. 「무던이」·「그래도 압록강은 흐른다」·「이상한 사투리」 등의 작품이 있다. 한국의 역사·문화·정치에 관한 여러 편의 글과 『한국어문법』(1927) 등을 남겼다. 1990년 애족장에 서훈되었다.

42 1919년 3.1운동 가담 이후 이미륵은 상해임시정부 소속 비밀 독립운동 단체인 대한청년외교단에서 편집부장직을 맡아 활동하던 중 발각되어 상해로 피신했고, 대한적십자 대원으로 대한민국임시정부 일을 도왔다.

키고, 자그만한 보따리를 하나 줘요. 선물이라고. 담요를 선물로 줘요. 그래서, 거기서 보면 안 의사 부인에 대한 이야기를 상당히 이렇게 자세하게 얘기하고 있더라고요. 내가 그걸 감동적으로 읽었어요. 그래서 내가 이때 조마리아 논문 쓸 때거든요.

●

같이 논문 쓴 남편 차경수

이 시기 '전통적인 직업의식에 대한 분석 연구'를 남편 차경수 교수와 함께 썼어요. 차 교수가 원래 마누라가 역사를 공부해서 그런 건지, 역사와 관계되는 논문, 작은 보고서를 썼죠. 또 한번은 민족 교육에 대한 논문을 썼어요. 자료는 내가 다 뽑아 줬어요. 한말의 민족 교육에 대한 것을 다 뽑아주고, 내가 논문 감수도 다 해주고 그랬어요.

한 번은 이광린(李光麟) 선생[43]이 차경수와 같이 서강대에 계셨어요. 차(경수) 선생이, 유학 갔다 와서 한 7년쯤 서강대에 있었잖아요. 어느 날, "아, 차(경수) 교수가 그 괜찮은 논문을 썼더라고" 라고 칭찬 하시더라고요. 그래서 속으로 "내가 지도했지!"라고 웃었지요.

또 교육개발원의 제안으로 차 선생이 전통적 직업에 대해 특별히 관심을 갖게 됐어요. 그래서 이것저것 자료를 물어보니깐 내가 자료를 찾아야겠다고 생각했어요. 차선생에게 "어디서 구해요?" 그랬더니 "공동으로 연구비 신청을 하자"고 해서 추진했지요. 그래서 공동논문을 쓰게 된 거예요. 실학시대 때는 직업관이 많이 변하거든요, 그리고 다양한 직업이 생

---

43 이광린(1924년~2006년), 평남 용강군출신으로 1946년 연희대학교 사학과를 졸업하고 석사학위를 받았다. 1964년부터 서강대학교 사학과 교수로 재직하였다.1950년대와 1960년대에 미국 하버드대학교 옌칭도서관에서 한국 관련 고서들을 국내에 소개하는 데에 결정적인 역할을 했다. 역사학회장을 역임하였고, 대한민국학술원 저작상 등 다수의 상을 받았다. 정적인 역할을 하였다.

박용옥 교수, 한국여성사의 새 장을 열다

기고. 당시로서는 새로운 분야, 새로운 연구죠. 교육학 쪽에서는 특히 더군다나. 그런 걸 쓰는 건 아주 새로운 것이었어요.

11. '여권통문', 여학교 설립 운동

19세기 말 여학교 설립 운동이 일어났어요. 기독교계의 학교들이 여럿 있었죠. 서울에는 대표적인 학교가 이화학당이었고, 지방에도 많이 생겼어요. 그런데 당시로서는 새로운 여성을 위한 교육이었어요. 이렇게 하긴 했어도 일반적으로는 기독교의 영향 하에서 이루어지는 교육이지, 한국 여성을 위한 교육이라고는 생각을 안 했어요.

우리의 지도층, 양반사회 사람들이 결국은 지도층이거든요. 그래서 북촌의 부녀들, 그들이 우리나라 최고의 지도층이 되는 것이거든요. 그들이 이미 개항 이후로 서구 문명도 많이 접했고, 그리고 북쪽에서 내려온 사람들이 꽤 많았어요. 당시 평양이 서울보다 훨씬 더 앞서서 발전했어요. 그래서 찬양회(贊襄會) 운동을 할 때, 여권 선언을 발표하고, 운동에 참여했던 김양현당(金養賢堂)이 평양 여자거든요. 김양현당이 평양에서 어떤 활동을 했는지는 몰라요. 자식 없이 과부가 돼서 서울로 내려왔어요. 평양 쪽 사람들이 서울로 굉장히 많이 왔어요. 그때 북촌 지역이 중심지였고, 출세할 수 있는 곳이었죠. 이미 북쪽은 러시아나 청나라를 통해서 새로운 문물이 많이 들어와 있었어요. 즉, 북쪽이 남쪽보다 훨씬 개방적이었어요. 이제 서울로 온 그 부인이 들어간 지역이 북촌이에요. 출세하려면 여자들도 북촌으로 들어가는 거야. 그 사람만이 아니라 김천고등학교를 설립한 최(崔) 송설당(松雪堂).[44]도 북촌으로 들어가서 왕실 쪽과 연을 맺었지요. 길

---

44 최송설당(1855년~1939년), 경북 김천출신으로 결혼했으나 사별하고 상경한 후 구제활동을 하다 1931년 전재산을 희사하여 재단법인 송설학원을 설립한 육영사업가이다.

을 뚫어서 거기서 인정받아서 아이를 받는 일, 이런 것도 하다가 결국은 이분이 학교를 김천에다가 세운 거죠. 그 분도 참 대단한 사람이에요.

처음으로 '여권통문(女權通文)'(여학교설시통문, 女學校設始通文)을 연구했어요. 그런데, 지금 그 여권통문을 그 발표했던 자린가에 표지석을 세웠잖아요. 그 표지석 위치를 찾는데 윤정란, 기계형, 이성숙. 세 사람이 노력했어요. 그 자리를 찾느라고, 작은 세미나도 하고, 서울 지리를 전공한 시립대학 교수도 모시고 와서 얘기해서 아주 좋은 정보도 받았어요. 당시 서울 지도를 보여주어서 우리가 찾고 있는 데를 현재 신한은행 본점임을 확인해 주었어요. 신한은행이 있는 광교 일대에요. 거기는 그때나 지금이나 안 변했어요. 그 지형을 변경시키지 않았어요. 그런 것도 큰 도움을 받았고. 그 사람들이 열심히 하고, 나도 같이 가서 답사했어요.

'여권통문' 소식을 신문사 중에서 제일 처음으로 『황성신문』에서 실어줬고, 그 다음 날, 그때는 신문이 매일 나오지 않고, 하루걸러 나왔어요. 그래서 그 다음 날이 『독립신문』이 발행하는 날이에요. 그래서 두 번째가 된 거죠. 그때가 『황성신문』은 출간한 지 불과 한 일주일인가 됐을 때예요. 개신 유학자들이 생각이 굉장히 개방돼 있었고, 선구적인 의식을 가진 사람들이었어요.

결국은 정치꾼들이 '여성의 날'도 만든 거야 아무리 우리가 어쩌고 외쳐도 소용이 없어요. 정현백씨가 여성가족부 장관을 했는데 그 사람도 뭔가 하려고 많이 노력했지. 근데 역시 교수 출신은 힘이 약해요. 진선미, 그분이 국회의원으로 여가부 장관으로 왔잖아요. 그 진선미 장관이 감도 빠른 사람이니깐, 그냥 추진하는 거에요. 그래서 그 초석도 세웠어요.[45] 신한

---

45 2020년에 9월 1일을 '여권통문의 날'로 정하고, 9월 첫주를 양성평등주간으로 정하는 양성평등기본법이 개정되었다.

박용옥 교수, 한국여성사의 새 장을 열다

『황성신문』, 1898.9.8. 박용옥, 「'女權通文'과 贊襄會의 組織」,
『韓國近代女性史研究』, 한국정신문화연구소, 1984.

은행에서 그 자리를 내 준거에요. 은행 측도 그 자리가 그런 데라고 하면
영광스러운 것이지요. 자랑스러운 여성사지. (신한은행도) 여성 고객 끄는
데도 좋은 거고, 어디로 보나 좋은 일이지. 그래서 그 자리를 줬고. 신한은
행에서 협조도 많이 했겠지요.

12. 김만덕 발굴

김만덕(金萬德)은 원래 김용덕 선생이 썼어요. 나는 그 글을 보고 "김
만덕에 대해서는 다시 자료를 더 확충해서, 내 기준으로, 그 글을 써야되
겠다." 이런 생각이 강했거든요. 그래서 내가 김만덕이 제주도가 흉년이
들었을 때 기부한 것에 대해 관심을 가졌어요. 김만덕이 굉장히 큰 부자였

거든요. 자기 배로 쌀을 나누었어요. 그 당시 자기 배를 갖고 있다는 것은 갑부라는 얘기에요. 제주도의 갑부거든요. 그 배를 풀어서 자기의 그 모든 거를 풀어서, "전라도에 가야 되니까 거기에 가서 쌀을 사 와라"라고 해서 쌀을 사다가 도민에게 다 나누어 주어서 배고파서 죽게 되는 거를 면하게 해준 거예요.

그 당시에 지방 수령들은 일 년에 한 번씩 그 지역에서 유명한 사람, 공이 있는 사람, 이런 사람들을 상부로 보고해요. 그러니까 구에서는 도에다가 보고하고, 도는 또 중앙정부로 보고하는 제도가 있어요. 그때 김만덕을 추천해서 올렸어요. 그래서 중앙에서 '아아, 이런 여자가 있느냐.' 정조 때죠. '서울에 모셔다가 잘 대접을 해야겠다' 정도였죠. 임금이 "만나보겠다." 그랬어요. 그렇게 해서 이분이 옛날에는 전라도 사람이 특히 여자가 전라도 제주도를 벗어나려면 힘들었어요. 이 사람한테 그 직함을 하나 줬어요. 그 의녀의 직함을. 그래서 관직이 있어야지 왕을 만날 수도 있고 그러지요. 그래서 그사람이 서울까지 불려오게 됐고, 왕도 만나고, 채제공(蔡濟恭)[46] 이라든지, 이런 사람들 다 선진적인 사람이거든요. 그런 사람들을 만나서 이 사람을 찬양하는 헌시(獻詩)를 써 주었어요. 정조가 "네가 소원이 뭐냐. 네가 원하는 대로 다 해주겠다" 하니 이분이 자기는 금강산을 보고 싶다고 했어요. 그러니까 거기에 참여한 대신들도 다 감동하고 놀란 거죠. 그래서 이 사람이 유명해졌어요.

조선조 후기에 일사(逸事)라는 게 있어요. 일상적인 생활, 이런 것들을 갖고 안일하다고 쓸 때 쓰는 일(逸)자 쓰죠. 그래서 채제공이 김만덕은 '만 가지 덕을 이룬 사람이다'라고 칭하며 '만덕'이라고 이름을 지어준 사람이에요.

---

46 채제공(1720년~1790년), 조선 후기에, 강화유수, 우의정, 영의정 등을 역임한 문신이다.

　　　　　　　　박용옥 교수, 한국여성사의 새 장을 열다

그전에도 만덕이라고 했는지 몰라요. 원래 제주도에서 얘기가 전하기를 이 사람이 양반의 딸이었는데, 부모가 다 죽었어요, 옛날에 양반 딸은 기생이 되는 게 아니었는데, 조선조 후기에 그렇게 된 거 같아요. 그래서 그가 관기(官妓)로 들어갔죠. 관기로 들어갔는데, 정말 열심히 일하고 또 수령을 잘 받들어서 수령이 다른 데

『매일경제신문』, 1981.8.26. 한국인의 절약사상을 김만덕을 비롯해, 최송설당, 백선행 등 예를 들어 설명했다.

로 전직해 갈 때 '네가 뭘 원하느냐?' 그랬더니 '기생에서 방면되기 원한다'고 했어요. 그래서 방면해준 것이거든요. 그래서 돈도 많이 벌고 그걸 밑천으로 해서 주막도 하고 이 사람이 세상에 알려지게 된 거예요.

김용덕 선생님이 쓰신 김만덕과 내가 쓴 김만덕은 어디가 다른가 하면, 김용덕 선생님도 김만덕을 눈여겨보았어요, 그분도 여성사에 관심이 있는 분이거든요. 나는 '아 이 사람은 우선 경제력이 있는 여자다. 그리고 그 경제력을 가지고 사회를 광구(廣求, 직업이나 인재를 널리 구함)하는 사람이다.' 널리 구한단 말이에요. 그리고 나중에는 큰 부자가 되어서 많은 사람이 굶어 죽게 됐을 때, 자기의 재산을 다 털어가지고 쌀을 사서 전부 구제를 했어요. 이것은 진짜 장부도 할 수 없는 일이었어요. 그래서 나는 '그런 사람이었다'고 하는 것을 더 강조한 거죠. 그런데 서울 와서 대신들이 특출한 여인인 그 사람을 만나려고 했어요.

13. 주체적인 여성의 활동, 새마을운동까지 이어져

●
여성이 새마을운동 이끌어

6.25전쟁 때를 보아도 우리 어머니가 부침개를 해서 자식과 가족을 먹여 살리셨어요. 사실상, 가정을 영위하고 이끌어가는 것은 여자라고 생각해요. 주체적으로 이끌어간다는 얘기죠. 내가 시장을 봐오잖아요. 우린 남편과 둘이서 사는데 한 열흘에 한 번씩 시장을 봐오니깐, 시장 봐오면, 양이 많아요. 다 집어넣고 정리하면 한 시간, 두 시간 이렇게 걸리거든요. 그럼 열흘 그냥 먹고 나면 텅텅 비고 이래요. 그럼 그럴 때마다 내가 몇 번을 얘길 했어요. 남편 보고 "아유, 옛날 사람은 식구들을 먹일래도, 돈도 없고, 먹거리도 없고 그랬는데, 난 돈 갖고 나가서 마냥 내 맘대로 사 오잖아. 이것도 힘든데, 그 먹거리도 없는 주부들은?." 이라고 얘기해요.

어머니들이 (무언가) 만들어 내야 하니 얼마나 힘들겠어요. 다른 집 가서 꿔 와야 하기도 해요. 길에 떨어진 배추를 주워다가 팔기도 해요. 그 사람들이 얼마나 고통스럽고 힘들었겠어요? 그렇게 해서라도, 연명을 해서라도 가족을 살린 거예요. 대단한 거죠.

그런데 새마을운동도 원래는 새마을 무슨 학회 같은 게 있었어요. 거기에서 관계자, 남자들은 정부로부터 돈도 많이 받아서 사업을 많이 한 것 같아요. 여자새마을운동, 부녀새마을운동을 굉장히 높이 평가했었어요. 지방에서 새마을운동을 계속 활성화하고, 끌어간 것은 부녀들이었어요. 실제 그랬어요. 남자들은 맨날 술 먹고 주정이나 부리고, 도박하고, 정말 형편없었어요. 그런데 그 살림을 어쨌든 끌어가고 나중에는 새마을운동에 의의를 붙이고, '이렇게 이렇게 하면 우리가 잘살 수 있다.' 이러한 내용의 강연도 많이 해서 부녀들이 그것을 듣고 촉발이 돼요. 부녀들이 먼저 새마을운동을 끌어가는 거예요.

● 보사부, 여성인물 연구에 관심

4H 운동은 해방 때 시작됐죠. 내가 대학 때 우리 아버지의 친한 분?이 4H의 총재 같은 걸 했어요. 내가 역사과에 다닌다고 나를 불러서 뭘 쓰라고 하고, 교정을 보라고 그러셨어요. 그래서 내가 4H에 가입해서 활동한 적도 있어요.

또한 보사부에서 이 분야를 공부하는 사람이 없어서 내가 많이 불려 다녔어요. 내가 잘났다는 얘기가 아니고, 보사부에서. '박용옥이가 여성사를 하는 사람(교수)이다.' 보사부에서 처음으로 역사 속에, 역사를 빛낸 여성들 이런 책을 내려고 했어요. 인물사 프로젝트를 구상했어요. 국장이 보자고 해서 갔더니 그런 인물사 연구 계획이 있다고 좀 도와달라고 했어요. 『부녀행정40년사』속에 여성인물사를 연구하게 되었어요.

14. 박사학위논문, 『한국근대여성운동사연구』

● 여성단체 연구

19세기 후반, 구한말 여성단체 활동에 대한 연구를 처음으로 해서 사회적으로 크게 주목을 받았고, 여러 단체나 기관에서 원고 투고 요청도 많이 받았어요. 마침 그 시절에 그게 필요한 일을 했기 때문이었어요.

내가 생각하기에 사회운동은 개인이 혼자서 한다는 건 참 어려운 일이죠. 조직을 통해서 해야 활발하게 되거든요. 역사적으로 보니 여성들도 그 시대마다 필요한 때에 그 시대가 요구하는 그런 조직을 만들더라고요. 그 조직을 통해서 여성들을 계발하고, 계몽하고, 교육하는 이런 다양한 운동을 해요.

이런 내용을 신문 등 각종 자료를 보고 파악해서 '이런 연구가 아직 없구나'라는 걸 인식을 하고 연구했어요. 내가 국사편찬위원회에 근무하면서 사료를 많이 접했죠. 특히 근대 신문, 그때는 초기 신문은 참 보기 어려운 때였어요. 근데 우리는 그 신문의 필요한 부분을 가져다 집중적으로 보았어요. 그걸 보면서 편찬사업도 하지만 그 안에서 내가 연구할 때 필요한 자료도 열심히 보고 수집했어요. 신문을 자세히 보면, 놀랍게도 여성들의 활동들이 꽤 다양하게 많이 보였어요. 이런 것을 발견하면서 여성운동이 이렇게 조직을 통한 운동으로 출발하고, 그리고 발전을 했구나. 이런 거를 알게 됐어요.

●
국채보상운동 연구

여성단체의 활동에 대한 연구하고, 그 다음에 국채보상운동(國債報償運動)을 진행했죠. 국채보상운동도 조직을 통해서, 즉 부인들이 국채보상 부녀단체 운동을 했으므로 활발했던 거예요. 대안동 국채보상부인회 같은 것은 서울의 북촌 양반 부인들이 중심이 되어 만들었고, 지방의 진주 기생들도 국채보상운동 단체로 굉장히 유명하거든요.

진주 기생들이 애국심이 아주 강해서 그들이 대안동 국채보상부인회의 지회처럼 다른 지역에도 연결해서 보상운동을 했어요. 한군데서만 하는 활동이 아니라 지역하고 연결했고, 신분이 아직도 철저하게 구분되는 시대인데도, 신분을 뛰어넘어서, '그들이 나랏일을 위해서 함께 조직적 활동을 하는구나!' 하는 거를 발견하게 됐어요. 조직을 통한 운동이 일어났다는 것, 지방에서 국채보상 의연금을 낸 명단을 검토해 보면, 예를 들어 한 면(面)에서, 옛날에는 같은 성씨끼리 사는 경우가 많았거든요. 가족들이 모여서, 'A'라는 가족이 시작하면, 부인들이 거기에 다 동참을 하는 거예요. 그러니까 어떤 의미에서는 그것도 이미 사회적 조직화가 되고 있다는 거를 느꼈죠, 예를 들어 남편이, 또 시아버지 또 시할아버지가 "너희들도 국채보상운동(國債報償運動)에 참여해라" 이렇게 한 게 아니라, 그들이 '아, 우리 여자지만 해야 된다'는 거였죠.

●
나라를 위해 여자도 국채보상운동에 참여

'나라 위해서 여자도 해야 되는 거다. 우리는 임금의 적자(赤子, 갓난아기란 뜻)가 아니냐?' 그렇게 생각하고 자발적으로 참여를 하는 거예요. 그래서 이미 그런 '지방 가족들 속에서도 조직화가 이루어지고 있구나' 이런 거를 느낄 수가 있었어요. 명단에 여자들은 무슨 소사, 대개 과부 된 사람들은 소사(召史)라고 그랬고, 아들이 있으면, 뭐 김 아무개 모친 모씨, 이렇게 해서 김 씨라고만 할 뿐 이름이 없는 사람이 많았어요. 또 아내인 경우는 누구누구의 부인(처) 등의 형식으로 이름은 확인안되도 그 '누구누구의 처, 누구누구의 모' 이렇게 돼 있는 거 그것만 갖고서도 충분히 여자라는 것을 알 수 있어요. (여자의 경우) 이름 없는 사람이 대부분이에요.

대구에서는 대구 남일동 패물폐지부인회가 제일 처음에 조직화 된 단체예요. 서씨네가 중심이 되어 그 부인들이, 이제 '국채보상운동(國債報償運動)에 여자를 왜 뺐냐'는 성명서에 보면 이렇게 나와요.

물론 논외로 한다니 이게 말이 되냐. 우리도 임금의 적자(嫡子, 정실의 자녀)다. 우리는 패물을 다 빼놓아 국채보상에 보태겠다.

그러니까 남자들은 석 달째 담배를 안 피우면, 20전이 된다는 것이죠. 그거를 모아서 하자는 것이죠. 물론 돈 있는 사람은 많이 냈지만, 그런데 여자들은 '자기들이 가지고 있는 패물을 내놓겠다'고 했어요. 당시는 다 은붙이였어요. 그러니까 값으로 따지면 남자들이 생각하는 것의 몇십 배가 되는 거예요. 그렇게 해서 그것들을 내놓고, 신문에 성명서를 내니까, '경고, 아, 부인동포(敬告, 我, 婦人同胞)' 이렇게 냈어요. 경고는 '삼가 고합니다, 우리 부인 동포들에게' 이런 뜻이에요. 그 성명서를 전국의 부인들이 보고, 자극을 받아서 여기저기 국채보상부인단체를 조직하고 활동했어요.

15. 여성항일운동사, 『한국여성항일운동사 연구』 저술

●
여성의 자발적 참여와 뒤에서 보이지 않는 지원

독립운동사 연구는 신문자료도 봤고, 그때는 내가 보훈처(현재 국가보훈부)의 독립운동유공자 심사위원이었어요. 그 사람들(보훈부 직원)이 공적서를 써내고, 그랬을 때 자료라든지 이런 것을 다른 사람보다 보기가 편했어요. 그런 자료를 보니까, 여성에 대한 것은 실제로 자료 중에는 아주 적게 나와요. 정말 적게 나와요. 그러나 그런 자료들을 쭉 보다 보면, 거기에서 여성들의 활동들이 보이는 거예요. 그럼 그런 것들을 중심으로 조금씩 자료를 확대해 가면서 여성독립운동을 연구했죠. 한국 근대사에서 제일 중요한 것이 여성들이 독립운동에 자발적으로 참여했다는 사실이에요.

그리고 직접 참여하지 못하더라도. 내가 지난 작년인가 언제 '조마리아, 안중근 의사의 어머니'에 대한 것을 여성신문에 특집으로 써낸 것이 있어요.[47] 그 기사에서 기자가 아주 제목을 참 잘 붙였어요. '모든 독립운

---

47 「남성 독립운동가 뒤엔 수 많은 '조마리아' 지사가 있었다」, 『여성신문』, 2019.3.29.

동가 뒤에는 수많은 조마리아 지사가 있다.' 이렇게 썼어요. 그러니까 어머니, 아내, 딸, 이런 여자들의 지원이 없으면 독립운동하는 게 사실 어려워요. 그래서 '수많은 조마리아 지사가 있었다.' 이렇게 제목을 달았더라고요. 그래서 '아, 기자가 돼서 참 제목을 잘 달았다.' 이렇게 생각했어요. 그런데 실제로 그 엄마들이 강해요.

그리고 『독립신문』이 영인된 뒤에는 이제 『독립신문』을 또 이 잡듯이 자세하게 봤어요. 1920년대, 3.1운동 이후, 이미 그때는 독립운동을 하는 남자들도 여성들의 활동을 아주 주목하게 돼요. 중요하다고 하면 상해 임시 정부에서 발행한 독립신문에도 꼭 게재를 하더라고요. 지면이 얼마 안 되는데도 그랬어요. 이 사람들이 여성들의 활동을 중요시했어요. 그리고 부녀운동에 대한 연재를 싣기도 했어요. 그런 거를 보면서 "여성 독립운동이 주목받아야 된다." 그런데 하지만 여성독립운동은 보이지 않게 하는 사람이 더 많은 거예요. 안 의사의 어머니 조마리아도 정말 여장부예요. 그 분을 가리켜서 이랬어요. '호랑이가 호랑이를 낳아 길렀도다.' 이렇게 말을 했어요.

1984년도에 『한국근대여성운동사연구』라는 책을 발간했는데, 이것이 박사 논문이었고, 이전에 1980년 3.1여성동지회에서 『한국여성독립운동사』라는 책을 냈어요. 당시 3.1여성동지

국립여성사전시관이 광복 70주년 기념행사로 개최한 '독립을 향한 여성영웅들의 행진'(2015)에 대해, 박용옥이 자세한 자문을 하여 성공적으로 열렸다.

회 회장은 황신덕 선생이었어요. 이분이 훌륭한 여성지도자지요. 그런데 일제 말기에 학교를 운영하면서 '학생을 정신대에 내보냈다.' 그래서, 친일 분자로 몰려있죠. 그러나 그 분이 여성 교육, 여성을 계몽시키고 사회적 활동을 엄청나게 많이 한 분이에요. 그런데 그 분께서 일찍이 여성독립운동에 주목하셨고, 그래서 중앙여자고등학교에서 그 당시는 국가에서 독립운동자를 이렇게 포상하고 무슨 관심을 갖고 이런 거 없을 때예요. 없을 때 황신덕 선생님이 '찬하회(讚賀會)' 그러니까 찬양하고 축하해주는 찬하회를 만들었어요. 1960년 3월 1일 중앙여자고등학교 주최 3.1운동 선도자 제1회 선도자 여성독립운동가를 찬양하고 축하하는 활동을 추진하였어요. 제1회 수상자로 황신덕의 언니 황애덕을 찬하자로 세웠어요.

16. 김마리아 연구

<목차>
책머리에 - 실천과 이론을 겸비한 독립운동가 김마리아
제1부 성장기
　　민족 신앙의 터전, 소래에서 나고 자라다
제2부 수학기
　　민족 여성 교육기관, 정신여학교에서 수학하다
제3부 항일활동기
　　여성의 독립 나라의 독립, 항일독립운동을 시작하다
제4부 망명기
　　민족단결과 실력양성을 위한 고단한 삶을 살아가다
제5부 귀국생활
　　조국과 대한의 여성들을 위하여 생을 바치다

『김마리아 : 나는 대한의 독립과 결혼하였다』, 홍성사, 2003.

김마리아 연구는 외솔회의 특집에서 시작

여성독립운동가 '김마리아 연구'는 외솔회(한글학자 외솔 최현배 선생을 기리는 학회)에서 독립운동가, 근대화에 기여한 사람들을 한 사람씩 정해서 특집을 했어요. 외솔회에서 아주 좋은 책을 출판했어요. 1년에 한 번씩 나오거든요. 그런데 그때 내가 몇 년도인지 다 잊어버렸지만, 외솔회에서 연락이 왔어요. "이번에 김마리아 선생을 특집으로 한다. 그러니 원고를 써줄 뿐만 아니라, 원고를 써야 될 사람, 또 원고를 어떤 제목을 쓸 거냐." 뭐 이런 걸 다 기획을 해주어야 했어요. 그리고 자료로 실을 건 뭐가 있나 등도 해 줘야 되었어요. 그때 내가 그 전에도 김마리아 선생에 대해서 강연도 많이 했고, 또 짧은 글도 많이 쓰고 그랬어요. 그런데 외솔회에서 그걸 해달라고 요청해서 (김마리아 선생의) 수양딸도 가서 만나서 인터뷰도 해서 자료를 보완했죠.

외솔회에서 김마리아 전기를 내기 전에 특별호를 출판했고, 정신여학교에서도 관심을 보였어요. 정신 여학교 교장 김필례 씨가 김마리아 선생의 고모에요. 나이는 1, 2살 차이고, 또 김마리아 선생의 2명의 언니도 그때는 다 생존해 있었어요. 김순애는 고모이고, 김함라와 김미렴이 언니에요. 당시 그 분들이 다 살아있었고, 정신여학교의 이사였어요. 그리고 남대문 교회 권사도 하시고 그랬어요. 그리고 정신여고의 국어 선생으로 김영삼 씨라고 있어요. 그분이 작은 책을 썼어요. 그게 참 중요한 자료죠. 그분들의 말을 다 직접 청취해서 책을 쓴 거예요. 물론 거기에 부족한 점도 많지만, 자료로 활용할 만한 곳도 굉장히 많아요. 그런데 그 책이 직접 자료를 보고 쓴 거는 아니거든요. 즉, 언니, 고모, 주변분들로부터 청취해 가지고 쓴 것이었어요.

망명 후 13년간의 김마리아 활동 추적 조사

그러므로 김마리아 선생의, 3.1운동까지, 국내 활동까지는 신문, 잡지에 많이 있으니까 활용을 하셨는데, 그 이후. 중국으로 망명가고, 미국으로 망명가고 그뒤 13년의 활동에 대한 것은 전혀 언급이 안 되어 있어요. 그냥 대강 어쩌고저쩌고 이렇게만 돼 있지. 그런데 그 12, 13년간의 활동이 굉장히 컸거든요. 그래서 '이 자료를 내가 꼭 구해가지고. 김마리아 선생 전기를 다시 써야 된다.' 이렇게 생각을 했어요. 그리고 안창호 선생 문집이며, 이승만 박사 문집 이런 것이 나오니까 기본자료들이 나오고 그랬어요. 그리고 잡지에서 김마리아 선생 관련되는 자료를 다 수집했어요. 따라서 십 년도 더 걸렸어요. 사실은 자료를 다 모으질 못했어요. 내가 김마리아 선생이 공부한 파크(Park) 대학, 시카고(Chicago) 대학 대학원, 콜롬비아(Columbia) 대학. 그 다음에 뉴욕 신학 대학 이런 데를 다 수소문을 했어요. 요즘은 이메일(e-mail)시대가 돼서 파크대학에 이메일로 요청했어요. 파크대학을 설립한 사람이 메카피 선교사에요. 매큔(McCune)이 바로 사위예요. 내가 그 문서를 「메카피 문서」라고 붙였어요, 서류 한뭉텅이를 보내주었어요. 또 파크 편람, 요람도 보내주었어요. 그리고 매큔이 미국에서 학장을 하는 등 활동했던 신문기사도 있었어요.

그 메카피 문서를 봤더니 아주 눈이 번쩍 뜨이는 거야. 이분이 어떻게 미국까지 가게 되었는지 알게 되었어요. 나는 김마리아 선생이 상해에서 미국으로 간 거는 그의 형부 남궁혁 씨가 돈을 대주고 불러서 갔다 이렇게 얘기가 돼 있었어요. 그런데 내가 보니까 그게 아니었어요. 매큔이 완전히 아버지같이, 그리고 김마리아 선생도 매큔을 아버지로 생각하고 있었어요. 매큔이 파크 대학 출신이거든요. 파크 대학이 선교사를 양성해서 예수를 안 믿는 나라에 보내 기독교를 선교하는 것이 목적이에요. 그래서 매큔 사위, 매큔의 부인도 딸로서 그런 사업을 많이 했어요. 매큔에 관계되는 자료도 수집하니까, 김마리아에 대해서 다시 논문을 쓸 수 있는 자료가 생긴 거예요. 그래서 내가 「김마리아의 미주 독립운동」비슷한 제목으로 논문을 썼어요. 내가 이것을 쓰고서 더 확충을 해야 되겠다. 자료를 보충도 하고, 그런데 그 뒤로 영인본도 나오고, 더 수집을 했어요.

그런 다음에 시카고(Chicago) 대학에는 직접 연락을 했어요. 그랬더니 그 분이 연구생으로 있었고, 그 분이 시카고 대학 대학원에서, 1년간 도서관에서 연구생으로 일을 했어요. 그런데 자료가 없다는 거예요.

그러고선 시카고 대학에 있으면서 콜롬비아(Columbia) 대학 대학원으로 입학했어요. 콜롬비아 대학에는 마침, 차(경수) 교수의 제자가 거기서 박사 공부를 하고 있었어요. 그런데 그 사람이 아주 꼼꼼하고, 똑똑해요. 그래서 그분과 매일 이메일을 주고, 받았어요. 그런데 처음에는 학교측에서 개인 자료라고 안 보여주었어요. 내가 교수이고, 연구한다는 증명 자료를 보내니까 자료실에 데리고 갔대요. 그래서 보니까 저 밑에 있는 자료를 꺼내서 볼 수 있게 해줬다고 해요. 카피(copy)를 해서 보내왔어요. 그리고 또 다른 콜롬비아 대학의 사범대학 대학원이었거든요. 거기에서 지도 교수했던 사람, 그 사람에 대한 자료, 이런 것들을 보내줬어요. 김마리아 선생이 그 공부한 것을 보면, 커리큘럼을 검토하면 이분이 강의만 듣는 게 아니라 다 계통이 서요. 조국에 돌아간 뒤에 교사를 하려는 것이었어요.

그냥 듣는 게 아니라, 모든 과목은 목적을 가지고 듣더라고요. 그래서 콜롬비아 대학에서 수학한 과목을 다 찾게 됐죠. 그것만 봐도 이게 김마리아 선생이 어떤 생각을 하고 공부했는가를 알 수가 있어요. 그래서 그거를 중심으로 해서, 다시 또 논의를 했어요. "뉴욕 신학 대학 자료를 네가 또 좀 구해라." 그랬더니 그때 막, 신학 대학이 이렇게 학교 제도가 바뀌었는지 뭐, 어떻게 됐대요. 그렇다고 그걸 구할 수가 없다는 거야. 그래서 못

구했는데, 나중에 구해서 보충해야 되었어요. 그런데 이분이 콜롬비아 대학을 졸업하면 시민권을 안 갖고 있거나 영주권을 안 가지고 있으면 귀국해야 되요. 김마리아 선생은 중국인 여권을 가지고 갔거든요. 그래서 그걸로다가 노동할 수 있는 증명서를 갖고 있었어요. 그 김마리아 선생의 신분증이란 것을 잘 보면 그게 노동 허가증이에요. 그래서 그 김마리아 선생이 거기를 졸업한 뒤에, 바로 뉴욕 신학 대학교 가서, 삼 년간 종교 교육을 공부하셨어요. 그래서 종교 교육을 어떤 방향으로 공부했나. 그게 내가 궁금한데, 그 자료를 못 찾았어요. 접하지를 못 했죠.

그래서 『김마리아 : 나는 대한의 독립과 결혼하였다 』를 출판하게 되었어요. 홍성사에서 출판했어요. 홍성사 사장이 정신여학교 출신이었어요. 나는 대개 지식산업사에서 책을 내는데, 연락이 왔어요. 정신여학교와 연관이 있으니 그곳에서 출판했어요. 제목을 "나는 대한의 독립과 결혼하였다"라고 붙였는데, 내가 직접 생각한 것이에요. 왜냐면 사람들이 나이가 많아지도록 시집을 안 가고 있으니까. 언제, 지금도 왜 시집 안 가냐고 그러잖아요. 얼마나 많은 사람이 얘기했겠어요. 그러니까 김마리아 선생이 "나는 대한의 독립과 결혼했다"라고 직접 말씀하신 거예요. 이 말이 김마리아를 결정적으로 보여주는 말이라고 생각했어요. 그런데 이 "대한의 독립과 결혼했다"라는 말을 붙인 것은 홍성사예요. 그 사람들은 출판하는 사람들이니까 센스가 있어요. 나라면 그렇게 용기 있게 갖다 붙이지는 못했을 것 같아요. 군말을 안 했어요. 사람들이 다 그 제목이 좋다고 했어요.

김마리아 선생의 일생을 보면, 정말 놀랍게 애국심으로 뭉쳐진 사람이에요. 정말 애국자예요. 오죽하면, 안창호 선생이 "김마리아와 같은 애국자가 몇 명만 있어도 우리나라가 독립을 할 것이다"라고 말할 정도였어요. 김마리아 선생은 애국의 화신이에요. 독립 외에는 생각하는 게 없는 사람 같아요. 여자로서, 그리고 공부도 많이 했잖아요? 그러니깐 미국에서도 김마리아 선생에 대한 존경심이 유학생 사이에서 굉장히 높아요. 그리고 김마리아 선생이 처음에 미국을 가니까, 유학생회에서 "한국의 잔다르크가 왔다." 이렇게 썼어요. '한국의 잔 다르크'는 김마리아 선생에게 제일 먼저 붙여진 이름이에요.

그리고 김마리아 선생이 단체를 조직하고, 재정비하고 확산시키는 데 아주 특별한 능력이 있는 분이에요. 조직, 지도적인 역할을 보면 리더십이 뛰어난 분이죠. 그 분은 리더십이 정말 뛰어나요. 그래서 학교 다닐 때도 이 분은 말이 많은 사람도 아니에요. 아주 조용해요. 그 동창들 얘기에 의하면, "조용하고 항상 기도하고" 그런다고 그래요. 그러면서 의리가 강하대요. 의리의 여인이래요. 그래서 무슨 실에다가 먹물을 들여서 "당신하고 내가 정말 의형제를 맺을 만큼 당신을 믿고 가깝다"라면 팔에다가 먹물을 이렇게 표적으로 뜬대요. 그래서 그런 사람들은 팔에, 먹물 결의를 한 분이었어요. 동창이나 관련된 사람들이 말씀하신 것을 보면, "김마리아 선생님은 진정한 지도자다"라는 것이에요. 지도력이 있다는 것이죠.

애국부인회도, 김마리아가 재정비해서 엄청 커졌어요. 그분이 들어서니까, 전국 곳곳에 흩어져 있는 주로 정신 출신이었어요. 그 사람들이 전부 지회를 조직해서 애국부인회의 지회가 되는 거에요. 원래 혈성단 애국부인회에도 지회가 있었지만, 활동은 미미했거든요. 그런데 김마리아 선생이 들어서니깐, 사람들이 일시에 모였어요.

미국에 가서도 김마리아 선생이 회장이고, "여기에 둬라"라면 군소리 안 하고 거기에서, 지회로 활동해요. 하와이에서는 군자금을 2천원이나 보냈어요. 일본에 유학가서도 유학생회를 만들어서 또 지부가 만들어져요. 그런데도 강제적으로, "너 이거 해라. 뭐 어쩌라"라는 것 없이, 그냥 조용히 사람들에게 흡입력이 있는 것 같아요. 일본과 뉴욕에서 남자들은 이미 유학생 친목회가 있었어요. 그래서 책도 내고, 『학지광』을 내고 있었거든요. 그런데 『학지광』에 그 당시만 해도 성차별이 심했기 때문에 여학생은 거기에 글을 실을 수가 없었어요.

그런데도 나혜석[48]은 오빠도 일본에서 공부하고, 오빠 친구들 등 발이 넓어요. 그래서 나혜석은 한 두어 번 거기에 글을 싣고 그랬어요. 그러나 일반 사람들은 감히, 그 사람들이 여자하고 같이 한다는 거는 생각못하는 거에요. 그래서 김필례 선생이 먼저, 1915년에 재일본조선인여학생친목회를 만들었어요. 만들고 조금 이따가 국내로 오게 됐어요. 그런데 1915년에 김마리아 선생이 일본을 갔거든요. 같은 일본 여자대학을 다녔으니까. 그러니까 사람들이 모두 김마리아 선생은 그렇게 말도 많이 하는 사람도 아닌데, 그 뒤를 잇는 회장으로 김마리아 선생을 추천해서 회장이 됐어요.

회장이 되니깐, 활성화를 시키는 활동을 하는 거예요. 기관지로 『여자계(女子界)』(1917.6~1921.6)도 처음으로 나오게 되었어요. 처음에는 '가리방'이라고 그러는데, 철필로 쓰는 것이죠. 그것으로 등사해서 책을 냈어요. 그거는 지금 찾아볼 수가 없고, 부분적으로 이렇게 다른 데 실린 것이 있어서, '아 이런 게 있었구나'라고 알 뿐이고. 2권부터는 활판, 그리고 남학생들이 적극적으로 돕는 것이에요. 이광수[49], 전영택[50], 특히 전영택 씨가 굉장히 많이 도왔어요. 그런 유수한 유학생들이 『여자계』를 열심히 도왔어요. 그리고 후기 같은 데 보면, 너무 더워서 빙수 대접을 하려고 그러면, "아, 됐다"고, 안 먹겠다고 그러고요. 그리고 유학생들 다 돈 없음에도

48 나혜석(1896년~1948년), 경기도 수원 출생으로 삼일여자고등보통학교와 경성의 진명여자고등보통학교를 졸업하고 일본 도쿄여자미술학교를 졸업하고 정시녕학교 미술 교사를 지내면서 화가 작가, 여성운동가, 사회운동가로 활동했다.

49 이광수(1892년~1950년), 평안북도 정주군 출생으로 일제강점기 문학가, 시인, 평론가, 번역가, 애국계몽운동가로 큰 족적을 남겼으나 변절한 친일파로 평가된다.

50 전영택(1894년~1968년), 평양출생으로 대성중학, 일본 아오야마학원 문학부를 졸업했으며 창조 동인으로 활동하면서 소설 작품을 발표했다. 서울감리교신학대학 교수, 문교부 편수관을 지냈다.

박용옥 교수, 한국여성사의 새 장을 열다

찬조금도 내고, 김마리아 선생이 국내로 들어온 다음에도 남학생 친목회, 그쪽 사람들이 이미 국내에 들어와서 교사도 하고 활동을 했는데, 거기에 연결해서 활동했던 것 같아요. 그게 정확하게 무엇인지 나온 거는 없어요. 없는데도 천도교계와 연결한 것 등은 그런 예로 볼 수 있어요. 그래서 김마리아 선생도 요즘 말로 하면 촉이 아주 발달되어 이런 사람을 이렇게 하면 된다고 생각했던 것 같아요. 그래서 처음으로 일본 내에, 요코하마(橫濱)에도 지회를 뒀고. 그리고 에도(江戶)에도 지회를 두었어요.

"여성 독립운동이 남성들의 독립운동과 다른 점이 있다면?"하고 물어본다면, 여성이기 때문에 많이 나오는 특징이라고 하는 것은 특별하게 발견할 수가 없어요. 왜냐면 김마리아 선생의 경우, 처음부터 국내에 들어오기 전부터 이미, 2.8 독립운동 할 때부터 활동을 많이 했어요. 자금도 지원했어요. 그래서 2.8 독립선언서에 서명자로 들어갈 만한데, 안 했어요. 그것은 그때까지만 해도, 성차별의식이 강해서 여자를 넣겠다는 생각을 못한 것이죠. 김마리아 선생은 "아예 여자도 독립운동을 남자와 똑같이 해야 한다"고 생각했어요. 그러면서 거기에다 토달은 것이, "남자들이 활동을 하다가 다 잡혀서 들어가면, 여자들이 바로 이어서 독립운동을 해야 된다. 그래서 그거를 준비해야 된다"는 것을 일찍이 말씀하셨어요.

17. 제주해녀 항일운동 연구

제주도 해녀의 항일운동 연구에 관심을 가진 것은 내가 독립운동 서훈자 심사위원으로 활동할 때였어요. 그 전까지는 제주도 해녀들의 항일활동을 항일활동이라 얘기를 안 했어요. 왜냐면 '생존권 투쟁이다'라고 보았지요. 그런데 내가 보니까, 모든 것이 다 생존권 투쟁이지 아닌 경우는 없어요. 그래서 나는 그것을 항일 운동으로 규정했어요. '생존권 투쟁을 위한 항일 운동'으로 봤죠.

그들의 활동 자료를 보니까, 해녀들의 활동이 대단했어요. 그들은 해녀조합이라는 조직을 가지고 있었어요. 그런데 이들이 착취당하는 거예요. 해녀조합의 조합장은 대개 도지사나 일본인이 해요. 그래서 해녀들을 경제적으로 착취당하는 것은 말도 못 해요. 그리고 또 해녀들은 먼 데까지 일본으로도 가고, 북해도도 가고 그래요. 그러면 집을 몇 달씩 비우거든요. 그럼 집에는 남편이 있는데 대개 제주 해녀의 남편들은 경제활동을 별로 안 해요. 해녀들 말에 의하면 "우리 남편은 선비다, 뭐 샌님이다." 뭐 이렇게 좋게 말하죠. 그러면 이들이 먼 데로 경제 활동하러, 해녀 질을 하러 가잖아요? 그러면 일본의 전주가, 돈이 있는 사람이 그 남편에게 접근해서 뭐 다소 궁색하니까 "용돈을 써라. 담뱃값으로 써라." 뭐 이렇게 돈을 줘요. 그럼 또 이 남편이 철없이 그냥 그걸 또 받아요. 쓰면 전부 빚이 되는 거예요. 그럼 그 빚을 해녀가 와서 다 갚아야 되는 것이 거든요.

뿐만 아니라 해녀가 채취한 해물이라는 것이 생물이니깐 하루만 지나면 못 쓰는 물건이 되기도 하거든요. 어떻게든 돈이 있는 놈들이 이걸 살 때 A급을 B급으로 만들어서, 그러니깐 A에서 B가 될 듯 말 듯하게 만들어서 후려쳐서 사는 거예요. 해녀들이 착취당하는 거죠. 그래서 해녀들이 정말 분노해서 망태 쥐고 무슨 호미자루 같은 것을 들고 무리를 이루어 시위를 한 거예요. 시위를 하는데, 주모자들이 있어요.

독립운동 서훈자 심사를 하는데 제주도에서 올라왔어요. 대상자 추천을 했는데, 지금은 좀 달라졌지만, '감옥살이를 3개월을 해야' 그 자격이 있는 거예요. 내가 그 사람들이 뭐 유치장에 들어가서 2주일도 있고, 3주일도 되고 며칠도 되고, 여러 번 들어갔다 나왔다 하는 거에요. 그래서 이제 내가 세 사람을 심사하는데, 자료를 만들어 줘야 되잖아요. 그래서 내가 조교를 시켜서 신문들을 다 복사를 해서 가져오게 해서 그것들을 일일이 다 따졌어요. 날짜를 일주일 구류한 거, 열흘 한 거. 뭐 그렇게 합했더니 딱 3개월이 되었어요. 그래서 내가 심사하는 날 가지고 가서, 심사하기 전에 미리 사석에서 내가 얘기를 했어요. 내가 날짜를 계산했더니 아주 딱 (저스트, just) 3개월이 되더라고요. 내가 처음에 신용하 선생에게 얘기를 했어요. 그랬더니 심사할 때는 어쩌고저쩌고 얘기가 없더라고요. 그냥 통과가 됐어요. 그렇게 해서 그 분들을 큰 수훈은 못했지만, 대통령 표창을 서훈하게 되었어요. 그래도 이게 얼마나 영광이에요.

그래서 또 해녀박물관을 만들었어요. 초청강연회가 있었어요. 국제 강연회였어요. 국제 학술대회가 열려서 강연을 해달라고 해서 또 가서 하고 왔죠. 갔더니 그 수훈받은 분이 휠체어를 타고 왔어요. 박물관의 규모도 상당히 커요.

해녀에 대해서, 내가 그 *Virtues in Conflict : tradition and the Korean woman today*, 뭐 이런 책을 마틸리(Mattielli, Sandra)라는 분이 아주 참 능력 있고 똑똑한 사람이에요. 그가 편집하는 책이에요. 그래서 거기다가 근대 한국여성운동에 대한 것을 써달라고 해서 썼고 번역을 남편 차 선생이 했어요.

거기에 실린 논문들을 봤더니 해녀에 대해서 그렇게 관심이 많더라고요. 그래서 세미나를 하는데도 한국의, 제주도의, 해녀에 대한 삶에 대해서 그 사람들이 너무 관심이 많은 것이에요. 나는 그때 관심도 없었거든요. 그 후 내가 생각해보니까 '그래, 해녀들의 그 활동이라는 게 대단한 거다.'이런 생각이 들었어요. 그래서 이즈음 여기까지 가서 논문을 발표하게 된 것이죠.

18. 부녀새마을운동 연구

『여성과 새마을운동』,
보건사회부, 1981.

보사부에 부녀국이 있어요. 그 아래 부녀과가 있어요. 국장의 이름을 잊어버렸지만, 그분이 우리나라 역사에서 여성들이 어떻게 살았는지, 여성들이 역사적인 빛을 발했을 거라며 이에 대한 책을 내고 싶다고 나를 불러서 의논을 했어요.

그때가 1970년대에요. 이제 논의를 했는데 내 생각에 아주 그런 것을 하겠다는 사람이 없는 시절인데 너무나 좋은 생각인 것 같아요. 그래서 적극, "좀 내가 도울 수 있는 대로 돕겠다"라고 했어요. 그래서 부녀국에서 '빛을 발한 여성?' '역사의 횃불'이라고 했나? 정확하지 않아요. 책도 잃어버렸어요. 그런 책을 발간했어요. 그 책이 꽤 좋은 평가를 받았어요. 그래서 부녀국에서 나를 활용할 수 있는 좋은 기회로 생각한 것이죠.

그 후에 새마을운동이 일어났어요. 나도 수도사대에 있을 때 학교 부녀대표로 일주일간 새마을 연수 가고 그랬어요. 새마을 연수원이 수원에 있었거든요. 연수받으면서 새마을운동에서 여성들의 역할이 중요하다는 것을 느끼게 됐어요. 그때 그 새마을 무슨 학회가 있었어요. 거기서 연락이 왔어요. "새마을 부녀운동을 아직도 아무도 손을 안 댔는데 논문을 써 달라." 그러면서 새마을운동이라는 것이 지금 자료가 있는 것이 아니므로 지역답사를 해야된다고 했어요. "답사비를 준다. 그러니까 써 달라"라고 했어요. 그때 여기에 참여한 여자 교수가 한 6명쯤 됐어요. 여교수가 흔하지 않은 때였어요. 그래서 그들과 함께 재밌게 답사를 다 다녔어요.

새마을 부녀운동 대표자들을 만나고, 녹취도 하고, 여러 군데를 다녔어요. 서울에서부터, 경상도로 해서, 전라도를 거쳐서, 대전까지 가서 인터뷰하게 되었어요. 같이 연구하는 교수 중에서 다른 분들은 이런 논문을 써본 적이 없다고 해요. 그분들이 자기들끼리 논의를 해가지고, 내가 '제일 잘 쓸 수 있는 사람이다'라고 정해서 나한테 왕창 맡겨버렸어요. 맡아서 쓰게 된 거예요. 물론 그분들이, 수고한다고 뭐 수고비까지 걷어 주어서 빠져나오기가 힘들었어요. 그리고 그분들은 나보다 약간씩 나이가 많았고, 내가 제일 젊은 사람이었어요. 그래서 내가 새마을운동을 연구하게 된 거예요.

제목이 『여성과 새마을운동』이였어요. 1981년에 나왔어요. 부녀국에서 나온 다른 책도 있었는데, 거기도 내가 썼어요. 이 책에 '여성운동의 역사'란 장도 포함했어요. 새마을운동의 역사적 기원과 같은 의미였어요. 즉, 여성들이 그전에는 아무것도 안 하고 있다가 새마을운동 때 갑자기 운동에 참여했다는 것은 말이 안 된다고 생각했어요. 역사적 맥락이 여성들에게 있었다고 본 것이죠. 즉, 이러한 운동이 지속적으로 있었다는 의미이죠. 일반적으로 새마을운동을 국가가 여성을 이용, 동원한 것이라는 해석이 있을 수 있으나, 나는 역사를 공부한 사람이니까, 어떤 것도 연원이 있다고 보았어요. 갑자기 이루어지는 것은 역사에 없어요.

새마을운동을 지역마다 실제 답사를 가보고 이야기를 듣는데, 여자들이 다 "남자들은 놀음하고 술 먹는 것이 일이에요"라는 말을 해요. 이 부녀들이 '이러면 안 되겠다'라는 생각이 너무나 강한 것이죠. 그래서 그 부녀들이 정말 물고기가 물 만난 것처럼 열정적으로 '아, 이거를 하면 우리가 잘 살 수 있다'라는 생각이 얼마나 강한지 생생하게 느낄 수 있었어요.

「제2장 여성사회참여의 역사적 추이」라는 글도 썼어요.[51] 보통은 이제 이런 곳에서 다루지 않던 여성의 사회참여의 역사적 변천을 쓴 것은 보사부 부녀국에서 나하고 몇 번 일을 했는데, '아, 이 사람이 이런 거를 써줄 수 있구나' 이렇게 해서 또 부탁을 한 것이죠.

19. 학술상 수상

●

학술상과 봉사상 받아

1998년 11월 1일 위암 장지연상을 받았다.

나의 연구결과에 대해 1979년부터, 2019년까지 한 7, 8차례 받은 것으로 기억해요. 그중 가장 값진 상이라고 생각하는 것은 1998년도에 받은 치암(痴菴) 학술상으로 신석호[52] 박사 이름으로 나오는 학술상이에요.

상당히 권위 있는 학술상이었어요.

---

51 그 안에는 전통사회와 여성의 경제활동 참여, 개화기여성의 교육 구국운동, 일제하의 항일여성운동, 현대산업사회와 여성의 사회참여, 새마을운동을 통한 여성능력 개발 등의 내용이 포함되었다.

52 신석호(1904년~1981년), 경상북도 봉화군 출신으로 경성제국대학 사학과에서 학사학위를 취득하고 일제강점기에 조선사편수회에서 일했고, 해방후 고려대학교, 성균관대학교 교수를 역임했고, 국사관장, 문교부장관 겸직 국사편찬위원회 겸직 위원장을 지냈다.

박용옥 교수, 한국여성사의 새 장을 열다

2010년 1월 7일 서울대학교 사학과 총동문회가 선정한
제1회 '자랑스런 서울대 사학인' 상을 받았다.

그 다음에 장지연 상도 굉장히 받기 어려운 상이거든요. 그래서 위암 (韋庵) 장지연상, 이 두 개의 학술상이 제일 큰 상이고, 중요한 상이였죠. 그리고 뭐 사회봉사활동상으로 받은 것은 많이 있었어요.

'자랑스러운 서울대 사학인' 상도 제1회로 받았어요. 나를 선정했을 때, 나 자신도 깜짝 놀랐어요. 사학인 상, "아니, 내가 무슨 사학인 상을 받느냐? 안된다. 다른 사람 주라고 했었어요." 신문에 많이 났지요.

YWCA에서는 봉사상을 받았어요. 봉사한 지 20년, 30년 되면 그때마다 봉사상을 줘요.

그리고 봉사와는 의미가 다른 일이지만, 성

2012년에 YWCA로부터
봉사상을 받았다.

시티저널, 2009.12.28. 보도자료

한국전통문화학교의 자료기부에 대한 감사패

신여자대학교를 정년퇴임하면서 가지고 있던 사료와 기초연구자료 등 총 3,650권을 문화재청 산하 한국전통문화학교에 기증했어요. 한국사 연구와 충남 부여지역의 국학연구에 참고자료가 되면 좋겠다는 뜻을 가지고 기증했어요.

4부

결혼과 출산, 나의 가족, 그리고 노년

1. 결혼

●
국편에 있을 때 이해심 많은 신사와 결혼

　제가 결혼은 1963년 2월 27일에 했어요. 그때 국편에 있을 때지요. 그리고 남편은 내가 교과서 주식회사에 들어갔을 때, 거기에서 만났어요. 남편이 사람이 신사적이고, 인상도 좋았어요. 친구같이 지내다가, 나중에 결혼을 하게 됐죠. 이해력이 있었어요. 그 당시 남자들 중에 내가 보기에 이해심이 더 있는 것 같았고, 나의 일을 도와주려고 하는 마음이 있었어요. 그래서 결혼을 하게 된 거고, 특별히 무슨 큰 뜻을 가지고 한 것은 아니에요.

촬영일자 1982년, 큰아들이 대학입시를 치룬 후 찍은 가족사진(앞줄 왼쪽부터 박용옥. 차경수(작고) 뒷줄 왼쪽부터 첫째아들 차태훈(작고), 둘째아들 차태욱

　제가 결혼 초에 좀 건강이 나빠졌어요. 그래서 사무실에 나가는 것 자체가 참 힘들었어요. 그런데 남편이 내가 돌아올 시간에 늦는 것 같으면 늘 버스정거장까지 나와서 기다렸다가 데리고 들어가고, 편안하게 해줬어요.

　결혼 당시 나이가 스물아홉 살이었거든요. 그랬더니 일가친척들이 우리 집에 오기만 하면, "이 집 어떡하면 좋으냐"고 해요. "왜 시집들을 안 보내고, 저렇게 놔두느냐"고. 모두들 한탄을 하고 가시고 그랬어요. 그래서 그게 참 듣기 싫었다고요. 정말 당시 결혼할 때도 '아이, 난 더 혼자 생활을 하다가, 나중에 결혼을 했으면' 하는 생각이었지만, 스물아홉 살이 되니깐 나이가 너무 많다는 생각도 들고 해서 하게 된 거예요. 그 시대 상황들이 '결국은 결혼을 해야 되겠다'라는 생각을 갖게 했습니다.

남편이 잘 해준 편이에요. 편안하게 해줬죠. 하는 일을 방해하거나 그런 일은 없었으니까요. 그리고 내가 하는 공부가 남편이 도와줄 수 있는 건 아니에요. 난 역사로 한문을 다루니까 직접 도와줄 수 있는 건 아니지만, 공부하는 것을 방해하거나 그러는 일은 없었거든요. 그게 도와주는 거죠.

2. 첫째 아들과 둘째 아들

●

제왕절개로 첫째 아이 출산

내가 좀 아프니까, 이 사람이 잔잔한 일들을 다 해주고. 그리고 내가 아플 때, 첫 아이가 들어섰어요. 임신했어요. 그런데 임신을 하니까, 참 힘들죠. 내가 콩팥이 나빠졌어요. 산부인과 의사가 나보고 "이 콩팥이 이렇게 나빠지면 만삭이 될 때 달이 차면 찰수록 힘들어지고 출산하기가 어려워질 거다"라고 했어요. 그러면서 저와 남편에게 "이 아이를 일단 없애자. 나중에 얼마든지 또 생길 수가 있으니 건강해진 다음에 갖는 것이 좋지 않겠냐." 그랬어요. 그래서 의사 말대로 하기로 하고 집에 왔는데, 여동생이 와서 그 얘기를 했어요. 그때는 전화가 없는 시절이라서 뭐 얘기하기가 힘들었는데, 마침 동생이 와서, 이러이러해서 이렇게 할 것 같다고 했어요. 그랬더니 얘가 바로 집으로 가더라고요. 엄마한테 그 얘기를 했는데, 어머니가 그 말씀을 듣고는 택시를 타고 득달같이 오셨어요. 오셔서 딱 들어서자마자 하시는 말씀이 "시집갔으면 아이를 낳다 죽어도 된다." 이러시더라고요. "아이를 없앤다는 게 무슨 소리냐. 절대로 안 된다." 그렇게 강력하게 말씀하고 가셨어요. 그러니깐 "아, 안 되겠구나. 이거를 그냥 유지를 해야 되나보다." 이렇게 생각하고 의사한테 연락해서 취소했어요.

그 후 아이를 낳을 때까지 꼭 살얼음을 걷는 것 같이 굉장히 불안했어요. 힘들었어요. 그래서 첫째 아이를 그 이듬해 삼월에 출산했어요. 1964년 3월에 출산할 때도 굉장히 난산이었어요. 아주 난산이어서 진통을 하다가 진통이 스르르 끝나요. 진통을 하면 분만실로 옮기잖아요. 옮겼다가 다시 병실로 가고 그거를 세 번이나 왔다 갔다 했어요. 그래서 나중에는 너무 상황이 나빠지니깐 의사들이 같이 논의를 해서 "이거는 그냥 출산하기가 어렵다. 수술을 해야 된다." 그때는 수술하는 일이 거의 없는 때였어요.

손발이 멀쩡하면 괜찮다

그래서 제왕절개를 하기로 하고, 우리 큰 아이를 낳은 거예요. 우리 어머니께서 오시더니, 제일 먼저 아이 손발을 보시는 것 같더라고요. 혹시나 뭐 잘못됐을까 봐. 그러시더니 '아아, 멀쩡하다'고 괜찮다고 그러셨어요.

어머니 시대의 사람들은 딸도 중요하지만, 또 손자 손녀도 그렇게 중요하다고 생각을 했어요. 그러니까 자손의 생산이 무엇보다 중요하다는 거죠. 그 시대 사람들은 생명에 대한 경외심이 너무 강한 거죠.

내가 아프니까 약을 먹었거든요. 임신 중에는 약 안 먹거든요. 감기약도 안 먹는데 그래서 어머니가 이 아이가 혹시라도 온전하지 못하면 어떡하나 이게 늘 근심이었고, 또 기도의 제목이었대요. 아이가 태어나자마자 제일 먼저 손발을 본 거예요. 얼굴은 봤고 손발을 봤대요. 그랬더니 다 온전하더래요. 그래서 어머니가 너무 기뻐하시더라고요. 건강한 아이가 나왔다고. 어머니가 생각했던 기도 제목이기도 했죠.

누구를 보든지 예쁘게 웃고, 칭찬받는 아이

그런데 이 아이가 애기 때부터 자라면서 참 이쁘게 굴었어요. 인물도 아주 이쁘게 생겼어요. 그리고 보는 사람마다 인사를 하는 거예요. 그러고 누굴 보던지 뺑긋뺑긋 웃어요. 병원에 데리고 가도 의사한테 그냥 뺑긋거리고 웃어요. 그래서 사람들이 굉장히 그 애를 사랑했어요. 사랑을 많이 받았죠. 그리고 또 그 아이가 유치원을 들어가고, 학교를 가고 그랬을 때는, 자기 아이라 말하기가 부끄럽지만, 굉장히 머리가 우수했던 것 같아요. 한글을 안 가르쳤는데도 그 다섯 살 때 길거리를 걸어가다가 "엄마 저거 어떻게 읽어?" 이렇게 하면 제가 알려줘요. 그러면 눈여겨봤다가 신문 같은 데서 같은 글자를 찾아내서 "엄마 이게 아까 본 그 글씨다"라며 읽어요. 그렇게 해서 한글을 다 깨쳐버렸어요.

시계 보는 것도 그냥 어떻게 이렇게 십오 분, 십오 분씩 하더니 나중에는 시계를 다 볼 줄 알게 됐어요. 그래서 좀 명민하더라고요. 유치원을 갔는데 유치원 선생님이 항상 말씀하시기를 "앤 내 조교예요. 태훈이는 내 조교예요." 이렇게 얘기를 했어요. 그애가 유치원 원장님을 많이 도와주는 거예요. 그래서 늘 애는 공부 잘하는 아이, 아주 좋은 아이로 아무튼 칭찬받으면서 자랐어요. 그러니깐 애는 늘 잘해야 한다는 스트레스가 심했을 것 같아요. 지금 생각하면. 일가친척들도 오면 전부 '그 애 점잖다, 너무 똑똑하다'고 칭찬을 하거든요.

학교 간 다음에도 또 실제로 공부를 참 잘했어요. 아주 우수했어요. 늘 그냥 시험을 보면 만점을 받아오고, 일등을 하고 늘 그랬습니다. 그래서 학교에서도 제가 가면 이 아이를 칭찬해요. 그 아이가 저에게 많은 기쁨을 주었죠. 자기는 자기 나름대로 열심히 공부하고, 중학교 들어가고 또 고등학교 들어가고, 대학까지 진출했지요. 대학 들어갈 때도 성적이 아주 좋아서, 어디를 갈까 이런 거 염려하는 것 없이, 그냥 자기가 첫째 날 원서를 써서 갖다 내고, 그냥 합격권에 들어있으니까. 그랬어요. 그러고 그 다음 날부터 담임 선생님이 학생들 원서 써주는 것을 도왔어요. 그래서 학교 다닐 때 항상 선생님 조교 노릇하고, 학교를 잘 다녔죠.

대학 졸업 후 잠깐 취업 후, 미국으로 유학, 외대 교수가 되어

서울대 경영대학에 들어갔어요. 그리고 서울대 경영대학원을 졸업하고, 그러고 나서 군대 갔다 와서 한 1년 반쯤 취업생활을 했어요. SK에 취업했어요. SK에 취업할 때도 영어시험을 봤는데 성적이 제일 좋았대요. 거기 1년 반쯤 있다가 결혼하고, 미국으로 유학 갔죠. 시라큐스(Syracuse) 대학이라고 있어요. 뉴욕주에 꽤 괜찮은 학교예요. 전통 있고, 150년이 넘었을 거예요. 그 학교에 우리 남편이 미국 유학 갔을 때 그 대학에서 공부를 했어요. 그런데 얘가 우연히 거기를 또 가게 됐어요. 거기를 간 것은 얘가 대학원, 미국 유학 갈 때 미국의 경제가 상당히 나빠서 직장을 잃게된 사람들이 많았어요. 그래서 그 사람들이 전부 경영대학을 가더라고요. 경영대학에 입학하기가 너무 어려웠어요. 제 아들은 시라큐스대학에 가길 원하지 않았는데, 시라큐스대학에서 펠로우쉽(fellowship)을 줬어요. 미국에 사는 우리 오라버니 말에 의하면, 그것은 아무나 받는 게 아니라고 그러더라고요. 최고의 장학금이라고 해요. "펠로우쉽까지 받았으면 그걸 버리는 건 너무 아깝다"라고 했어요. 그래서 시라큐스 대학으로 가게 됐죠. 등록금도 전혀 내지 않았고, 또 한 달에 1,100불 씩 월급도 받아요. 입학원서를 낼 때 한 7~8개 대학에다 냈어요. 그리고, 이 학교에서 얘가 또 GMAT라고 경영학의 GRE로 보는 시험이 있어요. 그 시험을 봤는데 성적이 최고점이었데요. 거의 만점이었어요. 그런 것도 있고, 시라큐스에서는 아버지가 거기 졸업했던 것도 한 이유일 수가 있을 것 같아요. 그렇게 해서 시라큐스로 가서 거기에서 경영학 박사학위를 취득했어요.

그 뒤에 미국에서 취직 안 하고 싱가폴 대학으로 갔어요. 싱가폴 대학은 3년 있으면 굉장히 많은 보너스를 주어요. 그래서 얘가 "내가 지금까지 남한테서 얻어 쓰고 또 밥도 얻어먹었는데, 거기에서 3년간 교수를 하고 돈을 벌어서 신세 진 사람한테 다 갚고, 이제부터는 부모님 신세도 그만 지겠다." 이러면서 간 것이었어요. 싱가폴 대학에 가서 첫 학기 겨울 방학 때 놀러 나왔어요. 월급도 많이 받으니깐 자기한테 밥 사주고 신세 진 모든 사람한테 전부 다 갚고 갈 거라고 했어요.

나와서 신나게 방학을 지내고 있는데, 외국어대학에서 교수를 뽑는다고 해요. 시라큐스대학 1년 선배가 있어요. 그 이가 그 외국어대학 경영대학 교수로 있었거든요. 그래서 그분이 갑자기 연락을 해와서 "너 원서를 내라. 한국에서 괜찮은 대학에 취직하는 것은 굉장히 어려운 일이다. 싱가포르 그냥 포기하고 와라." 그래서 원서를 냈는데, 12명이 지원했는데 제 아이가 됐어요. 외국어대학 교수로 갔죠. 그래서 외국어 대학에서 11년 근무를 했어요.

그때는 저도 정년 퇴임하고, 3·1여성동지회 회장직도 맡고, 저도 일이 많았어요. 퇴임해서도 계속 일이 많아서 아들의 생활을 돌볼 시간이 전혀 없었어요. 그래서 아들은 아들 대로 생활하고, 나는 나대로 활동하고 그랬어요. 그런데 어느 날 애가 자기가 많이 아프다고 연락이 왔는데, 애를 보니깐 정말 많이 아픈 아이더라고요. 완전히 수척해지고 그래서 깜짝 놀라서, "어떻게 된 거냐?" 물었더니, 위암, 거의 말기가 됐다는 판정을 받았대요.

●

먼저 간 첫째 아들

– 갑자기 알게 된 아들의 위암

그래서 의사가 3개월, 6개월이라고 했지만 그래도 3년 열흘 살고 그냥 떠나 버렸죠. 그 아이가 떠난 다음에 제가 무척 힘들었어요. 도대체 삶이 뭐냐. 아이가 그렇게 아픈데도 그걸 모르고, 나는 잘난 척하고 무슨 퇴임한 뒤에 3.1여성회 회장을 했죠, 또 한국 양성평등교육진흥원 처음 생길 때 이사장직도 또 맡았죠. 바빴어요. 그리고 논문도 그 뒤에 계속 발표했어요. 퇴임 후에도 해마다 논문을 써서 발표하고, 그냥 바쁜 생활을 하다 보니까 아들이 그렇게 어려운 지경에 든 것을 제가 깨닫지 못하고 있었던 거죠. 그래서 굉장히 자책을 많이 했습니다. 아니 내가 뭘 이렇게 잘났다고, 아들 간수도 제대로 못 하고 이렇게 살았나. 그래서 아주 힘들었어요. 가슴에 묻혀 떠나질 않아요. 정말로. 힘들었어요. 떠난 아이도 힘들었고, 가족들도 다 힘들었어요. 그 당시 그 애의 처도 미국에 있었고, 아이들도 다 미국에 있었어요. 그래서 그 애 처는 하버드대학에 Dana-Farber암 연구소가 있는데, 거기 연구원으로 있었어요. 뭐 암 연구소에서 연구를 잘해도 그 아픈 건 어떻게 할 수가 없더라고요. 그래서 결국은 떠나 버렸죠.

부모로서 하늘에서 벼락이 떨어진 것 같았죠. 그 아이를 우리 집에 데리고 와서, 의사 말로는 너무 늦어서, "3개월 내지, 6개월밖에 생존하기 어렵다"라고 하더라고요. 그런데 자기도 살려는 의지가 강했고, 나도 그때부터는 모든 것을 다 집어치우고 이 아이를 3년간, 3년 조금 넘어서까지 간병했어요.

그 애가 2007년에 발병했어요. 여름이면 우리 손녀들이 미국에서 공부하니까, 여름방학 하자마자 와요. 그러면 우리 집에 와 있죠. 자기 아버지하고는 일주일에 한 번씩 맛있는 밥도 먹고, 영화도 구경하고 그런 것들을 해요. 그래서 여름방학 때 손녀가 와서 주일마다 저희 집에 와서 같이 밥 먹었어요. 근데 그때만 해도 잘 먹고 얼굴에 아무 징후가 없었어요. 그건 생각도 못했지요. 그렇게 하고서 7월에 우리 손녀는 한 달 반 있다가 미국으로 갔어요. 그랬는데 그 뒤로 급격하게 나빠졌나 봐요. 이 아이가 위암이 왔으면 바로 엄마한테 얘기를 해야 되는데, 그냥 아프다는 말을 하기가 어려웠는지 안 했어요.

나는 그때 앞에서도 얘기했듯이 한국양성평등교육진흥원에 이사장도 하고, 또 3·1여성동지회 회장도 하고 바빴어요. 저는 그냥 정신없이 늘 바빴어요. 그러니깐 그 아이를 챙기질 못했죠. 원래 챙기질 않았어요, 옆집 아주머니가 부녀회 회장이었어요. 아주 친했어요. 친동생 돌봐주듯이, 왜냐면 가족들이 다 미국에 가 있으니깐, 친동생 돌보듯이 샌드위치도 만들면 갖다 주고, 빈대떡도 부쳐서 갖다 주고 늘 그랬어요. 근데 그분이 한번 연락을 했어요. "아유, 그 윤정 아빠가 얼굴이 많이 상했어요." 고수 부지에서 보니깐 너무 상했더라고 그래요. 그래서 "얘가 건강이 나쁜가보다!" 그래서 이제 아버지 생일 되면은 같이 밥 먹잖아요. 나는 그때 일이 있어서 식사자리에 못 갔어요. 아버지하고 밥을 먹고 왔는데 우리 남편이 "태훈이가 너무 나쁘다." 그러는 거예요. 얼굴이 완전히 반쪽이 되고 새카매졌다. 그래서 깜짝 놀랐죠. 그래서 연락을 하니깐, 자기 친구 중에서 의사들도 여럿 있잖아요. 그래서 친구들한테 늘 얘기를 하고, 약을 먹고, 또 나중에는 경희대 의대를 졸업한 한의사가 있어요. 한의학 박사를 하고, 걔한테 또 갔더라고. 친구들한테 의논하고 그랬지, 엄마한텐 얘기를 안 해서 몰랐죠.

그래서 내가 놀래서 보니깐 마른 게 아니라 너무나 수척해지고 얼굴이 새카매졌어요. 내가 "병원에 가서 검진은 해봤냐?" 그랬더니 얼마 전에 했대요. 곧 결과가 나온다고 그래요. 근데 내가 보기에 '아, 얘가 암이로구나' 이렇게 생각을 했어요. 암 말기가 된 거죠. 그래서 결과가 나왔는데 역시 4기래요. 말기. 근데 너무 나빠졌기 때문에 십이지장 있는 데가 다 부어서, 막 완전히 막혀 있고, 장 있는 데로 전이가 돼 있고. 여러 군데에 전이가 됐어요. 그래서 의사가 양 박사라고 의사가 참 능력 있고, 의사로서 그만큼 친절한 사람은 처음 봤어요. 양 박사가 불러서 갔더니 자세히 설명을 해주더라고요. 너무나 상태가 이렇게 나빠져 있다는 것이죠. 그래서 배를 이렇게 가르고 했는데 손을 댈 수가 없었대요. 그래서 음식이라

박용옥 교수, 한국여성사의 새 장을 열다

도 먹어서 영양분 섭취를 해야되는데, 십이지장 있는 데가 막혀서 섭취를 못 하고, 자꾸 토하니깐 그렇게 마른 거예요. 그래서 자기가 장을 위에다가 연결을 시켰대요. 나는 그런 것도 처음 들어봤어요. 그래서 이렇게 하면은 음식을 먹고 난 다음에 꼭 비스듬히 드러누워야지, 안 그러면 힘들대요. 그 아이가 그렇게 안 하면 막 진땀을 흘리고 괴로워한다고요. 그래서 바로 백화점에 가서 그게 노르웨이 의자인가? 무슨 그 북구라파 쪽에서 만든 이게 뒤를 기대는 흔들의자(rocking chair)같은 그런 의자가 있어요. 그래서 그 의자를 사 왔어요. 식사 뒤엔 바로 거기에 가서 기대서 반 비스듬하게, 반을 기대게 하고, 음식도 '조금씩 여러 번에 걸쳐서 먹어라' 그러시더라고요. 그러면서 의사는 "3개월 내지 길게 6개월이다." 이렇게 말씀하셨어요. 나는 그냥 완전히 정신이 나가버렸죠. 그런 얘기를 아이한테 할 수가 없어요. 얘가 수술 끝난 뒤에 "엄마, 의사가 뭐라 그래요? 얼마 안 남았다고 그래요?" 이래 물어봐. "아니 그런 얘기 안 했어." 그렇게 얘기했지만, 자기도 뭐 거의 알죠. 어떻게 됐는지를. 그래서 그 의사는 사실 "어떻게 해서라도 살아날 수 있게 해주고 싶다. 굉장히 능력 있는 청년이고, 또 아버지도 서울대 명예교수고, 또 그 처도 하버드 대학의 다나파버 암 연구소(Dana-Farber Cancer Institute)의 연구원으로 있고, 엄마도 서울대 출신에 교수고, 이런 여러 가지를 생각했을 때, 이 아이를 어떻게든지 살리고 싶다." 그렇게 말씀을 하더라고요.

그래서 방 교수라고 하는 꽤 이름있는 암 담당 교수가 있어요. 그 분한테 치료를 받기로 했어요. 그 방 교수, 그렇게 도도한 의사는 처음 봤어요. 굉장히 딱딱거리고, 간호원이 얘기를 하는데 그 분은 유명한 분이래요. 그 이한테 했는데, 나는 그이가 아니고 거기 노교수라고 좀 친절한 교수가 있어서 거기로 하고 싶은데, 우리 아이는 고집이 있어서 그냥 그 분한테 하겠대요. 그리고 우리 며느리도 와서 보고는 그 '방 교수가 꽤 세계적으로 이름이 있는 교수다' 그렇게 얘기를 하는 거예요. 그래서 그 분한테 했어요.

그 분도 최선을 다했죠. 아무리 딱딱거리고 그래도. 그리고 물어보질 못해요. 물어보면 막 야단쳐요. 야단치고 그래서 내가 우리 아이보고 "얘, 이번에 의사를 만날 때는 이런 걸 좀 물어봐라." 그럼, "물어보면 야단맞아요." 그럴 정도였어요. 이 사람이, 명성이 있는 의사이고, 연구도 많이 하고 이러니깐 항상 위로 올라가는 거예요. 학회다 뭐다 해서, 그러면 레지던트가 와서 봐주고, 간호사가 봐주고 그러거든요. 그럼 우리같이 절실함이 있는 사람은 의사가 없으니까 힘들죠.

투병 중인데도 아주 나쁠 때인데, 얘가 우리나라의 건전한 자본주의를 위해서 자문이라고 그럴까? 그거를 맡아서 법정에까지 가고 글을 썼어요. 그 글이 소비자 운동 방면에서 꽤 유명한 글이에요. 인용되고 읽히고 그랬던 글이에요. 난 그게 무슨 내용인지 읽어 봤지만, 나한테는 그렇게 와닿는 것은 아니었어요. 그 애는 그냥 소명의식으로 했겠죠. 큰 틀에서는 소비자 운동이에요. 소비자 운동인데 아주 서구적으로 한 거죠. 그래서 그당시 조중동[53]을 반대하는 그런 조직이 있더라고요. 거기서 제 아들한테 항상 부탁하는 거예요. 이 아이의 별명이 '보라, 98'이 더라고요. 나는 무슨 뜻인가 몰랐어요. '보라, 98'은 이 애가 보라색을 좋아하고, 98년에 학위를 했어요. 그래서 '보라, 98[54]'이 애의 닉네임(nick name)같아요. 이렇게 난 첨엔 그게 뭔지 몰랐어요. 아, 닉네임이었구나. 그래서 그 사람들이 얘를 말할 때는 항상 "보라, 98이 이렇게 얘기를 했다." 내가 인터넷을 들어가서 보니깐 많이 나오더라고요. 그래서 '아, 애가 이런 운동을 했구나.'

---

53 소위 보수적인 신문으로 알려진 조선일보, 중앙일보, 동아일보를 일컬음.

54 차태훈 교수는 언소주(언론소비자주권연대)운동의 정체성 확립에 노력하였다. 영세한 사업자를 보호하고 막대한 비용으로 언론에 광고하는 대기업을 향한 소비자불매운동의 방향을 수립하였다.

어려울 때마다, 힘들 때마다 자본주의를 향해서 사람들이 투쟁하니깐 얼마나 힘들겠어요. 또 이론이 부족하고. 그러니까 이론을 제시해주고 방향을 제시해주는 이, 아픈 차태훈한테, 딱 들러붙어서 병원에 얼마나 많이 찾아왔는지 몰라요. 나중에는 오지 말라고 그랬어요.

그리고 한번은 병원에 입원해 있는데, 그 대표가 그 단체 이름도 잘 모르겠어. 어디 저기 찾아보면 나와요.(언론소비자주권연대) 대표가 병문안 차 또 논의하러 왔겠죠. 왔는데 그때 굉장히 얘가 나쁜 때였거든요. 나는 그렇게 큰 수박을 못 봤어요. 수박이 이만해요. 나는 혼자서 들을 수가 없는 그런 수박을 사 가지고 왔어요. 근데 병원에서 이 아픈 사람이 그 수박을 어떻게 먹어요. 그러니깐 내가 그거를 간호원실에다 갖다 줬어요. 거기 사람이 많으니까. 넣어 놨다가 드시라고 했어요. 그 사람은 최대의 예우로서 가장 큰 수박을 가져온 것이죠. 그래서 애가 정말 아파서 떠나게 생긴 그때까지도 그 사람들이 그냥 매달리는 거예요.

– 아들 차태훈 교수의 '건전한 자본주의'를 위한 헌신

아들이 배우같이 생겼죠. 너무 인기가 있었어요. 그리고 교수들 사이에서도 너무 인기가 있었고. 아, 귀걸이도 해요. 멋쟁이예요. 그리고 목걸이

2013년 11월 29일, 큰 아들 차태훈의 재직을 기념하여 '차태훈 강의실 동판 제막식'에 큰며느리(이영미), 차경수, 박용옥, 큰 손녀(차윤정)가 참석했다.

도 탁, 이렇게 하고 상당히. (그런 멋은) 스스로 터득했겠죠. 뭐 (웃음) 자기를 돋보이게 해요. 우리 남편은 절대 그런 거 없어요. 그 사람은 옷도 맞춰 입을 줄 몰라요. 그냥 주는 대로 입고, 입고 가라는 대로 입어요. 나는 평범하게, 눈에 띄는 것을 싫어하거든요. 그래서 아주 평범하게, 단정하게 평범하게 입지요.

그 애는 그런 게 있더라고요. 그래서 외국 생활을 많이 해서 자기가 거기에서 '아, 이렇게 젊은이답게 살자' 이렇게 했는지. 그러나 거기에 대해서는 한 번도 내가 얘기 한 일은 없어요. 저 좋아서 하는 귀걸이도 "그래. 남자는 한쪽만 하는 거래." 그 애가 그렇게 멋있게 차리는 게 아니라 그냥 청바지에 가벼운 티를 입어요. 머리가 곱슬이기 때문에 머리를 짧게 깎아요. 그러면 머리를 짧게 깎기도 하고 길게 기를 때도 있었어요. "서울대 저 착실한 학생은 이렇게 머리를 짧게 한다." 이런 칭찬을 들어본 일도 있어요. 그런데 머리가 곱슬이라 대학교 일학년 때 머리를 길렀어요. 길러서 그때도 일이 있어서 이승만 박사 저택이 종로 5가에 있는데. 이화장(梨花莊)이거든요. 그분들을 내가 잘 알아요. 그래서 대학도 들어가고 그래서 그 집으로 인사를 갔어요. 난 사진을 찍었을 거 아녜요. 이렇게 애가 사진을 딱 보더니 머리가 곱슬머리에다 길었으니까 머리가 막 이만해요. 애가 그걸 딱 보더니 바로 가서 머리를 자르더라고. 그래서 그 다음부턴 머리를 짧게 해요.

●

둘째 아들 출산과 산후조리

두 번째 아이는 내가 임신하고 있을 때, 아버지 차(경수) 교수가 미국으로 유학을 갔어요. 그래서 애가 예정 달은 9월이었는데, 임신해도 계속 활동을 했어요. 도서관 가고 일이 많죠. 그래서 그랬는지 8월 25일에 낳았어요. 갑자기 진통이 오는 거예요. 처음에는 진통이 오는 줄 몰랐어요. 배가 철판을 깔아놓은 듯이 그렇게 빳빳해지고, 우리 아이가 아홉 달인가 됐을 때, 책상 위에 앉아서 일하면, 원고를 쓰려면 숙일 수가 없어요. 그래서 병원에 갔더니 머리가 위로 와 있다는 것이었어요. 그러니까 얘가 갈비뼈를 그냥 딱 받치고 있으니깐 구부리질 못하는 것이죠. 원고를 쓰려고 해도 이렇게 하고선 썼어요. 그래서 할 수 없이 첫 번째 아이도 난산을 해서 제왕절개를 했는데, 난 두 번째는 자연산을 하기를 정말 원했어요. 그래서 서울대 병원을 다녔는데, 담당 의사가 8개월 됐을 때 애가 거꾸로 앉으니깐 손으로 마사지를 해서 돌려놓겠다고 매일 가서 마사지를 했어요. 마사지를 했는데도 아이가 크게 자라서 양수가 조금 터졌어요. 그랬더니 의사가 그만두고 안 되겠다고 했어요, 그냥 "제왕절개를 해라."그러더라고요. 그렇게 하기로 했는데, 밤에 갑자기 진통이 와서 서울대학병원에 갈 수가 없었어요. 아침까지 기다려야 했어요.

그래서 관훈동에서 유명한 나건영 산부인과라고 있었어요. 그가 서울대학 교수예요. 거기도 새벽 네 시에 통금이 해제되면 환자들이 그때 와서 번호표를 받아요. 층계부터 마루까지 가득 환자예요. 그 사람들이 누구냐 하면, 아이를 못 낳기 때문에 임신을 하려고 오는 사람이 절반이에요. 그 다음에 출산하기 위해서 오는 사람도 있고요, 그때는 다섯 명에 한 명이 임신이 안 된다고 그러더라고요. 근데 나의 경우는 진짜 얼굴만 쳐다봐도 임신이 되었어요. 그래서 임신된다고 하는 것 자체가 좀 귀찮았어요. 나는 힘들었는데 사회활동을 하니깐 아이 기르는 것도 힘들지만, 임신 자체도 힘들어요. 아이를 못 낳는 사람이 그렇게 또 많더라고요. 그 수가 너무 많은 거예요.

우리 집안에도 시누이 다섯 명인데, 그 중에 두 사람이 출산을 못 해요. 출산을 하려고 애쓰고 그러는데도 그게 결국은 안 됐어요. 그래서 '아, 출산 못 하는 사람이 그렇게 많구나.' 그래서 둘째 아이를 남편 없이 혼자서 낳았어요. 나건영 산부인과에 새벽같이 전화를 했더니 오라고 그러더라고요. 그래서 택시를 불러 타고 가서 거기서 낳은 거예요. 제왕절개를 해서 낳았어요. 심리적인 이유 때문인지 애를 출산하고서 굉장히 아팠어요. 음식도 못 먹고 너무 많이 아팠어요. 어디라고 말할 것도 없이 아팠어요.

그 당시 공무원은 출산 후 한 달 쉬고 나가는 것이었어요. 보통 두 달 쉴 수 있는 건데, 그 당시에 분위기는 두 달 쉬는 사람은 없어요. 학교 선생은 두 주일만 되면 나가요. 그러니까 얼굴이 막 퉁퉁 붓고, 다리도 부어요. 그런데도 출근하는 거예요. 거기에 비하면 나는 한 달은 쉬니깐, 더 쉰다는 말은 못 하죠. 그래서 한 달이 됐는데, 내일 나가야 되니깐, 오늘 목욕탕에 가서 좀 목욕도 해야 되잖아요. 그때는 집안에 욕실이 없는 때예요. 갔는데 내 옆에 있는 사람이 날 보더니, "아니 이런 환자가 왜 목욕을 하러 왔냐고, 어디가 이렇게 아프냐"고 물어요. 난 아프단 말도 안 하고, "그냥 너무 힘들어서 목욕할 수가 없어요." 그랬더니 그이가 다 씻겨주더라고요. 그러고서는 빨리 집으로 가시라고 해서 왔어요. 그 다음날 일어날 수가 없어요. 출근해야 하는데, 그래서 할 수 없이 사무실에다 전화해서 "내가 몸이 너무 나빠서 두 주만 더 쉬었다 가겠다." 그랬어요. 그래서 두 주일을 더 쉬고는 그때도 별로 안 좋았지만, 더 쉰다는 말을 못 해요.

그 애를 8월 25일에 낳았으니깐, 벌써 한 달 쉬었으면 9월 25일, 10월이 됐거든요. 시월이면 국사편찬위원회는 편찬사업이 끝나고 출판에 들어가야 할 때예요. 국사편찬위원회에서 팀장이 이현종 씨였어요. 나중에 위원장 하시다가 그냥 급서하셨죠. 참 좋은 분이에요. 나의 선배이기도 했어요. 그래서 내가 그 분한테 "내가 이렇게, 출산을 들어가게 되는데, 한 달 동안 편찬작업을 못 한다. 어떡하냐"고 그랬더니 그 분이 "아, 걱정 말고 가라고, 우리가 다 나눠서 해놓을 테니까, 염려도 하지 말고 병원에서 편안하게 아이 낳고 추스러 가지고 오라"고 했어요. 그래서 이 사람들이 사실 그 사람들이 다 바쁘거든요. 해줄 줄 알고 출산하고 한 달 반 만에 출근해 봤더니 하나도 안 해놓은 거야. 너무 기가 막힌 거에요. 나도 아파죽겠는데. 이거를 해야지, 근데 그 사람들한테 내가 원망할 수도 없죠. 그래서 그냥 했어요. 한 달 반쯤을 편찬사업을 했죠. 그 일만 열심히 해서 인쇄에 들어갈 수 있게 했어요. 그때가 정말 힘들었어요.

나의 산후조리는 보통 산후조리라는 게 뭐 바람이 든다든지, 또 쉬지 않고 일해서 관절이 상한 상태이거나 하죠. 난 그런 거는 없고, 체력 저하, 그 다음 절반은 기분이었던 것 같아요. 내 생각에 스트레스를 혼자서 부담한 데 있었던 거 같아요. 그 애를 출산한 다음에는 한 달 동안 미역국을 먹잖아요. 미역국에다가 간장만 넣어야지, 무슨 달걀만 들어가도 냄새가 나서 못 먹었어요. 그래서 간장만 조금 집어넣어서, 국물이 시원해서 먹을 수가 있어요. 하도 못 먹으니깐 우리 친정어머니가 노량진에 사셨는데, 오시면서 보니깐 연시가 너무 맛있게 익었더래요. 내가 연시를 좋아했어요. 그래서 그거를 뭐 지금으로 치면 한 만 원 어치, 한 5~6개를 사서 봉지에 넣어 갖고 와서 먹으라고 줬어요. 그걸 먹으니깐 정말 맛있더라고요. 참 정신도 드는 것 같아요. 그거 먹고 나서는 설사 구토를 하는데. 일주일간 구토를 하고 먹지를 못했어요. 그러니 얼마나 힘들어요.

그런데 내 생각에는 그 다음부터는 과일의 꼭지의 가장자리를 넓게 잘라서 먹어요. 왜냐면 그 꼭지를 뜯은 데 거기에서 혹시 내가 몸이 성하지 않으니까 균이 있었던 게 아닌가 하는 생각을 했어요. 그 다음부터는 과일은 무조건 이렇게 널따랗게 잘라요.

둘째 아들의 가족

둘째 아들 식구들은 그 가족에 대한 것을 써 달라고, 좀 자세히 알려 달라고 그랬더니 걔가 지난번에 보내왔더라고요. 간단히 말하면, 우리 둘째와 그 처는 둘 다 Havard대 아트스쿨(Art school)에서 공부를 했는데, 우리 아이는 조경과(landscape)에서 공부했어요. 이 부부는 서울대 환경대학원에서 만났어요. 우리 며느리는, 조경은 "예술적 감각이 있어야 돼요." 자기는 그게 좀 부족한 것 같다고 그러면서 그 하버드 대학 도시계획(urban planning)과에 들어갔어요. 도시계획과에 들어갔어요. 그래서 그 애는 현재 '뉴욕 시티'(New york city) 본부 도시계획과의 책임자로 있어요. 공무원이에요. 미국에 살고 있죠. 우리 아들은 랜드스케이프 아키텍쳐(Landscape Architecture)로 사무실을 하나 운영하고 있어요. 그래서 얘가 아마 꽤 능력이 있나 봐요. 원래 얘가 미술을 하겠다는 걸 내가 펄펄 뛰었어요. "안 된다. 미술 하면 밥 굶기에 딱 좋다. 그래서 뭐하느냐. 그거 하면 잘해야 중고등학교 선생 하는 거다." 그랬어요. 그래서 안 했거든요. 근데 결국은 걔가 그쪽으로 간 거예요. 그 재능이 있으니깐, 이 조경 설계니 이런 걸 잘했어요. 그래서 그 애는 작품을 해서, 발표하면 거의 대부분 상을 받았어요. 이번에도 뉴저지 뉴와크의 공원을 설계 시공했는데 그것도 상을 세 개나 받았어요.

그리고 작년인가 서울에서 디자인진흥원 주최의 경연에 참가하여 일등을 했어요. 얘 말로 그러더라고요. 얘가 자랑하는 성질은 또 아니거든요. "어떻게 하기만 하면 일등 하니?"라고 물었더니 국제 클럽으로 한 것이라 해요. 여러 나라에서 다 왔어요. 대부분이 무슨 자동차를 디자인 개발하고, 우리나라의 디자인진흥회가 있더라고요. 거기가 주최한 거예요. 얘는 조경이니깐 자기가 생각하다가 강남을 중심으로 새로운 조경, 그러니까 도시인들이 다 활용할 수 있는 그런 것을 디자인했다고 해요.

도시에 해먹도 설치하고, 베개도 놓고 했는데, 그것이 일등을 했어요. 걔 말로는 자기가 일등 한 것은 다른 아이들은 무슨 뭐 가로등 이런 거 새롭게 하기도 하고, 전화 등 생활기구를 주로 새롭게 설치했는데 자기는 조경이었대요. 얘는 사람을 좋아해서 아는 사람이 많아요. 실습할 때도 한국에서 활동하는 사람을 꼭 불러요. 오면 설명해 주고, 학생들이 그랬대요. "아우, 선생님은 어떻게 그렇게 아는 사람이 많으냐"고요. 그래서 재밌게 일을 했대요. "특수해서 일등 했다." 자기 말로는 그러더라고요.

3. 손자 손녀들

2012년 남편 차경수 교수의 76회 생일을 기념하여 두 아들과
손자 손녀가 기념 촬영을 했다. 뒷줄 왼쪽이 둘째 아들 부부, 그 옆이 첫째 아들
부부와 두 딸, 남편 차경수 교수가 안고 있는 손자는 둘째 아들의 아들,
그 옆이 딸, 그리고 박용옥 교수.

저는 현재 3명의 손녀와 1명의 손자가 있어요. 큰아들은 딸이 둘이에
요. 그 아이들은 자기 엄마, 아빠가 바쁘니까 우리 부부가 많이 키웠어요.
그래서 정이 많이 들었어요. 우리 작은 손녀는 거의 전적으로 우리가 키웠
어요. 그래서 그 애는 맨날 나한테 "할머니, 할머니는 엄마야 그렇지?" 이
렇게 말을 했어요.

그래서 이번에도 할아버지가 아프다고 하니까 애가 너무 걱정을 많이
해가지고 당장 한국에 나오겠대요. 할아버지 돌본다고. 그래서 '아니 괜찮
다고 걱정 안 해도 된다'고 그랬어요. 그랬더니 자기가 나올 때, 할머니 할

박용옥 교수, 한국여성사의 새 장을 열다

아버지한테 꼭 선물을 사고 싶은데, 뭘 사야 되냐고도 물어요. 그런데 걔가 연극영화를 전공하는 아인데 요즘 코로나 사태로 못 하잖아요. 활동을 못 하니까 번역을 했더라고. 그래서 '얘가 참 극성스러운 아이로구나'라고 생각했어요. 청소년 소설이에요. 번역한 후에 내게 선물을 사온다고 해서 "얘, 너는 활동을 못 해서 돈도 없는데 뭘 사오니?" 했더니, 지금 번역 이거 말고도 3건이나 또 계약한 게 있대요. 한글로도 번역하고 또 한국말을 영어로도 번역하고, 이렇게 양쪽 다 해요.

그래서 "나도 돈 벌어." 그런 거 보면 이제 나이든 노인들한테는 상당히 즐거움이죠. 아 얘네들이 이렇게 잘 활동을 하고 있어요. 그리고 이게 사실 별로 재밌진 않아요. 왜냐면 청소년들 연애하고 자기들끼리 막 시뜩꺽뚝 하는 것이거든요. 그래서 내가 시간 되는대로 읽어요. 근데 얘가 번역을 했으니까 '내가 다 읽어야지'. 그래야 내가 개하고 만났을 때 얘기도 되죠. 자기 엄마하고 나한테 한 권씩 보냈어요. 내가 그 애 엄마한테 "너 책 좀 읽었니?" 했더니 서문만 보고 못 읽었대요.

큰아들이 허무하게 간 다음에 그 슬픔을 손녀를 통해 극복하려 노력했어요. 큰아들의 두 딸들은 큰딸 아이가 공부를 잘했어요. 특히 수학하고 물리를 그렇게 잘하더라고요. 얘가 수학경시대회에 나가서 뭐 몇 등도 하고, 또 물리는 미국 아이들도 다 싫어하는데 얘는 그렇게 물리를 좋아하는 거예요. 그러니까 물리 선생이 얘가 얼마나 이쁘겠어요. 미국에서 대학원 서를 쓸 때는 학과목 전체를 다 쓰고, 그 담당 교사가 멘트를 써요. 그런데 그 멘트가 전부 다 잘한다고. 특히 물리 선생은 얼마나 멘트를 잘 썼는지 몰라요. 열심히 하니까 예뻤겠죠.

우리 큰 손녀는 MIT를 나왔어요. '사이언스 하이스쿨(science high school)'을 나왔는데, '브롱스(Bronx)'라고 하는 유명한 학교에요. 거긴 정말 들어가기 어려운 데 거든요. 거기에 원서를 넣게 했어요. 그래서 세

큰 아들의 큰 딸 차윤정 가족,
2019년에 조나단 구텐버그(하버드대 교수)와
결혼하여 두 아들을 두었다.

학교가 됐어요. 미술하는 곳, 그다음에 그냥 인문학고등학교, 과학고등학교. 이렇게 세군데를 지원했는데, 식구들은 다 과학고등학교를 원했어요, 그리고 또 이 애를 늘 '컨설트(consult)' 해준 사촌 언니, 우리 큰손녀가 "거기가 좋다"고 했어요. 그 고등학교를 '투어(tour)'해요. '투어'했는데, 학교에 가서 보니깐 너무 좋더래요. 그래서 우리 큰손녀가 "아, 내가 평소 다니고 싶어 했던 바로 그 고등학교다." 그러면서 적극 추천하고 그래서 거기 갔어요. 공부를 잘했어요. 그리고 뭐든지 하면 열심히 하는 아이에요. 그래서 내가 "아, 네가 할머니를 좀 닮은 것 같다." 제가 이제 그런 얘기를 하죠. 근데 제 엄마가 이과거든요. 제 엄마가 약대 출신이거든요. 그러니까 이화여대 약대를 나오고, 서울대 약대로 가서 대학원으로 했고, 거기에서 박사학위까지를 했어요. 그러니까 제 엄마 머리를 또 많이 받았겠죠.

그리고 그냥 작은 아이는 그 애 보다 일곱 살 아래인데, 그 둘째 아이도 머리가 좋았어요. 그래서 학교에서 공부를 참 잘해요. 미국에서 왔기 때문에 애는 늘 주장하는 게 "나는 문예 창작 공부를 해서 소설가가 되겠다." 이렇게 얘기를 했었어요. 애가 글을 참 잘 써요. 그리고 소학교 때인데도 이렇게 그룹을 지어서 글쓰기를 해요. 공상 소설도 쓴다고 해요. 그래서 미국에 있으면 국어책이니 이런 거를 다 한국 것을 가져다 공부를 하고, 그리고 와서 한국에 나왔는데, 자기는 "꼭 한국 학교에서 공부하겠다. 그리고 대학도 한국 대학을 꼭 가겠다."이랬어요. 미국에서 한국으로 와서 한국의 중학교 1학년에 들어갔는데, 다른 과목은 괜찮은데 수학이 진

박용옥 교수, 한국여성사의 새 장을 열다

짜 거의 바닥이에요. 그러니까 아이가 너무 낙담한 거예요. 왜냐면 애가 미국에 있을 때는 "할머니, 수학은 거저 먹기, 누워서 떡 먹기에요." 퀴즈를 하면 자기는 다 백 점이래. 근데 여기오니까 그냥 성적이 뚝뚝 떨어져 저 밑에 있는 거예요. 그래서 자기 엄마가 놀라서 과외 선생을 붙이고 해서 열심히 공부해서 한 번 1학년 전체에서 13등을 했어요.

큰 아들의 둘째딸 차윤재,
현재 로스쿨 입학준비 중이다.

제 엄마가 너무 기뻐서 그걸 보자마자 나한테 문자를 보냈어요. "어머니, 윤재가 전체 13등을 했어요." 그런데 우리 애가 못한 이유가 여기는 선행학습이라는 게 있어서 1학년짜리가 3학년 수학을 공부하고 있더라고요. 미국에서는 1학년은 1학년 것만 공부하지. 그걸 따라 가려니깐 얼마나 힘들어요. 그 한 학기 지나고 났더니, 우리 손녀가 제 엄마 보고 "나 '인터내셔널 스쿨'(International School)로 옮겨달라." 그래서 학교를 옮겨서 다니게 됐어요. 성남에 있는 인터내셔널 스쿨이 제일 좋다고 해요. 그래서 거기에서 1학년부터 6년간 다니고, 항상 우등생이었어요.

그런데 이제 애가 고등학교를 들어가더니 음악을 참 좋아해요. 피아노도 잘 치고. 첼로도 하고, 노래도 잘하고 그래요. 우리 집안에는 그렇게 잘하는 사람이 없는데, 제 막내 동생이 음악을 했어요. 성악을 해요. 그 외에는(음악하는 식구들이 없어요). 우리 동생들이 하는 얘기에요. "애, 나도 그래도 합창단에 뽑혀서 방송국에도 가고 했어." 그러면 "공부 잘했으니깐 그냥 뽑힌 거지, 언니 노래로는 안돼." 늘 얘네들이 그랬어요. "왜 노래를 그렇게 해?" 나보고. 그런데 애는 정말 잘 하더라고요. 인터내셔널 스쿨에는 연극영화과목이 있어요. 영국 출신의 교사가 와서 그 사람이 원래 연극인이래요. 그 선생이 얘를 제일 잘한다고 칭찬했나봐요. 우린 전혀 몰랐어요. 그 학교에서는 연말에 1년에 한 번씩 연극도 하고, 오케스트라 연주도 하고 그래요. 그래서 연극 할 때 어떤 역할을 맡아서 했다고 해요. 그런데, 난 그게 잘 하는 건지 잘 모르고, '그냥 누구나 다 그만큼은 하는 거지' 이렇게 생각을 했는데, 그 선생이 얘에게 A학점을 줬어요. 그러니깐 그 학교는 엄마들을 면담할 때 이틀 동안 모든 과목 선생이 다 면담을 해요. 그 애 엄마도 연극선생 면담을 했는데, 성적을 봤더니 최고점수를 줬잖아요. 깜짝 놀라서 얘가 "아니 당신 한국 어머니들의 마음을 모르느냐, 왜 이 과목 점수를 이렇게 줬냐?"고 물었어요. 덜 주려고 해도 덜 줄 수가 없대요. 그래서 최고점수를 줬다는 거예요. 이 애가 완전히 연극영화, 오페라에 빠졌어요. 뮤지컬을 전공하겠다고 주장했어요. 2학년 들어서더니 그때부터 요지부동이에요. 그래서 식구들이 다 말렸어요. "우리 집에는 그런 DNA 있는 사람이 없었다. 너 잘못 생각하는 거다." 이러고 말렸는데도 애가 끝까지 고집하고 간 거예요. 그래서 NYU Tisch School of the Arts 가 있어요. 거기가 굉장히 들어가기 어려운 곳인데, 거기가 됐어요. 그래서 좋다고 다녔죠. 미국 NYU, New York University는 굉장히 규모도 크고 좋은 대학이에요. 거기에 Tisch School of the Arts가 있어요. 그 예술학교는 정말 잘하지 않으면 못 들어가는 데라고 해요. 그래서 우리 후배한테 "아유, 우리 아무개가 거길 들어갔는데 그게 잘 한 건지 모르겠다." 그랬더니 "허, 얼마나 잘했으면 거길 들어갔냐"고 그러더라고요. 근데 얘는 공부 성적도 굉장히 좋은 애예요. 그래서 그 티쉬 스쿨을 3년만에 졸업했어요. 1년을 빨리 졸업했어요. 작년에 졸업했죠. 작년에 졸업하고 연극 뭐 그런 거를 하다가, 지금은 코로나 때문에 전혀 못 해요. 6월에 공연이 잡혀있었는데 전부 취소가 된 거예요. 배우로. 글쎄, 어떻게 되려는지는 모르겠지만. 얼마 전에 하나 보내왔는데, 영상으로 모여서 만들어 하나 보내왔더라고요. 그리고 현재로서는 공연 같은 거 못하잖아요. 1년 동안은 못할 것 같다고 해요.

그래서 얘가 아르바이트로 번역을 시작했더라고요. 출판사에서 번역을 의뢰해 와서 작년에도 번역을 하나 했는데, 그게 책으로 출판되었어요. 엊그제 문자를 보내왔어요. 할머니한테 그 책 갈 거라고, 자기가 번역 후기도 썼다고. 그러더니 얘가 번역을 잘했는지, 또 출판사에서 계속해서 번역을 맡겨서 번역하느라고 바빠요. 그래서 나는 번역하는 것도 좋다. 내 생각에 예술 계통으로 나가면 살기 어렵다. 큰 아들이 다행히 두 아이를 남기고 갔는데, 그 아이들이 아주 능력있는 아이로 잘 자라고 있어요. 우리 큰 손녀는 이뮤니어링 코퍼레이션(Immuneering Corporation)[55]이라는 회사에 다니는데. 거기서 연봉도 굉장히 높더라고요. 그리고 그 애가 MIT 동창하고 결혼했어요. 손주 사위는 하버드대 교수에요. 손녀는 지금까지 회사에 계속 다니면서 연구해요. 치매에 관한 약을 연구하는 거래요. 그래서 "얘, 할머니가 치매 왔을 때 도움받겠다." 그랬더니, 저보고는 빤히 쳐다보더니 "할머니는 치매 올 스타일이 아니에요." 그러더라고요. "그랬으면 참 좋겠다." 그랬죠.

둘째 아들의 자녀는 딸 하나, 아들 하나예요. 큰 아이가 지금 하바나예술학교 이학년이에요. 근데 그 애가 또 아주 머리가 우수하고 공부를 잘했어요. 그 애도 미술을 그렇게 잘해요. 그래서 미술을 하는 학교, 미술만 하지 않고

둘째 아들의 딸 차리아 　둘째 아들의 아들 차이안

미술도 생활미술부터 다양하잖아요. 뉴욕에 유명한 학교가 있더라고요. 본인은 거기를 가고 싶어 했는데, 그런 데는 다 시험을 봐요. 공립학교라도 시험을 넣어서 들어가요.

---

55 암환자를 위한 암 치료제를 개발하는 미국의 유명한 제약회사

4. 나의 외할머니, 어머니와 아버지

●
어머니의 위대함 보고 여성사 연구에 관심 가져

나는 늘 생각하기를 어렸을 때부터 이렇게 생각했어요. "여성들이 이렇게 남의 지배를 받고. 특히 남자의 지배를 받고 그 휘하에서 산다는 건 안된다."늘 그렇게 생각을 했어요. 우리 가정을 보더라도 해방 후에 아버지가 안 계셔서 어머니가 경제활동을 해서 우리 4남매를 다 키웠거든요. 그 시대에 그렇게 한다는 게 쉬운 일이 아니에요. 여자가 가진 것도 없이 장사도 하고, 어찌어찌해서 4남매를 공부도 할 만큼 시켰고, 먹이고, 입혔어요.

우리는 피난 다닐 때도 한 번도 배곯아본 일이 없어요. 며칠 전에 우리 여동생이 전화해서 미국에 있는 동생과 얘기하다가 우리 어머니 얘기가 나왔대요. "아마 우리가 이렇게 사는 것은 엄마의 기도 덕택이야"라고 말했대요. 그래서 내가 한 말이 "엄마야 여장군이지." 이렇게 어머니 얘기를 했어요. 내가 그랬어요. "얘, 6.25전쟁 때 사람들이 배가 곯아서 못 먹고 고생할 때, 한 번이라도 배곯아본 일이 있냐?"이랬더니 "없다"고 해요. 우린 정말 배곯아본 일이 없어요. 어머니가 어쨌든 극성스럽게 해서 자녀를 다 먹여 살린 거죠. 그래서 그런 걸 보면, 우리 엄마를 보더라도 '아, 여자가 참 위대하다. 아, 우리가 엄마 대신 아버지만 있었다? 아버지 휘하에 있었으면, 우리가 이만큼 자랐을까?' 이런 생각도 들어요. 그래서 나는 '여성들이 참 위대하다. 능력이 있다'라고 생각해요. 특히 저는 어머니의 존재에 대해서 굉장히 높이 평가하죠.

어머니에 대해 소개하면, 어머니는 경기도 이천에서 부친과 모친이 모두 전도사인 집안의 장녀로 태어나셨어요. 이천군에 있는 감리교에서 세운 양정학교에서 보통학교 과정을 공부하고 서울로 와서 이화여학당을 유관순 열사와 동기생으로 다니고 3.1운동에도 참여하셨어요. 졸업 후에는 수원의 감리교회에서 부녀문맹퇴치 교육과 교회 봉사에 참여하고 협성여자신학교에서 신학을 공부하기도 했어요. 목사님의 중매로 여주군청의 관리로 일하던 아버지(박준병)와 결혼했어요. 결혼 후 만주로 이주하여 한인관계 부인회 회장으로 활동하고 만주 제일감리교회에서도 권사로 크게 봉사하셨어요.

1945년 8.15해방 후 소련군에 납치된 아버지를 기다렸으나 돌아오지 않으셔서 2남3녀를 데리고 서울로 귀국했어요. 차남을 1947년에 잃었고, 1남3녀를 혼자의 힘으로 키워냈어요. 미국대학에서 교수로 일하던 장남의 초청으로 미국 뉴욕으로 이민 가셨다가 딸들이 살고 있던 로스앤젤레스로 이주해서 1992년 90세로 별세하셨다. 평생 기독교인으로 신앙생활에 힘쓰던 분이셨다.

1945년 8월에 해방되었다는 소식이 알려져서 수수밭을 지나가는데 사람들이 태극기를 흔들며 만세를 불렀다고 해요. 그러자 피아노를 치셨던 어머니가 사람들에게 애국가를 부르도록 이끌었어요. 이 애국가는 대한민국 임시정부의 애국가로 가사는 지금과 같지만 곡조는 스코틀랜드의 민요인 '올드 랭 사인'으로 부르는 것이었어요.

●

한국 여성의 특징은 인내, 끈기, 창조력

정말 한국 여성은 인내, 끈기는 물론 창조력도 강해요. 그런 것이 자녀들에게 전해져요. 조선 시대 자료들도 보면 선비들은 맨날 책만 읽고 부

1918년 3월 16일, 이화학당 졸업사진, 앞줄 왼쪽에서
세번째가 어머니 김혜정(김복희)여사, 앞줄 오른쪽 끝
이 유관순의 사촌언니 유예도(세례명 애다)이다.

인이 가족을 먹여 살려요. 무엇인가를 빌려오든지, 노동을 하든지, 전부 여자들이 해요. 남편이 부인한테 얻어먹고 사는 것하고 같아요. 부인들이 노력해서 닭도 기르고, 돼지도 기르는 등 경제 활동을 많이 했어요.

그리고 지도자는 포용력이 있어야 돼요. 그게 참 중요해요. 그래야 사람이 모이죠. 저 잘난 척하는 사람은 다 떨어져 나가요. 포용력이 있어야 하는데 실제 엄마들한테는 포용력이 있어요. 그게 여성의 특성 중 하나거든요. 그래서 포용력이 있어야 하고, 그다음에 끌고 나가는 힘이 있어야 돼요. 지도력이죠. 그런 사람이 지도적인 사람이죠. 그리고는 끊임없이 연구를 해야 되요. 공부를 해야 돼요. 그 사람들, 지도적인 사람들은 자기가 맡은 분야에서 계속해서 공부하는 사람이죠.

● 나의 아버지는 해결사

저의 친정아버지는 옛날 사람들은 다 그랬겠죠. 굉장히 바쁘셨기 때문에 얼굴 뵙기가 참 힘들었어요. 그래도 어머니한테 얘기해서 안 됐던 일도 아버지께 말씀을 드리면 금세 일이 해결되곤 했어요. 내가 비행기 모형을 만들고 싶었는데, 그때는 그런 게 비쌌어요. 어머니가 안 사줬어요. 내가 몰래 아버지께 말씀을 드렸어요. 그랬더니 두말 안 하시고 돈을 주셨어요. 너무 기뻐서 그걸 사서 만들었던 기억이 있어요. 그런 식으로 아버지는 자식들로부터 가끔 요구를 받는 것이고, 어머니는 살면서 항상 감독하고 아이들로부터 많은 요구를 받으니깐, 되고 안 되는 것에 대한 판단이 참 강했어요.

아버지는 그 주변 사람이나 어머니께서 말씀하시기를 "너희 아버지는 참으로 훌륭하다. 머리도 좋으시고, 일도 너무 잘하시고"라고 하셨어요. 그런데 당시 만주에 있던 조선인들이 한 백만 명 됐거든요. 일제 치하니까 조선인들은 어떻게든지 생활을 더 윤택하게 하고, 억울한 일을 겪지 않으려는 마음을 많이 가지고 있었어요.

아버지는 융희학교[56] 졸업 후 농업기사가 되어 지방 곳곳을 다니며 신농법을 교육시켰어요. 그러다가 1940년대에 심양에서 농장을 개발해서 조선인들이 많이 모였어요. 심양은 농토가 기름지고 여름에는 몹시 더워서 농사짓기에 좋았어요. 심양의 농장에서 첫 수확한 벼가 어른 키의 3배 정도로 컸어요. 그 농장에서 번 자금으로 아버지가 심양에 여자재봉학교를 설립하였어요.

아버지가 만주의 유지로 조선청년들에게 장학금을 주어서 아버지의 신세를 진 사람이 많았어요. 의과대학에서 한국학생이 공부할 때에도 장학금을 지원했어요.

우리 집에는 큰 마루방이 있었어요. 정말 교실만 한 마루방이 있었는데, 그 방에는 조선에서 온 조선농민들이 많았어요. 아버지가 만주에서 큰 농장을 개간했는데, 거기에 가서 일하겠다고 사람들이 오면 한 3~4년 일을 해서 돈을 벌어 고향으로 가곤 했어요. 그래서 우리 고향 사람 최 서방이라고 하는 분도 오셔서 일해서 논밭도 사고, 또 집도 짓고 그랬다고 해요. 우리한테 늘 얘기를 하세요. "박 선생(아버지를 이름)이 참 능력 있으

---

56 융희학교(隆熙學校)는 김윤식, 유길준, 김가진, 오세창 등이 국민의 기본교육을 진흥하여 민족의 실력을 배양하기 위해 사범학교를 설립하고 교원을 양성하기 위한 흥사단(興士團)을 1907년 11월에 조직하여 1908년 8월에 한성에 설립하였다. 융희학교의 입학자격은 20세 이상 40세 이하의 신체 건강한 자로 하였고, 교과목은 수신 국어 지리 역사 물리 화학 박물 법학통론 경제 작문 심리학 수학 부기 소학교수법 도화 창가 체조 외국어 토론 등이었다.

셨다." 사람들이 다 그렇게 생각했어요, 박 선생이 능력 있으시다고.

그 다음에 또 만주에서 조선 청년들이 다 돈이 없죠. 굉장히 우수해서 이과대학에 들어가서 공부하는 분들도 여러 명이 있었어요. 그러면 그런 사람들한테 어떻게 해서 장학금을 줬는지 난 모르지만, 공부를 하더라고요. 장학금을 대주었어요. 우리가 조선으로 나온 뒤 어머니가 혼자서 생활하고 그러니깐 너무나 생활이 어려울 때였어요. 아파서 병원에 가면 의사들이 완전히 거저 치료해주면 우리도 체면이 안 되니깐, 최소로, 최저로 돈을 받으셨어요. 평생 그렇게, 가족이 아플 때 해결해 주었어요. 을지로에 '최충선 내과'라고 작은 2층 병원을 운영했는데, 그 의사가 수재였다고 그래요. 어머니 말씀에 의하면, 그분들이 우리 아버지 덕택에 공부를 잘 마쳤고, 고맙다고 하며 평생을 고맙게 해 주셨어요. 치료비는 안받으면 안 되니까 아주 조금만 받으셨어요.

●
외할머니는 양아들이 만주에서 보살펴

젊은 의사가 있었는데, 그이는 부모들이 자기 고향에 있고 만주에는 자기들만 있는 거예요. 부모 생각이 너무 나서 우리 외할머니를 어머니로 모시겠다며 모시고 갔어요. 정말 효자 노릇을 잘했어요. 그래서 우리 외할머니는 우리가 조선으로 나올 때 그냥 그 양자 아들 집에서 지내셨죠. 그래서 헤어졌어요.

박용옥 교수, 한국여성사의 새 장을 열다

5. 남편, 차경수 교수[57]

●

남편의 파킨슨병

우리 남편은 젊을 때도 62킬로그램, 나이 들어서도 62킬로그램, 한 번도 체중이 변한 일이 없어요. 늘 이렇게 빳빳하게, 날씬했어요. 그런데 한 5년 전부터 조금씩 표정이 화난 사람같이 좀 굳어있고, 앉으면 졸고, 사람이 흐트러진 것처럼 보이더라고요. 자기도 좀 이상하다고 생각해서 강남에 치매 센터가 있는데 거기를 혼자 갔나 봐요. 가서 검사를 다 했는데 거기에서 다른 검사도 하더니, '치매가 아니고 파킨슨이다'라고 했대요. 큰 병원에 가서 다시 검사하라고 해서 아산병원을 갔어요. 그랬더니 역시나 파킨슨병이라고 했어요. 파킨슨병은 뇌의 감정을 나타내는 신경이 망가지는 것이에요. 손상되는 거죠. 그래서 표정이 화난 사람같이 되고, 그 다음에 손놀림도 둔해지고 걸음걸이가 나빠져요. 걸을 때 신발을 찍찍 끌어요. 그래서 내가 늘 "여보, 걸을 때는 뒤꿈치에 힘을 줘요, 천천히 걷더라도 그렇게 해요. 왜 신발을 끌어요?" 그것이 파킨슨의 시초라는 걸 알

---

57 서울대학교 사범대학 사회교육과를 졸업하고, 미국 동서문화센터(East - West Center)의 초청으로 하와이대학교에서 교육학 석사(Ed. M), 조지워싱턴대학교에서 미국학 연구, 시라큐스대학교에서 교육학 연구로 철학박사(Ph.D) 학위를 받았다. 서강대학교 및 서울대학교 사범대학 교수를 역임하고 현재 서울대학교 명예교수로 있다. 주요 저서로 '사회과 교육'(동문사, 2008, 공저), '한국의 청소년정책'(양서원, 2000), '교육사회학의 이해'(양서원, 1995, 공저), '현대사회의 제문제'(한국방송통신대학교출판부, 1991, 공저) 등이 있다.(교보문고 저자 소개 참조)

앉어요. 그전에 제 동창이 파킨슨병에 걸려 한 15년을 앓았는데, 그때만 해도 약이 없었어요. 근데 지금은 퍼킨(Perkin)이니 뭐 이런 파킨슨병 약이 꽤 많이 연구돼 나왔어요. 그래서 의사가 이 약을 먹으면 5년 동안은 '조금씩, 조금씩 좋아진다'라고 하더라고요. "그럼 5년 후에는 어떻게 해요?," "그땐 또 좋은 약이 나오겠죠." 이렇게 얘기를 했어요. 5년이 지났어요. 지났는데 더 심하게 나빠지진 않고, 그냥 그만했는데, 그래도 새로운 곳에 가면 적응하는 게 힘들어했어요.

남편이 아프니까 의사가 하는 말이 "이것은 다른 게 없고, 먹으라는 약 열심히 잘 먹고 제철에 나는 음식, 야채며 과일이며 이런 거 잘 먹고, 음식을 잘 먹어야 된다. 그 담에 중요한 거는 운동을 해야 된다"고 해요. 그래서 이 사람은 좀 끈질긴 게 있어서 운동을 열심히 하죠. 비가 오나, 눈이 오나. 나가서 최소한도 한 시간은 운동하고 들어와요. 저도 운동한 지, 오래 되었어요. 한 시간 반 내지, 두 시간 휘트니스에 가서, 스포츠센터에 가서 해요. 운동해서 이만큼이나 그냥 유지를 하는 거예요.

이후 차경수 교수는 비오는 날에 운동하러 나갔다가 아파트 현관에서 미끄러져 고관절을 다쳤어요. (이후 병원에서 수술을 받고 요양하다 2020년 8월 15일에 별세했다.)

6. 노년생활

●
손녀가 주는 노년의 재미

사실상 노년이라고 하는 것은 그렇게 유쾌한 게 못 돼요. 완전 우리 친구들 다 나같이 노인이 돼 갖고 있으니깐 카톡으로 노년의 삶에 대한 얘기를 많이 보내와요. "노년이라고 하는 게 너무 비관적인 건 아니다. 이것은 가을의 단풍잎이 아름답고 감이 잘 익어서 사람들에게 즐거움을 주고 이러는 것처럼, 우리의 삶도 그렇다." 뭐 이렇게 얘기 하는데, 그거는 다 하는 얘기죠. 아무래도 노년이 되면, 힘이 약해지고 또 의지력도 조금씩 저하돼요. 저하되고, 그 대신 내 경우는 다행히 가족들이 힘들게 하는 것은 없어요.

그 큰아들의 두 딸도, 굉장히 할머니하고 잘 통해요. 가깝게 지내요. 그리고 작은딸의 경우는 아주 아기 때부터 우리가 길렀거든요. 그러니깐 할머니, 할아버지가 길러줬다고 해서 얘는 할머니 할아버지에 대한 애정이 자기 엄마에 대한 애정보다 훨씬 더 깊어요. 그래서 뭐 의논할 게 있으면 할머니한테 하고, 그렇게 하지요. 그러니깐 그런 것들도 할머니한테는 굉장히 기쁨이에요. '아 얘네들이 나를 그래도 믿고, 의논하고, 의지하는구나.' 이런 생각을 하게 되고 그래서 아이들한테 감사함이 느껴지죠.

그리고 이 아이의 엄마는 아까 얘기한 대로 그렇게 서울대에서 박사하고, 하버드 대학의 암 연구소에 가서 연구원으로 7년간 근무했어요. 남편이 아프니까 얘가 마지막에 전부 정리해서 들어온 거예요. 들어와서 연대의 연구교수로 한 학기 있다가, 한미약품에서 발탁해서 데려갔어요. 그러니깐 (한미약품이) 서울대 약대에 '이러이러한 사람을 구한다'라고 했더니 거기에서 '정말 적격의 사람이 있다'라고 우리 며느리를 소개해서 한미약품의 연구 총괄 이사로 들어갔어요. 그러니깐 뭐 회사니깐 대우도 잘해주고, 그러더니 한 2년쯤 있으니까 상무로 승진을 또 하더라고요. 그래서 우리 며느리의 성격은 가정적이고 뭐 살림을 알뜰하게 하고 이런 성질이 아니에요. 얘는 밖에 나가서 일하는 걸 좋아하고, 회사 일을, 일이라면 정말 아무리 집에서 급한 일이 있어도 다 제쳐놓고 그 일을 하는 그런 성격이에요. 그래서 내가 '아, 참 다행이다.' 우리 아들이 마흔여섯에 갔고 우리 며느리가 마흔네 살이었거든요. 마흔넷이면 너무 젊잖아요. 그래서 걱정을 했는데 얘가 일에 그냥 빠져서 잘 적응하는, 그래서 너무나 고맙죠. 그러니깐 엄마 대신 손녀는 주로 내가 이렇게 가꾸고, 또 한국에 나와도 음식 이런 것은 할머니한테 만들어 달라 그래서 먹고. 저는 또 그런 것이 노년의 재미라고 할까? 그렇죠.

●

할머니가 손녀에게 만들어 준 음식

우리 작은 손녀가 고기를 잘 안 먹어요. 그래서 그 아이는 해물을 주로 먹거든요. 생선, 그러니깐 생선구이를 많이 해줍니다. 생선구이를 해서 주면 양념장을 맛있게 만들어서 구운 다음에 발라주어요. 그럼 아주 맛있다고 좋다고 잘 먹어요. 그럼 내가 그 아이가 미국에 갈 때는 굴비 같은 것도 한 마흔 마리쯤 구워줘요. 구워서 일일이 랩에다 싸서, 약간 덜 구워 가지고 가요. 저 미국에 가서 냉동실에 넣었다 꺼내 갖고 다시 구워서 먹어라. 그럼 새 것 같이 맛있어요. 너무 맛있대요. 얘가 고등어를 좋아해요. 그래

박용옥 교수, 한국여성사의 새 장을 열다

서 고등어도 다 잘라서 구워서 한 토막씩 랩을 해요. 작년 겨울에 갈 때는 그 생선을 그렇게 했더니 그냥 이만큼이에요. "자기 엄마가 깜짝 놀라서 아니 이렇게 많은 걸 다 어떻게 구웠냐"고 해요. 그러니깐 가져가서 얘는 얼려놓고 꺼내서, 너무나 맛있대요. 짭짜름한 게 너무 맛있다고 그러죠. 그 담에 개는 시래기 밥 이런 거 좋아해요. 그래서 시래기 밥도 해주고. 생선조림이나 또 전 같은 거 해주고, 또 달걀말이를 굉장히 좋아해요. 우유를 좀 넣고, 그래서 달걀말이를 하면 아주 보들보들해요. 그래서 그런 거 좋아하고. 그런 거 해주고. 특별히 뭘 해주는 건 없어요. 그리고 야채, 나물 해주고. 또 각종 당근이며 연근 이런 거 채 쳐서 살짝 볶아주기도 하고 그러면 맛있다고 잘 먹어요. 된장찌개, 청국장찌개 이런 거 좋아해요.

제가 어머니에게 배운 게 아니고 이 나이 되도록 항상 늘 했으니깐. 저는 밖에 나와서 일하기 때문에 사실 뭐 아이들한테도 잔정을 주거나, 정성을 들여서 다른 엄마처럼 못 하잖아요. 그러니깐 일주일에 한 번씩 주말에는 늘 푸짐하게 맛있는 음식을 해서 가족이 같이 앉아서 먹는 것, 이것을 아주 중요시해요. 그럼 생선찌개를 할 때도 제일 좋은 생선을 사고 좋은 걸로 다 하지요. 아무리 맛있게 하려고 해도 재료가 좋지 않으면 맛이 없어요. 그래서 그런 걸 사다가 끓이면 애들이 "엄마, 밖에 식당에서 먹는 것보다 엄마가 해준 게 제일 맛있어." 이렇게 찬사를 하면서 먹죠. 립 서비스를 하는 거죠. 그럼 힘들었던 게 다 없어지죠. 그래서 최소한 일주일에 한 번씩은 그렇게 해줬었어요.

그리고 손녀딸도 내가 퇴임하고 그 뒤에 많이 친했으니까. 항상 내가, 자기 집이 또 바로 옆이에요. 그래서 걔한테 가서 음식도 만들어주고 늘 했죠. 그렇게 했더니 그 애도 많이 배운 거 같아요. 제가 지난여름 무릎 수술하느라고 병원에 거의 한 달 반 이상, 두 달 가까이 입원해 있었어요. 우리 손녀가 졸업하고 한국에 와서 자기 공연하기 직전까지 한 달 반 동안 한국에 있다 가야겠다고 왔어요. 왔는데 난 병원에 들어가 있잖아요. 그랬더니 애가 할아버지 식사를 자기가 열심히 챙겨주는 거예요. 그리고 아침에 늘 와서 달걀을 부치고, 채소 요리를 하고, 할아버지하고 식사도 같이 하고, 할아버지가 굉장히 감동하더라고요. 그 애가 그런 데가 있어요. 근데 그 애가 내가 퇴원하기 전에 미국을 들어가게 됐어요. 그래서 내가 퇴원해서 나와서 봤더니, 냉장고에다가 배를 깎아서 타파웨어에 넣어놓고, 참외도 깎아서 넣어놓고, 이런 식으로 다 해놓고 갔더라고요. 그리고 할아버지 드시라고 곰국도 사다가 넣어놓고, 나물도 사다가 넣어놓고 그랬어요. 그래서 "아, 애가 굉장히 이런 거에 참 자상한 데가 있다." 그랬죠. 그랬더니 아 우리 동생들이 '할머니한테서 다 배웠지?'라고 해요. 그 애가 한 번도 과일 깎고 그래 본 적 없거든요. 근데도 다 잘 깎아서 넣어 놨더라고요.

●

교통이 편리해서 압구정동으로 이사

제가 이 압구정동으로 오게 된 거는 내가 원래 여기로 이사 오기 전에는 남가좌동에 살았어요. 명지대 바로 옆입니다. 명지대학 옆은 우리 애들이 명지중고등학교를 다녔고, 아주 편리했어요. 제가 1987년, 1988년, 2년 동안 많이 아팠어요. 그게 아마 중년 여성이 겪는 그런 아픔인가 봐요. 갱년기였나 봐요. 많이 아팠어요. 그래서 간염이 왔어요. 아주 힘들었어요. 그래서 남가좌동 집이 컸어요. 마당이 한 백십 평 되고, 또 이층집인데, 아래위 다하면 거의 백 평 가까운 집이었어요. 간수 할 수가 없더라고요. 그래서 "안 되겠다. 이 집을 팔자." 그러고는 그 집을 팔아서 어디로 가느냐. 서울 지도를 놓고서는 이제 남편하고 같이 쭉 살펴봤어요.

그래서 저는 '아무래도 아파트로 가야 될 것 같다'고 생각하고 아파트로 갈려고 마음을 먹고는 목동아파트가 그때 지을 때예요. 거기도 가보고, 또 여기 올림픽아파트, 거기도 가보고 했어요. 그랬는데 올림픽아파트가 당첨이 됐는데, 거기에서 학교까지 운전하고 가봤더니 너무 시간이 오래 걸리는 거예요. 그래서 '아 학교 가는 게 너무 힘들다.' 그때는 한강다리가 이렇게 많지 않았어요. 그래서 거기 그만두고 지도를 놓고 보니깐, 서울대학과 성신여대의 중간이 압구정동이더라고요. 여기에서 서울대학 삼십 분, 성신여대 삼십 분 그래요. 그래서 여기에다가 아파트를 구해서 이사온 거예요. 그때는 그렇게 주목받는 지역이라는 것을 전혀 몰랐어요. 그런데 여기 와서 살면서 보니깐 여기가 세간에서 주목되는 곳이더라고요. 그리고 사람들이 "아니 아이들도 다 대학 들어갔는데, 왜 그 비싼 아파트로 이사를 했냐?" 그러더라고요. 그래서 제가 "아, 나는 아이들이 다 대학을 입학해서 그래서 그냥 이사를 온 거지. 여기가 그렇게 비싼 덴줄 모르고 그냥 왔다." 그렇게 비싸지도 않았어요. 저희가 살 때는 아주 쌌어요. 그래서 오게 된 건데 여기 와서 살아보니깐 편리하고. 우선 출근하기에 너무 편리하고. 그리고 생활 여건이 아주 좋아요. 슈퍼가 가깝고, 백화점이 가까우니까 그 지하에 슈퍼가 있거든요. 교통이 너무나 좋은 거예요. 동호대교 올라가면 쭉 시내로 들어가고, 그리고 강남 중에서는 여기가 교통이 제일 좋은 데라는 걸 알았어요. 왜냐면 내 친구가 개포동 살았는데, 개포동서 여기까지 오려면 한 삼십 분 걸리더라고요. 운전해서. 근데 여기는 그냥 동호대교 넘어가면 시내로 들어가거든요. 그러니깐 교통이 너무 좋고, 여러 가지 생활 여권이 참 좋더라고요. 그러니깐 계속해서 산 거예요. 여기에서 살다 보니 삼십몇 년을 살았거든요. 근데 요즘은 여기가 그렇게 세간에 입에 오르는 지역이 돼버렸어요. 그래서 우리는 그냥 한자리에서 삼십몇 년을 산 것인데. 우리가 지금 나나 우리 바깥 선생이나 퇴임한 뒤에는 연금으로 생활하잖아요. 다행히도 우린 두 사람이 연금을 받으니깐, 좀 궁색하지 않게 생활할 수가 있는 거죠.

여기의 좋은 점이 이웃 간의 관계가 참 좋아요. 무슨 시비를 걸거나 이러는 법이 없습니다. 동네 안에서 뭐, 소리 지르고 싸우거나 이러는 게 전혀 없어요. 그래서 내 생각에는 여기 사는 사람들이 교육수준도 상당하고, 그리고 또 경제적으로도 안정돼있고 하니깐요. 다툼이라고 하는 게 조바심하고 이러는 데서 오는 것이 거든요. 그런 게 좀 덜한 거 같아요. 그래서 그게 편해요.

박용옥 교수, 한국여성사의 새 장을 열다

부록

1. 박용옥 연구의 개관

●

한국여성사연구 개관

한국에서 여성사에 대한 관심은 이능화의 『조선여속고』(1927)와 『조선해어화사』(1927)에서 시작되었다. 이는 여성들의 생활과 풍속, 기생의 삶을 다룬 것으로 이전의 역사가 남성중심의 서술이었다는 점에서 새로운 연구였다. 해방 후에는 이화여대 한국여성문화논총, 1960년대 숙명여대 아세아여성연구소에서 발간한 논저 등이 있었다. 1972년 이화여대에서 발간한 『한국여성사』3권은 고대부터 현대까지 통사의 형식으로 한국여성의 역사를 기술한 것으로 선구적인 업적에 속한다. 이들 초기 여성사 연구는 '여성의 역사'를 다루기 시작하였다는 점에서 의미가 있는 것이었다.

이 시기 여성사 연구에서 관심을 가진 주제는 '여성의 사회진출과 여성의 사회적 지위향상'을 다룬 근대 여성 운동사였다. 1980-90년대에는 혼인, 가족, 친족, 상속 등 여성의 법적 지위를 다루는 연구가 많이 등장했다. 1980년대 소위 진보여성단체들의 등장과 민주화 운동의 열기 속에서 여성사 분야에서도 서양사 연구자들이 중심이 되어 서구 여성운동에서

---

58 2020년도 국사편찬위원회 구술자료 수집사업 신청시 작성한 계획서와 보고서, 박용옥의 연구개관, 연보, 설문지 등이다. 박용옥의 연구개요는 고대는 강영경, 조선시대는 이순구, 일제강점기는 강영심, 현대는 정현주가 작성한 것이다.

박용옥 교수, 한국여성사의 새 장을 열다

페미니즘 관점의 여성사의 역할과 의미, 그리고 여성사연구 동향을 국내 학계에 소개하였다.

1980, 90년대를 거치면서 여성 역사학자들이 대거 등장했지만 여성 사학자들 중 대학에 자리를 차지한 사람의 비율이 6%에 불과하다는 통계가 있을 정도로 여성에게 직업으로서 여성사 연구를 지속하기는 어려운 형편이고 이러한 상황은 현재도 계속되고 있다. 이런 어려움 속에서도 한국, 동·서양의 여성사를 연구하는 사학자들이 모여 한국여성사학회(2004)를 결성하였고, 『여성과 역사』라는 학술지를 지속적으로 발행하고 있다. 한편 여성사 대중화의 진지인 '국립여성사전시관'이 2002년에 설치되기에 이르렀다. 2017년에는 분야별, 지역별 한국사 및 동서양사의 해방이후 70년간의 여성사의 연구 성과를 돌아본 『한국여성사 연구 70년』(한국학중앙연구원출판부, 2017)를 한국여성사학회 소속 연구자들이 공동 저술하여 해방이후 여성사 연구의 성과를 평가, 검토하였다.

1945년 해방 이후 한국의 역사는 '현대'로 시기 구분한다. 이 시기 한국 여성은 역사상 처음으로 투표권을 행사하는 등 남녀평등사회 진입을 경험하게 되었다. 지난 70여 년 간 한국사회는 산업화와 민주화를 동시에 달성한 나라로 기록된다. 이 기간 제도적으로나 실질적으로 여성의 지위 향상 혹은 발전도 괄목할 만한 것이었으나 정치 등 일부 분야에서는 여성의 발전은 지체 현상을 보이고 있으며, 아직도 남녀평등사회 실현은 진행 중이다. 여성의 교육수준 향상에 따라 여러 학문분야에 여성 진출도 활발하였다. 70여년이 지난 현 시점에서 볼 때 일정 학문분야에서 학문적 성과를 달성한 학자들이 배출되기도 했다. 이들은 일제강점기 말기에 태어나 해방 후 6.25전쟁, 4.19학생혁명, 5.16군사혁명, 산업화, 민주화 과정 등 현대사의 굴곡을 거치면서 여성으로서의 가정내 역할과 학자로서 교수직의 이중부담을 지지 않을 수 없었다.

박용옥 구술의 필요성과 진행과정

박용옥 구술사업은 역사학에서 선구적인 업적을 남겼으므로 그 연구성과와 생애를 살펴보고자 하였다. 이는 한국 현대 여성사 연구의 빈공간을 채우는 의미가 있다.

먼저 원로 여성사학자 '박용옥' 구술의 필요성은 그의 연구가 한국여성사의 발전에 공헌한 점과 개인의 삶의 두 가지 측면에서 찾아볼 수 있다. 박용옥의 연구는 1) 고대부터 현대에 이르기까지 통시대를 포괄한 연구를 한 점, 2) 새로운 사료를 발굴하고 이를 해석에 적용한 점, 3) 한국여성사 서술에서 한국여성의 주체성을 부각한 점, 4) 연구 외에 여성단체, 독립운동단체 등의 사회활동을 통해 한국여성사 대중화에 적극 참여한 점 등 4가지를 들 수 있다.

다음 이러한 연구업적 외에 '박용옥 개인 여성의 삶'도 구술 자료로 수집할 충분한 사유가 될 수 있다. 박용옥의 삶은 한국현대사의 격랑을 헤쳐온 삶이다. 만주 심양에서 태어났고, 어머니는 유관순과 한 학급에서 공부한 분이었다. 해방 후 귀국하여 종로에 정착하여 진명여학교를 다녔고, 이후 6.25전쟁, 4.19학생의거, 5.16군사쿠데타, 이후 민주화 운동 등을 온몸으로 겪었으며, 여성 역사학자로서 삶을 살았다. 동시에 두 아들을 키우며, 공부를 계속했던 어려움, 아들의 대학생활과 당시 그들의 동태, 그리고 아들의 성공과 갑작스러운 발병으로 사망한 일, 남편의 알츠하이머 증세(2020.8 별세함)와 노년의 일상, 손녀의 결혼 등 '서울 중산층 여성의 삶' 또한 현대 여성사의 한 측면을 구성한다는 측면에서 구술 수집의 의미가 있다고 생각한다.

또한 박용옥의 구술을 통해 '여성지식인의 삶'의 형태를 볼 수 있다. 그는 1950년대 서울대 문리대학 사학과를 졸업했던 첨단 여성지식인이다.

또한 초기 국사편찬위원회에 근무한 경험이 있으며, 여기서 여성으로서 차별을 겪으면서 연구를 지속했다. 이후 세종대학과 성신여대에서 교수 생활을 하며 학생들, 여학생 교육을 담당했다. 이 시기는 민주화, 산업화 진전 속에 여학생의 대학진학률도 급격하게 늘어난 시기였다. 이러한 사회적 변화 속에 박용옥이 담당한 역사학 강의는 어떤 역할을 했는지 등도 하나의 관심거리이다.

이상과 같이 박용옥은 원로 여성사학자로서 중요한 위치에 있으며, 현재도 다양한 단체와 기관의 자문에 흔쾌하게 응하며 활발한 삶을 살고 있다.

이와 같은 배경과 필요성에서 원로 여성사학자 박용옥 구술 수집의 목적을 다음과 같이 6가지로 정리할 수 있다. 첫째, 90세의 원로 여성사학자 박용옥에 대한 구술자료 수집은 여성 지식인으로서 한국현대사의 격랑에 대한 생생한 체험을 수집할 수 있다. 특히 한국 정치의 중심지인 서울에서 경험하고 바라본 현대사를 수집할 수 있다. 둘째, 한국사를 편찬했던 국사편찬위원회에 근무했고, 이후에도 대학에 역사학 교수로 재직하면서 겪은 국사편찬과 관련한 다양한 이슈에 대한 관점과 얘기를 들을 수 있다. 셋째, 재직했던 대학의 상황과 대학생들의 변화 추이, 교육정책 등 당시 중요한 사건 등에 대해서도 여성사학자로서의 관심과 변화 추이에 대해 자료를 수집할 수 있다. 넷째, 여성사 연구자로서, 또한 여성단체 참여자로서 여성(특히 주부)의 삶의 변화에 대해 경험한 사건, 정책, 일상생활의 변화 등에 관한 자료를 수집할 수 있다. 다섯째, 여성사학자들에게는 박용옥의 연구가 시작된 배경과 사료 사용, 해석의 문제, 당시 학계의 반응 등을 다시 돌아봄으로써 여성사 연구의 미래 전망에서 시사점을 얻을 수 있다. 여섯째, 원로 여성사학자와 사회활동가(운동가)로서 미래 한국 여성들에게 주는 메시지, 나아가 롤 모델을 기대할 수 있다.

박용옥에 대한 구술은 6회 실시했다. 국사편찬위원회 초기에 편사연

구관으로 약 4년간(1962년~1972년) 근무한 것에 대해서는 국사편찬위
원회 담당자의 추가 구술이 포함되었다. 설문내용은 서로 협의하여 수정
하였으며, 구술 장소로는 자택으로 정하였다. 주면담자는 강영경이 담당
하였으며, 전 구술 과정에 강영심, 정현주도 동석하여 보조면담자로서의
역할을 하였다. 면담시간은 1시간 30분에서 2시간가량 진행되었다. 구술
과 동시에 영상촬영, 그리고 별도 음성녹음이 함께 이루어졌다.

선구적인 박용옥의 여성사연구

해방 후 한국의 여성사 연구에서 박용옥의 연구가 선구적이었다는데 많
은 이들이 동의하지 않을 수 없다. 이는 크게 네 가지 측면에서 그렇다. 첫
째, 고대부터 현대에 이르기까지 통시대를 포괄한 연구를 한 점, 둘째, 새로
운 사료를 발굴하고 이를 해석에 적용한 점, 셋째, 한국여성사 서술에서 한
국여성의 주체성을 부각한 점, 넷째, 연구 외에 여성단체, 독립운동단체 등
의 사회활동을 통해 한국여성사 대중화에 적극 참여한 점 등을 들 수 있다.

박용옥은 비단 여성사가 아니더라도 한국사학계 원로 사학자이다. 근
현대 여성 인물에 대한 연구업적 뿐 아니라 고대사회에서 활동한 여성 인
물에 대한 관심도 많아 중요한 연구업적이 있다. 시대별로 기존의 연구를
뛰어넘어 의미가 있었던 박용옥 연구를 살펴보면 다음과 같다.

고대연구

고대분야 박용옥의 연구를 보면 다음의 6가지 측면에서 업적을 논의
할 할 수 있다. 첫째는 1976년도에 「한국 여성사연구의 동향」이라는 논문
을 『이화사학연구』 9집에 발표하였다. 이 논문은 한국 역사학계에서 아직

여성사에 대해 관심을 가지지 않고 있을 때 여성사연구를 촉구한 의미 있는 발표였다. 그리고 역사학계에서 관심을 끌만한 주제와 연구방법으로 여성사를 연구해야 한다는 방향을 제시하였다. 이리하여 한국 여성사연구는 객관적인 안목으로 자기검열을 하면서 본격적으로 새 장을 열게 되었다.

둘째, 1985년도에는 『시경』, 『서경』, 『주역』, 『예기』, 『논어』, 『맹자』 등 중국의 4서와 3경에 나타난 「유교적 여성관의 재조명」이라는 논문을 『한국여성학』 창간호에 발표하였다. 한국의 유교적 여성관의 뿌리를 알기 위해 중국의 고전을 검토한 의미 있는 연구였다.

셋째, 1991년에는 『삼국사기』, 『동국사략』, 『동국통감』 등에 나타나 있는 「삼국사의 여성기사 사론분석」을 『성신연구논문집』 31집에 발표하였다. 우리나라의 가장 오래된 정사(正史)인 『삼국사기』의 사론을 통해서 역사기록 속에 들어있는 유학자의 여성에 대한 관점을 검토하였다. 『동국사략』과 『동국통감』은 15세기 성리학적인 명분론으로 여성에 대한 역사기록을 고의로 삭제하고 생략하였으며 또한 유교적 삼강오륜의 잣대로 여성을 비하하고 매도하며 비판하였음을 검토하였다. 이리하여 삼국시대의 여성에 대한 기록이 사실과 다르게 폄하되어 왔음을 살펴보았다.

넷째, 1998년에는 『한국 역사 속의 여성인물』에 고구려와 백제 두 나라의 창업에 중요한 역할을 한 「소서노」에 대한 글을 발표하였다. 이 글에서 한국 고대사회에서 어머니는 자녀들의 어떤 어려움도 처리해 줄 수 있는 신(神)과 같은 존재였다고 하였다. 그리고 모자(母子) 관계가 부부(夫婦) 보다 우선하는 관계였다고 지적하였다.

다섯째, 2001년에는 「삼국사의 여성기사에 나타난 성차별」에 대하여 발표하였다. 『삼국사기』, 『동국사략』, 『동국통감』에 나타난 여성차별의 성격을 3사서의 성격을 통해 살펴보았다.

여섯째, 근래에는 「고구려의 혼인풍속과 평강공주의 자유혼인」에 대한 연구를 『평강공주와 단양의 역사적 조명』에 발표하였다.

이러한 박용옥의 한국 고대 여성사 연구를 볼 때 한국의 여성사를 확립하기 위해 중국의 고전인 4서3경 뿐 아니라 『삼국사기』, 『동국사략』, 『동국통감』 등 한국 고대에 대한 중요한 사서들을 검토하는 어려운 작업을 하며 한국 여성사의 맥을 탐구하는 새 장을 열었음을 알 수 있다.

조선시대연구

박용옥의 조선시대 연구 나아가 여성사연구는 석사논문 「병자호란 피로인 속환고」(1964)에서 시작되었다. 당시 이 논문을 쓰면서 "남자피로인은 돌아와 가족의 품으로 돌아갔으나 특히 양반부녀들은 청군에게 끌려가 살아있다는 것 자체가 실절이므로 받아들일 수 없다며 이혼하는 사례가 적잖이 발견했다."고 했는데 이때부터 여성사적인 시각을 가지고 역사를 연구했음을 알 수 있다.

1976년 간행된 『이조여성사』는 조선시대 여성 일반에 대해 설명하고자 하기 보다는 유교와 여성이라는 주제에 주목했다. 즉 유교적인 여성관이 어떻게 확립되었으며, 그 내용은 무엇인가 그리고 그것은 17세기 이후 어떻게 동요하기 시작했고 19세기 이후 어떻게 변화했는가에 초점을 두었다. 기본적으로 유교적인 여성관은 조선이 처음부터 여성에게만 집중했기 때문에 생겨난 것이 아니라 유교를 기반으로 하여 가부장적인 사회를 확립해 나가는 중에 자연스럽게 요구된 것이라고 보았다. 따라서 유교에 대해 여성은 늘 수동적인 것이 아니라 당시 주류사상으로의 유교를 적극적으로 수용한 면이 있다고 말했다. 이는 여성이 유교에 의해 통제받았다는 것만 강조하는 기존의 일반론과는 다른 새로운 견해를 제시하는 것이었다. 당시에는 보기 드문 탁월한 연구였다고 할 수 있다.

박용옥은 1970년대 연구의 불모지였던 한국근대여성과 여성운동에 대해 연구의 초석을 마련한 연구를 내놓았다. 대한제국기 이후 한국근대여성과 여성운동에 대한 박용옥의 연구가 그것이다.

1970년대에 이르면 민족의 발전과 여성의 근대화란 관점에서 여성교육이나 여성근대의식 여성의 민족운동 참여에 대한 연구가 본격화되었다. 선구적인 연구로 1975년 발표된 박용옥의『한국근대여성사』를 꼽는다. 그동안 역사서술에서 다루지 않았던 여성의 역사적 행적과 민족공동체의 유지 발전에 기여한 활동을 구체적으로 조사 정리한 저서다. 특히 근대이후 본격화된 여성교육의 수혜를 받은 선구적 여성들의 여성과 민족의식에 대한 자각으로 사회의 공적 활동 영역에서 그 토대를 정립하는 과정을 조명한 자료적 가치가 높은 '고전'으로 평가되고 있다. 「구한말의 여성교육-관립한성여학교설립을 중심으로」(『사학연구』 21집, 1969) 논문에서 1890년대 이후 한국 여성의 교육열과 교육운동이 높았지만 관립여학교설립을 추진한 찬양회(순성회)의 노력이 실패로 돌아갔으며 1908년 한성고등여학교의 정책적 의미를 분석하였다. 이 여학교의 설립은 조선통감부의 식민지교육정책의 소산으로 한국인 2세를 황국신민화 시키기 위한 모성의 역할을 강조한 여성교육정책의 일환이었음을 지적하였다.

1898년 9월 1일에 발표된 '여학교 설시통문'(소위 '여권통문', 최초의 한국여성인권 선언문)에 대한 대한 논문을 쓰면서 개화기 여성근대화운동을 아우르는『한국근대여성운동사연구』(1984)를 출간하여 한국근대여성운동 연구의 물꼬를 텄다. 이 저서에는 일제의 경제적 침략에 항거하고자 여성들이 주체적으로 추진한 국채보상운동에 관한 논문도 포함되었다.

교수로 임용되면서 박용옥의 연구는 본격 추진되었다. 여성사의 측면에서 보면 당시 1972년 이화여대에서 발간한『한국여성사』3권은 고대부터 현대까지 통사의 형식으로 한국여성의 역사를 기술한 것으로 선구적인 업적에 속한다.

박용옥의 조선시대 연구 나아가 여성사연구는 석사논문 「병자호란 피로인 속환고」(1964)에서 시작되었다. 수도여자사범대학 교수로 임용된 후 1976년 간행된 『이조여성사』는 조선시대 여성 일반에 대해 설명하고자 하기보다는 유교와 여성이라는 주제에 주목했다. 즉 유교적인 여성관이 어떻게 확립되었으며, 그 내용은 무엇인가 그리고 그것은 17세기 이후 어떻게 동요하기 시작했고 19세기 이후 어떻게 변화했는가에 초점을 두었다. 기본적으로 유교적인 여성관은 조선이 처음부터 여성에게만 집중했기 때문에 생겨난 것이 아니라 유교를 기반으로 하여 가부장적인 사회를 확립해 나가는 중에 자연스럽게 요구된 것이라고 보았다. 따라서 유교에 대해 여성은 늘 수동적인 것이 아니라 당시 주류사상으로의 유교를 적극적으로 수용한 면이 있다고 말했다. 이는 여성이 유교에 의해 통제받았다는 것만 강조하는 기존의 일반론과는 다른 새로운 견해를 제시하는 것이었다. 탁월한 연구로 언론의 주목도 많이 받았다.

대한제국 이후 근대 연구

대한제국기 이후 한국 근대여성과 여성운동에 대한 박용옥의 연구도 선구적으로 학계는 물론 일반의 주목을 받았다. 시대적 변화와 궤를 같이 하는 것으로 1970년대에 이르면 민족의 발전과 여성의 근대화란 관점에서 여성교육이나 여성근대의식, 여성의 민족(독립)운동 참여에 대한 연구가 본격화되었다. 선구적인 연구로 1975년 발표된 박용옥의 『한국근대여성사』를 꼽는다. 그동안 역사서술에서 다루지 않았던 여성의 역사적 행적과 민족공동체의 유지 발전에 기여한 활동을 구체적으로 조사 정리한 저서다. 특히 근대이후 본격화된 여성교육의 수혜를 받은 선구적 여성들의 여성과 민족의식에 대한 자각으로 사회의 공적 활동 영역에서 그 토대를 정립하는 과정을 조명한 자료적 가치가 높은 '고전'으로 평가되고 있다. 「구한말의 여성교육-관립한성여학교설립을 중심으로」(『사학연구』 21집, 1969) 논문에서 1890년대 이후 한국 여성의 교육열과 교육운동이 높았지만 관립여학교설립을 추진한 찬양회(순성회)의 노력이 실패로 돌아갔으며 1908년 한성고등여학교의 정책적 의미를 분석하였다. 이 여학교의 설립은 조선통감부의 식민지교육정책의 소산으로 한국인 2세를 황국신민화 시키기 위한 모성의 역할을 강조한 여성교육정책의 일환이었음을 지적하였다. 1898년 9월 1일에 발표된 '여학교 설시통문'(소위 '여권통문', 최초의 한국여성인권 선언문)에 대한 논문을 쓰면서 개화기 여성근대화운동을 아우르는 『한국근대여성운동사연구』(1984)를 출간하여 한국근대여성운동 연구의 물꼬를 텄다. 이 저서에는 일제의 경제적 침략에 항거하고자 여성들이 주체적으로 추진한 국채보상운동에 관한 논문도 포함되었다.

●
일제강점기 연구

일제강점기에 대한 박용옥의 연구는 여성운동보다는 항일여성운동에 더 비중을 두었다. 이 분야에서 여성독립운동가와 여성독립운동단체에 대한 연구는 선구적인 업적으로 기록된다. 일제강점기의 여성운동은 여성해방운동과 여성독립운동이 동시에 진행되었다. 박용옥은 이 중 여성독립운동을 중점적으로 연구했다. 먼저 여성독립운동가를 발굴하고 그에 걸맞는 역사적 평가를 시도하였다. 이를테면 윤희순의 의병활동, 남자현의 의병 및 독립운동에 대한 연구, 차미리사의 독립운동 등을 연구하여 여성독립운동가에 대한 연구의 초석을 다졌다. 이 외에 김마리아의 독립운동(『김마리아 : 나는 대한의 독립과 결혼하였다』, 홍성사, 2003) 등도 괄목할만한 성과로 평가된다.

다음으로 일제강점기 여성들이 3.1운동에 참여한 경험을 토대로 다양한 사회운동에 적극 동참하면서 1920년대 이후 여성단체의 조직과 활동들이 지속적으로 이어졌다. 특히 독립운동전선에서 여성들의 활약은 다양한 양상으로 전개되었다. 박용옥은 이러한 여성독립운동단체들의 활동에 주목하고 국내 및 해외의 여성단체에 대해 활발한 연구를 추진하였다. 우선 3.1운동이 일어나기 전에 간도에서 발표된 '대한독립여자선언서' 연구(1996)를 발표했다. 이는 한국여성들의 진면목을 재평가하는 계기가 되었다. 또한 1920년대 초 항일부녀단체 지도층 형성과 사상연구(1897)를 통해 여성단체를 이끄는 여성지도자의 사상과 운동론을 정리했다. 또한 대한민국임시정부 수립에 따른 여성들의 (지원)활동을 대한민국애국부인회 연구에서 밝히고 있다.

그는 해외 여성 독립운동에도 눈을 돌려 「1930년대 만주지역 항일 여전사 연구」(1995)를 통해 국내에 알려지지 않은 여성독립운동가를 발굴하고 세상에 알렸다. 그밖에 미주한인여성단체의 활동(「미주한인여성단체의 광복운동지원연구」, 1996) 여자광복군연구의 일환으로 「광복군 제3지대의 오광심 에 대한 연구」도 발표하였다.

박용옥의 일제강점기 항일여성에 대한 지속적 연구는 『한국여성항일운동사연구』(지식산업사, 1996), 『여성운동』(독립기념관, 한국독립운동의 역사, 2009) 등의 저서로 정리되어 이 분야 연구자들의 기초 참고자료가 되었다. 박용옥의 여성항일운동연구는 사료연구에도 미처 『여성독립운동사 자료총서 1, 3.1운동 편』(국가기록원, 2016)으로 이어져 후학들의 연구에 활력을 가져다주었다.

현대연구 및 사회활동

일반적으로 역사학자들이 현대사에 대해 다소 소홀한 것에 비해 박용옥은 한국 현대 여성사 정립에도 기여한 바가 크다. 1980년대 새마을 운동에 대한 전국단위의 설문조사를 바탕으로 『여성과 새마을운동』(보건사회부, 1981)을 대표 집필했다. 새마을 운동은 1970년대 관 주도로 전개되었다. 이 책은 농촌 여성의 삶에 지대한 영향을 미친 부녀새마을운동에 대한 최초의 학문적인 연구였다. 이는 1979년 보사부의 협조로 경북, 전북, 경기 등 전국에서 부녀새마을 지도자 100명을 대상으로 한 설문('여성능력개발을 통한 새마을운동의 방향') 결과를 분석한 것이었다. 박용옥 등 집필진은 설문 분석 결과를 「여성능력개발과 새마을운동」(『새마을운동연구논총』 제5집(1980)이라는 제목으로 발표하기도 했다.

이 설문조사는 1970년에 시작된 부녀 새마을운동의 10년의 성과를 평가하기 위한 것으로 부녀자의 노동 과중, 농가생활 진단지표 개발보급, 유형별 농가생활 설계 모델 개발, 합리적 의사결정 능력향상을 위한 지도, 가계 설계 모델 개발, 생활시간 배분, 농가생활에 맞는 가계부 개발과 기록지도, 도동 작업 관리 가사분담, 소득향상을 위한 부업지도, 여가선용, 가정기기 관리 방법 지도, 합리적 소비와 저축 등 소비생활지도 가정경영, 식생활지도, 주거환경개선, 육아 및 가족관계 등에 대한 것을 조사하였다. 이 설문 조사 결과 외에도 박용옥은 이 책에서 한국여성운동사에 대해서도 집필하였다. 제2장 여성 사회참여의 역사적 추이에서 '전통사회 개화기 여성의 교육구국운동'와 '현대 산업사회와 여성의 사회참여' 등을 기술했다.

박용옥은 『부녀행정40년사』(보건사회부, 1987)에서도 '한국여성운동과 여성단체' 항목에서 대한제국과 일제강점기에 이르는 한국여성운동과 시대별 여성단체의 발전을 기술했다.

박용옥은 현실 참여형 여성사학자였다. 한국YWCA, 주부클럽, 한국여성단체협의회, 3.1여성동지회 등 여성단체, 학술단체, 독립운동단체의 활동에 적극 동참했다. 이들 단체에서 위원회 위원, 자문회의 자문위원, 회장, 이사 등으로 참여하였고, 역사 속 여성인물이나 여성사에 대한 글들을 단체 기관지에 게재하여 여성사에 대한 일반의 인식을 높이는데 기여했다.

통시대적으로 박용옥은 「한국 여성사연구의 동향」(1976)에서 여성사 연구 동향에 대한 글을 발표하여 시대별 여성사의 위치와 미래를 전망했는데, 이 글에서 그는 "역사학계의 무관심과 함께 여성사의 연구연륜이 일천하여 역사학계의 관심을 끌만한 연구 성과가 적었고 그렇기 때문에 한국사에서 차지하는 여성사의 위치가 미미하다"고 하였다. 따라서 "문제의 발견과 연구방법이 당시 역사학계의 연구수준에 접근하도록 노력하여야 하며 올바른 궤도와 수준으로 끌어올리기 위해서 분발해야 한다"고 하였다. 이 후 여성사 연구자들이 대거 등장하였다. 어려운 여건에서도 불구하고, 서구의 여성주의적 관점을 응용하고 구술 등 새로운 연구방법을 활용하는 등 풍부한 연구 성과를 축적해 왔다.

1980,90년대를 거치면서 여성 역사학자들이 대거 등장했지만 여성 사학자들 중 대학에 자리를 차지한 사람의 비율이 6%에 불과하다는 통계가 있을 정도로 여성에게 직업으로서 여성사 연구를 지속하기는 어려운 형편이고 이러한 상황은 현재도 계속되고 있다. 이런 어려움 속에서도 한국, 동·서양의 여성사를 연구하는 사학자들이 모여 한국여성사학회(2004)를 결성하였고, 『여성과 역사』라는 학술지를 지속적으로 발행하고 있다. 한편 여성사 대중화의 진지인 '국립여성사전시관'이 2002년에 설치되기에 이르렀다. 2017년에는 분야별, 지역별 한국사 및 동서양사의 해방이후 70년간의 여성사의 연구 성과를 돌아본 『한국여성사 연구 70년』

(한국학중앙연구원출판부, 2017)을 한국여성사학회 소속 연구자들이 공동 저술하여 해방이후 여성사 연구의 성과를 평가, 검토하였다.

이러한 발전 속에서도 돌아볼 때 구술자 박용옥의 연구가 선구적이었다는데 많은 이들이 동의한다. 이는 크게 네 가지 측면에서 그렇다. 첫째, 고대부터 현대에 이르기까지 통시대를 포괄한 연구를 한 점, 둘째, 새로운 사료를 발굴하고 이를 해석에 적용한 점, 셋째, 한국여성사 서술에서 한국여성의 주체성을 부각한 점, 넷째, 연구 외에 여성단체, 독립운동단체 등의 사회활동을 통해 한국여성사 대중화에 적극 참여한 점 등을 들 수 있다.

박용옥은 여성사연구자일 뿐 아니라 한국사학계의 원로 학자이다. 한국 근현대 인물에 대한 연구업적 뿐 아니라 고대사회에서 활동한 여성에 대한 관심도 많아 중요한 연구업적들이 축적되어 있다. 시대별로 기존의 연구를 뛰어 넘었다. 여섯 차례의 구술을 통해 여성사 측면에서 본 박용옥 생애와 시대별 연구 성과와 사회활동 등을 살펴보았다. 이외에 국사편찬위원회 출발 시 첫 번째 공채 직원으로서 초기 국편의 활동에 대해서는 국편 직원에 의해 추가 구술이 진행되었다.

박용옥은 한국 여성사 연구를 이끌어온 첫 세대 여성사학자이다. 박용옥 구술을 통해 기존의 논문이나 저술로는 파악하기 어려운 연구 경위와 연구방법을 알 수 있다. 이를 통해 한국 여성사 연구의 과제와 연구 전략에 대해 새로운 시사점을 얻을 수 있다. '구술 자체가 하나의 사료'로서 사학자들의 연구의 지침을 제공할 것으로 기대된다. 또한, 한국의 첫 세대 여성사학자에 대한 자서전 출판이나 회고록이 없는 상태에서 구술채록이 자서전 혹은 평전 저술을 위한 기초자료 수집으로 의미를 더한다.

2. 박용옥 연보

●
출생 및 성장

1935년 9월 23일	중국 심양 봉천병원에서 박준병(朴準秉) 선생과
	김복희(金福喜) 여사의 1남(兄 : 容晩),
	3女(妹 : 容日, 敏子) 중 장녀로 출생.
	본관 밀양(密陽), 호 연곡(燕谷)
1946년 11월 초	1946년 11월 초 온가족이 중국 장춘을 떠나
	1946년 12월 말 경 서울에 안착, 이후 서울에서 성장

●
학력

1942년 4월~1949년 9월	팔도소학교(중국 장춘), 청계초등학교
1949년 9월~1952년 3월	진명여자중학교
1952년 4월~1955년 3월	진명여자고등학교
1955년 4월~1959년 3월	서울대학교 문리과대학 사학과 졸업
	(문학사)
1961년 9월~1964년 7월	고려대학교 대학원 사학과 졸업 (문학석사)
1976년 9월~1983년 2월	고려대학교 대학원 사학과 졸업 (문학박사)

경력

1962년 8월~1972년 2월	국사편찬위원회 편사주사보, 편사주사, 편사연구관
1966년 3월~1988년 9월	수도여사대 고려대 숙명여대 이화여대 서울대 강사 역임
1972년 3월~1981년 9월	세종대학교 역사학과 조교수, 부교수
1982년 3월~2001년 2월	성신여자대학교 사학과 부교수, 교수
1992년 1월~1993년 1월	미국 버클리대학교 객원교수
1999년 9월~2000년 8월	성신여자대학교 박물관 관장
1987년 11월~1988년 10월	한국여성학회 회장
2003년 2월~2009년 8월	(재)한국양성평등교육진흥원 이사장
2005년 7월 15일	'역사와 미래를 위한 범국민자문위원회' 위원
2006년 4월~2010년 2월	(사)3.1여성동지회 회장
2009년 2월 23일	제90주년 3.1절 및 대한민국임시정부 수립 기념행사
2010년 3월~현재	(사)3.1여성동지회 명예회장
2015년 5월~ 2017년 6월	국채보상운동기록물 유네스코세계기록유산등재추진위원회 자문위원
2010년~현재	(사)김마리아기념사업회 이사
2010년 6월~현재	진단학회 평의원
2002년 7월~2008년 6월	서울특별시시사편찬위원회 편찬위원
2012년 1월~현재	안중근의사연구소 자문위원

●

저서

『한말근대법령자료집』1-9 (공저, 국회도서관, 1970 – 72)

『한국근대여성사』(1975, 정음사)

『이조복식관계자료』(1975, 수도여자사범대학)

『이조여성사』(1976, 한국일보사)

『한국여성독립운동사』(공저) (1980, 3.1여성동지회)

『한국근대여성운동사연구』(1984, 한국정신문화연구원)

『전통적 직업의식의 분석 연구』(차경수, 박용옥 공저, 1984, 한국교육개발원)

『한국여성독립운동』(1988, 독립기념관 한국독립운동사연구소)

『한국여성항일운동사연구』(1996, 지식산업사)

『한국여성근대화의 역사적 맥락』(2001, 지식산업사)

『여성 : 역사와 현재』(박용옥 엮음, 2001, 국학자료원)

『김마리아 : 나는 대한의 독립과 결혼하였다』(2003. 홍성사)

『여성운동』(한국독립운동의 역사 31, 2009, 독립기념관 한국독립운동사연구소)

3. 구술생애사 질문지

●

구술장면

2020.6.19.(수). 박용옥 구술 장면

2020.6.19.(수). 박용옥 구술 장면

2020.7.8.(수). 박용옥 구술 장면

2020.7.15.(수). 박용옥 구술 장면

2020.7.29.(수). 박용옥 구술 장면
왼쪽부터 강영경, 국사편찬위원회의 홍선이,
박용옥 선생님

2020.7.29.(목). 박용옥 구술 장면
앞줄 왼쪽 첫 번째부터 박용옥, 정현주,
뒷줄 왼쪽부터 홍선이, 강영경, 강영심

구술생애사 질문지

1. 가정환경(1남 4녀)과 어린 시절의 경험(어머니-유관순과 함께 이화학당 수학, 아버지가 하신 일, 성장경험)

2. 해방이후 한국으로 귀국하게 되는 과정, 해방의 기억과 경험

3. 해방이후 한국으로 들어와 진명여학교를 다니던 중고등학교 시절(6.25 전쟁 경험 등)

4. 진명여고 시절의 경험

5. 서울대 사학과에 진학하게 된 이유와 대학시절

6. 대학시절 역사 공부는 어떻게 했습니까?(은사와 공부내용)

   - 6.25 전쟁 직후 대학의 연구환경은 어땠습니까?

   - 서울대학교 재학 시 여학생에 대한 학교 및 학생들의 입장은?

   - 사학과의 교수진과 학생 수는 어떤 상황이었나요?

   - 1950년대 국가의 인문학 및 한국사학계의 상황은 어떠했습니까?

7. 대학 졸업 후 어떤 경위로 국사편찬위원회 들어가게 되었습니까? 또 어떤 일을 맡아했고, 대우는 어떠했습니까?

8. 국편 근무와 동시에 왜, 어떤 경위로 고려대학교 사학과 대학원에 진학하게 되었습니까?

9. 석사 논문 '병자호란 피로인 속환고'를 연구하게 된 배경과 그 의미는 무엇입니까?

10. 1960년대 석사 학위 논문을 쓰고 1970년대 조선시대 연구에 몰두하신 것으로 보이는데, 어떤 사실을 밝히는데 주력하셨습니까? 주로 어떤 사료를 보셨는지요? 『이조여성사』의 내용과 평가는 어떠했습니까? 이로써 한국여성사연구의 단초를 제공하신 것으로 얘기되는데, 그 때 혹은

그 이후 한국사학계에서의 여성사의 위상은 어떻게 변화되었습니까?

11. 1960년대 또 다른 연구로 '여권통문'을 밝힌 것과 '국채보상운동에의 여성참여'를 연구하신 것을 들 수 있습니다. 그 계기와 의미는 무엇입니까?

12. 이 시기 결혼은 어떻게 하시게 되었습니까? 자녀양육과 공부를 겸하는 데 따르는 어려움을 어떻게 해결하셨는지요? 혹시 시댁과의 관계는 원활하셨는지요?

13. 1970년대 국편에서 수도여자사범대학 교수로 자리를 옮기게 되셨습니다. 어떤 경위로 자리를 옮기게 되셨는지요? 이전과 이후의 가장 큰 차이점은 무엇이었습니까? 연구외에 수도여자사범대학에서 하신 일 중 기억에 남는 것이 있다면 무엇입니까?

14. 1970년에 이어 1980년대에 여성독립운동사에 열중하신 것으로 보입니다. 특별한 계기가 있으셨습니까? 연구결과 1983년 고려대에서 '근대여성운동사'로 박사학위를 받으셨습니다. 당시의 다른 연구와 어떤 차별성이 있으신지요?

15. 1982년 수도여자사범대학(세종대학으로 개칭)에서 성신여대 사학과로 자리를 옮기셨습니다. 어떤 경위로 옮기게 되셨습니까? 이 시기 자녀들은 몇이나 두셨는지요?

16. 1980년대는 여성독립운동사 연구에 주력하신 것으로 보입니다. 주로 어떤 분야에 연구를 집중하셨는지요? 연구주제와 사료 등에 대해 말씀해 주십시오.

17. 1980년대 한국 내 소위 '진보'여성운동의 등장, 여성학회의 설립 등 여성계의 변화가 격심했습니다. 선생님께서 여성학회장을 맡으셨습니다. 어떤 경위로 맡으셨는지요? 이 시기 동학, 증산교 등에 깃든 남녀평등 사상을 밝혀내고 사상의 선진성 등을 밝히셨습니다. 여성학회의 주요 회원들이 사회학 전공자들이었는데, 사학 전공자와 관점 혹은 연구방

법의 차이는 없었는지요?

18. 1980년대 한국여성단체협의회, 한국YWCA 등에서 근 10년 넘게 위원회 위원으로 활동하셨습니다. 그 계기와 활동의 의미에 대해 말씀해 주십시오.

19. 1990년대 여성독립운동 연구에 몰두하신 것으로 보입니다. 대표적인 연구로 김마리아 등 여성인물에 대한 연구가 많으셨는데, 여성인물에 대해 연구를 집중하신 이유와 그 성과에 대해 말씀해 주십시오. 여성독립운동가 선정의 기준은 무엇이었습니까?

20. 개화기 이후 일제강점기 그리고 해방 후 현대에 이르기까지 여성단체 활동 연구 시 자료 확보와 발굴 방법은 무엇이었습니까?

21. 한국여성사연구의 주제와 이론의 틀을 어떻게 찾으셨는지요?

22. 이 시기 미국에 교환교수로 가셨습니다. 그 시절에 대해 말씀해 주십시오.

23. 1990년대 학교와 사회단체 활동을 가장 활발하게 하셨습니다. 이 시기 자녀들의 성장에 대해 말씀해 주십시오. (자녀의 결혼과 맏아들의 갑작스러운 죽음, 손녀와 며느리 관계, 부모의 역할 등)

24. 정년퇴임식에 대해 말씀해 주십시오. (식 준비, 각오, 기념논총 발행 등)

25. 정년퇴임 이후 달라진 생활과 삶의 자세에 대해서 말씀해주십시오. (건강 포함)

26. 은퇴 후에도 한국양성평등교육진흥원의 이사장, 3.1여성동지회 회장, 김마리아추모사업회 이사 등 사회단체 활동을 지속하셨습니다. (그 활동의 의미와 내용)

27. 2001년 이후에도 연구와 글쓰기를 지속하셨습니다. 어떤 점에 역점을 두고 진행하셨는지요?

28. 은퇴 후 아들, 손자 손녀와의 관계는 어떠신지요?

29. 그간 선생님의 한국여성사 연구 결과, 한국여성사를 관통하는 하나의

개념(?)이 있다면 무엇일까요?

30. 한국 혹은 여성사 연구의 과제, 효용성 등에 대해 말씀해 주십시오. 한국여성사 분야의 정착과 확장에 대한 선생님의 의견이 있다면 무엇입니까?

31. 후학들에게 남기고 싶은 얘기가 있다면 무엇입니까?

32. 선생님의 연구가 한국(여성)사에 남긴 기여라면 무엇을 들 수 있을까요?

33. 앞으로 개인적인 바램과 숙제가 있다면 무엇입니까?

추가질문지(국편관련내용)

1. 신문 광고를 보고 공채에 응시하셨다고 하셨는데,
   - 응시 자격 요건이 있었는지?
   - 시험 과목은? 준비는 어떻게 하셨는지?
   - 62년이면 석사과정 재학시절. 지도교수 혹은 선후배들과 상의했는지?
   - 시험 응시를 결심하게 된 결정적 계기는?

2. 재직 당시 월급은? 당시 다른 직종과 비교해서 수준을 가늠한다면? 정식직원이면 공무원인데 직급은?

3. 국편 재직 당시 외부에서 국편 직원을 바라보는 시각은 어떠했는지

4. 당시에는 문교부에도 편수관이 있었던 것으로 아는데, 문교부의 역사과 편수직과 국편의 편사직 간 교류 혹은 업무상 협업 등이 있었는지?

5. 국편의 종로청사와 남산청사 모습에 대해

6. 출장 등을 통해 직접 사료 조사 및 수집을 하신 적이 있는지

7. 재직 당시 동료와 선후배 사이의 관계는 어떠하였습니까?
   - 신석호, 김성균, 최영희 등 역대 위원장에 대한 평가 내지 소감을 피력해 주십시오.

- 특히 기억나는 동료간의 일화가 있는지요.

8. 퇴근 후 회식 문화

9. 국편 시절 연구는 어떻게?

    - 연구직 공무원으로서 담당 업무와 개인 연구 사이의 역할? 비중? 어떻게 생각하셨었는지?

    - 61년 9월에 석사과정 입학, 62년 국편 임용. 수료 전에 임용되셨는데, 수업은 어떻게 들으셨는지

    - 국편에서 근무하던 동료연구자들도 석사나 박사과정을 이수했는지?

    - 공무원이면서 학업을 병행할 수 있도록 법적 혹은 국편 내의 지원이 있었는지?

    - 국편은 조직 내에는 행정직과 연구직이 함께 근무하는 구조인데, 행정직과의 갈등은 없었는지? 특히 요즈음도 행정직들이 '연구직'의 연구활동, 특히 '수강'이나 '출강' 등에 대한 인식이 부정적인 경우가 적지 않은데 당시에는 그런 문제는 없으셨는지?

10. 한국사학회에 임원 혹은 간사로 근무하셨었는지? 한국사학회와 관련하여 기억나시는 게 있으시면 말씀해 주세요.

11. 1960년대 후반부터 1970년대 초 국사교육계(1968년 12월 국민교육헌장 반포와 1969년 9월 2차 교육과정 개정, 1972년 국사교육강화위원회 발촉)에 큰 변화가 일어나면서, 1974년 3차 교육과정 때부터는 국편에서 국정 국사교과서를 제작하게 됩니다. 74년은 이미 퇴직하신 후이지만, 60년대 후반부터 퇴직하시기 전까지 국편에서 근무하시면서 그러한 변화를 직간접적으로 경험하셨을 거 같습니다. 이에 대해 기억나시는 게 있으시면 말씀해 주세요.

12. 퇴임 후 국편에서의 생활을 되돌아 볼 때 보람되거나 아쉬운 점이 있다면?